MEHR Erleben AUF Mallorca

REISE- UND FREIZEITFÜHRER

Verlag Unterwegs

Impressum

Dies ist eine Originalausgabe der
Unterwegs Verlag GmbH
Auf der Höhe 6
D-78224 Singen
Tel. +49 (0) 7731 838-0
Fax +49 (0) 7731 838-19

info@unterwegs.de,
www.reisefuehrer.com, www.unterwegs.de

Autor: Thomas Schlegel
Aktualisierung aktuelle Ausgabe: Domenico Colucci, Manfred Klemann
Lektorat: Sibylle Kappel
Recherche: Manfred Klemann, Pablo Klemann,
Nico Klemann, Natalia Cid Rodriguez, Thomas Schlegel
Fotos: Manfred Klemann, Pablo Klemann, Nico Klemann,
Natalia Cid Rodriguez, www.shutterstock.com
Inselkarten und Ortspläne: www.openstreetmap.org
Herstellung/Layout: Sibel Demircan

ISBN 978-3-86112-388-0

Bibliografische Information der Deutschen Nationalbibliothek
Die Deutsche Nationalbibliothek verzeichnet diese Publikation in der Deutschen Nationalbibliografie; detaillierte bibliografische Daten sind im Internet über http://dnb.d-nb.de abrufbar.

Inhalt

10 Best kept Secrets of Mallorca

1 PORTALS NOUS BEACH, CARRER DE L'ORATORI, 1 CALVIA

Die nette Sandbucht von Portals Nous liegt versteckt hinter dem protzigen Yachthafen „Portals Nous" und der Landzunge Bendinat. Ein Promiversteck, mit Liegestühlen, uriger Strandbar, ruhigem, klarem Wasser, in dem man gut schwimmen kann und einen herrlichen Blick hat. Am besten unten im Hafen parken und die 200 Meter zur Badebucht laufen. Aber Vorsicht: Nicht illegal parken, sonst wird das Auto sofort abgeschleppt. In der Hauptsaison ist es außerdem ratsam, früh zu kommen, damit man Liegestühle und Sonnenschirme an guten Plätzen bekommt. Am Strand gibt es auch Kinderrutschen und einen Tretboot-Verleih, aber die romantische Cala ist auch für Adults Only durchaus lohnenswert.

2 CALA DE DEIÀ

Die Cala de Deià ist ein Hotspot der Models und Schönen auf der Insel, falls sie sich auskennen. Unterhalb des Künstlerorts Deià, mit dem teuersten, mondänsten Hotel Mallorcas: Belmond La Residencia. Ein enger, kurvenreicher Weg führt nach dem Ortsausgang Richtung Sóller links nach unten (keine Beschilderung!). Zwei Frisch-Fisch-Lokale säumen den Steinstrand, der die Cala de Deià begrenzt. Ein Instagram-Motiv vom Feinsten.

3 FORMENTOR

Die Anreise ist mühsam, wie oft zu den besten Plätzen der Welt, aber die Belohnung dafür umso süßer. Formentor liegt oberhalb von Port de Pollença im Norden. Es gab dort das erste Luxushotel der Insel, schon in den Zwanzigerjahren des letzten Jahrtausends. Das stand dann ca. zwanzig Jahre leer, ehe es von der Gruppe „Four Seasons" und reichen Amerikanern (u.a. Robert de Niro) grundsaniert wurde und 2024 als Four Seasons Formentor wiedereröffnete. Nun, man braucht nicht einchecken, sondern kann dort auch nur eine Flasche Wein genießen (oder einen Kaffee...) und auf diese Weise diesen magischen Platz erkunden. Auch die Badebucht ist teilweise öffentlich, also die Badekleidung nicht vergessen. Wenn doch, Unterwäsche tut es hier auch. Oder gar nix an. Wen kümmert es, so weit weg vom nächsten Polizeiposten... Eine grandiose Ausflugsfahrt ist Formentor auf jeden Fall. Und emotionale, esoterische, mystische Stimmung ist garantiert, wenn man dafür empfänglich ist.

4 SINEU

Wer den Mittepunkt der Insel Mallorca sucht, der wird ihn in Sineu finden. Lange von Touristen gemieden, jetzt als Geheimtipp fast schon zu bekannt: Der schönste Marktplatz der Insel vor der wunderbaren Landkirche des Orts füllt sich mittwochs mit Leben: Dann ist es der Markt von Sineu, der an Ursprünglichkeit längst den populären Markt von Inca (donnerstags) abgelöst hat. Bemerkenswert sind die Reste des Hospitals aus dem 13. Jahrhundert. Und der besondere Spaß: Man kann Sineu von Palma aus mit dem Zug erreichen. Ein wirklich außergewöhnlicher Ausflug, nicht nur mittwochs. Hunger? Dann in den traditionellen Celler (Keller/Restaurant) von Tomassini. Für uns eigentlich der lohnendste Tagesausflug auf der Insel, zumal man im nahen Ort Petra auch noch die Kirche des heiligen San Francisco, dem Begründer der gleichnamigen Stadt in den USA, kennen lernen kann.

5 LILA PORTALS

Ein Gastro-„Geheimtipp“, der so geheim leider nicht mehr ist. Von Juni bis September empfiehlt sich eine Reservierung schon vor der Reise; als Spontanbesucher muss man sehr viel Glück haben, auf der grandiosen Terrasse des Restaurants ‚Lila‘ einen Platz zu bekommen. In der offenen Küche wird täglich ein wechselndes Mittagsmenü angeboten und eine kleine, feine À la Carte! Die Sicht auf die Bucht von Portals Nous und das wunderbare Meer dort ist grandios. Alles Weitere auf https://www.lila-portals.com/.

6 COLÒNIA DE SANT JORDI

Ein Ausflug, um Paella zu essen. Einmal während der Mallorca-Reise muss man es machen. Und da bleibt die Colònia de Sant Jordi, eine Enklave inmitten des geschützten Strandes „Es Trenc“, immer noch der beste Platz. Und dann bitte unten direkt am Hafen. Die Restaurants sind unsere Favoriten für Paella, auch wenn sie wegen des Preises – nie wegen der Qualität – manches Mal zu Unrecht gescholten werden. Das Restaurant „S’Arrocceria“ direkt am Wasser ist besonders hervorzuheben, ebenso unser Lieblingsrestaurant „Port Blau“. Was für herrliche Nachmittage am Wasser, mit Roséwein und der Meeresfrüchtepaella.

7 FUSSBALL IM BIERKÖNIG

Ein Geheimtipp, den viele hier nicht erwarten. Aber ein (Samstag-) Bundesliganachmittag oder -abend, im legendären „Bierkönig“ an der Playa de Palma, ist ein großartiges Ferienerlebnis. Für Kinder nur bedingt geeignet bzw. höchstens als erzieherische Maßnahme. Beispielsweise am Samstagnachmittag, um zu zeigen, wie sie einmal nicht werden sollten. Nein, im Ernst: Stadionatmosphäre, die großen Bildschirme, Fan- Gesänge und hundert Meter vorne dran: Die Playa de Palma, der schönste Sandstrand der Insel.

8 RESTAURANT VIENA IN CAS CONCOS

Ein Blick auf das mallorquinische Dorf Cas Concos

„Es hat mir ein Stück Heimat zurückgegeben", sagte einst der legendäre Fotoreporter Klaus Primke über das „Viena", das um das Jahr 2000 in der Pampa des sogenannten „Hamburger Hügels" entstand. Ein schlichtes, aber schön eingerichtetes Restaurant mit einer feinen wienerischen Küche, legendären Gästen und wilden Partys, wenn es etwas später wird. Cas Concos liegt über der Stadt Campos und unterhalb von Felantix. „Der Deutschen Glücksort", meint die Mallorca Zeitung. Na dann, nichts wie hin.

Medge Obrador 13 Ca'S Concos, Islas Baleares, Spain
971 84 22 90 info@vienamallorca.com www.vienamallorca.com

9 PORT ADRIANO

Wie, wo, Geheimtipp? Dieser Luxushafen für die Schiffe der russischen, arabischen und englischen Milliardäre? Vielleicht gerade deshalb geheim; denn so richtig ist der Port Adriano, gebaut für die größten privaten Yachten des Mittelmeers, nie in die Köpfe der „normalen" Reisenden gedrungen. Und so ist es hier nie überlaufen (anders als in Portals Nous), man findet immer nette Cafés und Restaurants, wo man auf Protz und Pracht gelassen schauen kann. Der Hafen liegt hinter Magaluf, dem ‚Ballermann der Engländer'. Gut zu erreichen und es gibt immer genügend Parkplätze.

10 FORNALUTX

Schon einige Male zu Spaniens schönster Ortschaft gewählt, und doch, wegen der mühsamen Zugänglichkeit, kein touristischer Ort. Aussteiger, Künstler, aber vor allem gebildete Einheimische leben in dem schmucken Ort, knapp 10 km von Sóller im Tramuntana Gebirge gelegen. Ein großartiges, verstecktes Ausflugsziel, wo man dann bei Ca N'Antuna hervorragend isst. Und vielleicht dann zu der Schwarzen Madonna von Lluc (weitere 20 km) weiterfährt.

La Seu Palmas Kathedrale des Lichts

Die Ankündigung beim Frühstück: „Heute gehen wir in die Kirche!“, setzt die Lebensgeister der Kleinen erst einmal mächtig auf Halbmast. „Es ist der Bischofssitz oder die Kathedrale“, macht die Sache auch nicht viel besser. Also bedarf's einer motivierenden Anschiebhilfe, die nicht zu viel vorflunkert und durchaus „La Seu“ ins rechte Licht rückt, denn sie ist unbestritten das faszinierendste Bauwerk der Insel, das die Silhouette von Palma so bestimmt wie die Skyline Manhattans das Gesicht von New York, und die einzige gotische Kathedrale, die direkt ans Meer gebaut wurde. „Heute geht´s endlich in die tolle Festung der Christen, an der wir schon so oft vorbeigefahren sind, die voller Geschichten und Legenden ist und in der Lichterspiele über die Wände kullern. Wir können nach Spuren von Piraten suchen und sogar der Kathedrale aufs Dach steigen!“ Dazu gibt´s direkt nebenan einen tollen Spielplatz und zum Schluss ein Eis in Palmas prämierter Eisdiele im Carrer Palau Reial.

Ein Besuch von La Seu ist ein Gang durch die Geschichte und die Kathedrale selbst ein riesiges Geschichtenbuch, das man aufschlägt, wenn man aufmerksam durch ihr Inneres geht, ein Buch mit Geschichten, die hier die Steine, Figuren und Bilder auf Fenstern und Wänden erzählen. Nicht nur pädagogisch ambitionierte Eltern tun gut daran, sich vorab etwas zu informieren, was nicht allzu schwer ist, um dann den staunenden Kindern einen mit aufregenden Erzählungen gespickten, spannenden „Kirchgang“ zu bieten.

DAS WUNDER DES LICHTS

Alle Jahre wieder hüllt „El milagro de la luz“ das Kirchenschiff in ein einzigartiges Mysterium. Das „Wunder des Lichts“ ereignet sich allerdings nur am 02. Februar und 11. November jeweils am frühen Morgen – und nur, wenn kein Regen oder dichte Wolken den Himmel verfinstern –, wenn kurz nach acht Uhr die Strahlen der Morgensonne durch die große vielfarbige Rosette im Apsisbogen sich auf die gegenüberliegende Seite direkt unter die bunte Rosette der Westfassade projizieren, so dass dann für einige Momente eine farbenprächtige „magische“ Acht auf der Wand erscheint, ein Zeichen in der christlichen Symbolik für Weltordnung und Unendlichkeit. Das wunderbare Lichterspiel, während dem sich der leuchtende Farbkreis im Bogen über die Wand zieht, dauert nur eine knappe Stunde.

Die Baumeister, die die Lage und Größe der beiden Rosetten berechneten und konstruieren ließen, sind längst in der Anonymität untergetaucht, anders als die beiden mallorquinischen Heiligen San Martín (am 11.11.) und Santa Candelaria (am 02.02.), denen der Milagro de la luz zu Ehrentagen wurde.

Das Wahrzeichen von Palma: die Kathedrale La Seu.

An beiden Tagen werden die Türen der Kathedrale besonders früh und sogar gratis geöffnet. Ein kontemplatives oder andächtiges Erlebnis wird das Wunder des Lichts jedoch beide Male nicht, denn man wird die Momente der Magie mit zahllosen Besuchern teilen, die mit ausgefahrenen Ellenbogen um die besten Plätze kämpfen und um die Wette fotografieren.

DIE NOT UND SCHWUR DES ANTIHELDEN

Auch die Ursprünge von La Seu sind Legende, zu deren Antiheld Jaume I. wurde. Dieser war im Jahre 1229 vollmundig von Spanien aufgebrochen, die Baleareninsel von den Ungläubigen zu befreien. Doch bereits kurz nach Verlassen des Festlands geriet er samt Schiff und Mannschaft auf stürmischer See in größte Not – bald bangte er, von der tosenden Gischt und in Angstschweiß gebadet, um sein kostbares Leben und gelobte Gott und allen Mächten des Himmels, sollte er die Überfahrt und das Gemetzel, das die Seinen mit den Mauren zu führen gedachten, heil überstehen, seinen himmlischen Beschützern die größte Kirche der damaligen Welt bauen zu lassen. So kam es, dass der Sturm sich legte und Jaumes
waffenstarrende Mannen den Muslimen den Garaus machten. Um keine Zeit zu verlieren und seinen Schöpfergott nicht zu vergraulen, ließ Jaume I. unverzüglich den Grundstein der Kirche direkt auf dem Sockel der geschliffenen Moschee errichten. Deswegen zeigt noch heute La Seu nach Mekka und nicht nach Jerusalem.

Der Bau und vor allem die Vollendung der Kathedrale wurden zur nächsten, nie enden wollenden Heldengeschichte von La Seu. Lange Zeit jagte eine Katastrophe die nächste, wurden die Bauarbeiten unterbrochen, wieder angefangen und mit neuen Plänen und Baustilen weitergemacht.

An Ostern besucht das Königshaus traditionell jedes Jahr „La Seu". Hier zu sehen: König Felipe.

Mallorcas klassischer Kalkstein, die Pedra maresa aus den Marès-Steinbrüchen, ließ sich herrlich bearbeiten, aber die Säulen viel zu schwach geraten und das Kirchendach ab und an zu Boden krachen. Dazu kamen bis in die Neuzeit Erdbeben (1851), Unwetter (1906) und Fliegerbomben (1936), die kaputt machten, was davor mit viel Mühe aufgebaut wurde. Erst im 20. Jh. wurden Innenraum und Hauptfassade fertiggestellt.

Am Portal der Casa de la Almoina, dem ehemaligen „Almosenhaus", direkt neben dem Glockenturm wurden früher Bedürftigen, Bettelnden und Kranken, sofern sie zuvor brav und in gottergebener Pose die Messe besucht und lange genug angestanden hatten, Almosen ausgegeben. Heute wird hier genau anders herum gezahlt, ist es der Eingang zum Dommuseum, wo Besucher Schlange stehen und ihre Eintrittskarten kaufen (immerhin geht die Abfertigung heutzutage zügig vonstatten).

ZUR SCHAU GESTELLT UND IM VERBORGENEN

Es erstaunt, wie die teils lichtdurchflutete, teils schummrige und nur selten düstere Atmosphäre auch nicht religiös erzogene Kinder zu verzaubern vermag. Besonders angetan sind sie von den Buntglasfenstern mit ihren Geschichten und Figuren, all den Engeln aus Gold, den grindigen Kreaturen und mythischen Wesen, dass bei besonders wissbegierigem Nachwuchs, der fast alle Bilder und auf ihnen Dargestelltes erklärt haben will, Eltern schon mal in Verlegenheit geraten. Einfacher ist´s bei den Totenköpfen, die hier und dort auf dem Kirchenboden versteckt sind und auf die finstere Geschichte der Piratenangriffe auf der Insel verweisen.

Manchmal ist es sogar besser, nicht alles zu wissen, nicht zu wissen, dass man beim Gang durch La Seu, nichts ahnend mit nach oben gerichtetem Blick, über ein Feld des Verderbens schreitet, ein Feld des Schreckens und des Todes, denn die Kathedrale war auch Friedhof, bei Katastrophen und Seuchen der Ort von Massenbestattungen, so dass heute unter ihrem Boden Tausende von Gebeinen, Schädeln und Knochen im Verborgenen schlummern und erbarmungswürdige Seelen auf ihre Wiederauferstehung warten. Tief unten lagern Krypten und Gruften, Überreste römischer Thermen und Götterstatuen und die Grundmauern der Moschee von Medina Mayurqa im Reich der Finsternis, von meterdicken Steinplatten zugedeckt, die sich noch schwerer heben lassen als die Einbanddeckel der Bauprotokolle oder Chroniken des Domarchivs – vielleicht aus Furcht, dass zutage treten könnte, was den irdischen Frieden zu stören vermag.

Gaudís Baldachin über La Seus Hochaltar.

ERST GROSSE KUNST, DANN HINAUF AUFS DACH

Der überragende Baldachin über dem Hauptaltar, ein Werk von Antoni Gaudí, kann Ausgangspunkt sein, von dem nach hinterlassenen Spuren des katalanischen Flaggschiffs des Modernisme in der Kathedrale gesucht werden kann ... und man dabei auf ein Werk des zeitgenössischen mallorquinischen Künstlers Miquel Barceló stößt, das zum unumstrittenen Eyecatcher von La Seu avancierte. In der Tradition spätmittelalterlicher Wimmelbilder, wie wir sie von Hieronymus Bosch oder Pieter Brueghel dem Älteren kennen, hat Barceló 2007 die Kapelle des Allerheiligsten in das biblische Thema der „Wundersamen Vermehrung von Brot und Fisch“ getaucht und eine moderne Interpretation geschaffen, die Kunstexperten wie Laien und Eltern wie Kinder gleichermaßen fasziniert. Es sind überbordende Formen, in denen Material und Farben ineinander fließen und die Bilderflut sich plastisch wie eine zweite Haut über Wände und Fenster legt. Und je länger man schaut, lösen sich Details aus dem Ganzen, werden Brotlaibe aus verkrustetem Ton, Fische in maritimer Keramik, Weinkrüge, Früchte, Blumen und florale Ornamente sichtbar.

Während den Besuchern längst bewusst geworden ist, weshalb La Seu auch „Kathedrale des Lichts“ genannt wird, ist das grandiose Finale ein Aufstieg über 215 Stufen über den Glockenturm zu den Dachterrassen, von denen man einzigartige Aussichten und ungewohnte Perspektiven über Palma und das Meer

Die ganze Stadt im Blick – Traumhafter Blick von La Seus Dachterrasse.

erhält und durch die Rosettenfenster eine Innenschau betreiben kann. Dies ist jedoch nur zwischen der letzten Aprilwoche und Ende Oktober möglich, muss online im Voraus extra gebucht werden und ist nur für Kinder möglich, die älter als elf Jahre sind („die verständig genug sind, aus Sicherheitsgründen den Anweisungen der Mitarbeiter zu folgen“).

Wenn die Kinder immer noch voller Energie stecken, geht's über die mächtige Festungsmauer zum Austoben in den Parc de la Mar zum für kleinere Kinder ausgerichteten, etwas zu modern geratenen Spielplatz – oder gleich auf der Westseite der Kathedrale nach rechts über den Carrer Palau Reial in den „Iceberg Palast“ (Hausnummer 3) an der Kreuzung mit dem Carrer de la Victoria. Dessen Gelatiers wurden für das „Orangen Sorbet aus Sóller mit frischer Minze und Kardamom“ von der „Gelato World Tour“ mit Preisen überschüttet. Noch „mehr Mallorca“ bietet nur ihr Eis aus Ensaimada-Gebäck und Mandeln.

Catedral de Mallorca

Plaça de la Almoina, s/n, Palma
Plaça de la Seu s/n
(Eingang durch die Vorhalle
des Museu de la Catedral)
Tel. +34 971 713 133
acm@catedraldemallorca.org
www.catedraldemallorca.org

BESUCHSZEITEN FÜR KATHEDRALE UND MUSEUM:
Sommersaison:
1. April bis 31. Oktober: Mo.–Fr. 10–17.15, Sa. bis 14.15 Uhr.
Wintersaison:
1. November bis 31. März: Mo.–Sa. 10–15.15 Uhr
Terrassenführung (spa./eng.) bei Sonnenuntergang: in der Sommersaison zwischen 19 und 20.30 Uhr (abhängig von Sonnenuntergang)
Während der Messen ist der touristische Besuch eingeschränkt.
Museum und Diözese sind an Feier- und Sonntagen geschlossen.

Finca La Raixa

Ein Spaziergang durch die Finca Raixa ist ein Gang durch die Geschichte und die Begegnung mit vielen Geschichten, die teils skurril sind, teils Staunen machen und manchmal nur ein Abbild menschlicher Irrungen und Wirrungen sind. Zuallererst ist die Finca Raixa jedoch eine der schönsten Parklandschaften Mallorcas.

Dabei steckt La Raixa selbst noch mitten in seiner eigenen Geschichte. Im Jahr 2006 von der Balearen-Regierung erworben, ist erst ein Teil des herrlichen Anwesens bisher restauriert und ohne Einschränkung für Besucher aufbereitet worden. Im spärlich bestückten Herrenhaus fehlt noch vieles an Mobiliar, was damals im Streit der Erben vor dem Verkauf an den Inselrat rechtzeitig abtransportiert und veräußert wurde.

Während Verwalter Toni Colom weiter auf der Suche nach authentischen Möbeln aus Raixas Glanztagen ist, ist die museale Präsentation bereits auf der Höhe der Zeit. Per Multimedia und Touchscreens werden die Besucher interaktiv perfekt informiert und durchs Anwesen geleitet. Selbst Kinder, die zunächst nur missmutig der Ankündigung, dass ein kulturhistorischer Spaziergang anstehe, folgten, sind nun ganz bei der Sache. Erstaunlich, wie spielerisch leicht die Generation Zukunft mit der neuen Technik umgeht!

Über zwei Jahrhunderte residierte das Geschlecht derer zu Despuig i Fortuny, ihres Zeichens Grafen von Montenegro und Montoro, in Raixa. Kardinal Antoni Despuig ließ nach seiner Rückkehr 1797 aus Italien vieles von seinen (Landschafts-)Architekten nach den Impressionen seines Auslandsaufenthalts umbauen. So ist es nicht verwunderlich, dass man sich heute am Fuße der Tramuntana in ein Italien zu Zeiten des Neoklassizismus und der Neo-Renaissance zurückversetzt fühlt. Herausragend sind die monumentale Loggia mit ihren Arkaden,

La Raixas Mandelhaine gehen in Landschaft und Ausläufer der Tramuntana über.

oben: Freitreppe zum Apollo-Garten
unten: Museumsraum

ähnlich einem italienischen Palazzo, und die ausladende, herrliche Freitreppe, die von wasserspeienden Löwen und verspielten Skulpturen gesäumt ist und hinauf zu einer Statue des römischen Gottes des Lichts und der Kunst führt, bei der selbstredend der Apollo-Garten beginnt.

Einfallende Lichtstrahlen und Wasserläufe, die Treppen, Laubengänge und Fluchten durch Park und das terrassierte Gelände, die strengen geometrischen Formen, die Symmetrie der Orangen- und Mandelhaine oder der Blick über den großen Wasserspeicher auf die darunterliegende Landschaft: Architektur und „Komposition" von Raixa huldigen der Perspektive, als ob sie gerade erst erfunden worden wäre.

Ob beabsichtigt oder nicht und noch auf eine bevorstehende Geländesanierung wartend, stößt man oben auf dem Berg auf eine ungebändigte „verwunschene" Natur, in der man zwischen Sukkulenten, Feigenkakteen und viel mallorquinischem Wildwuchs eine künstlich-„falsche" Ruine, eine Grotte, Wasserbecken, romantische Pavillons, ein überdimensioniertes Puppenhaus, eine winzige Kapelle und einen Rundtempel entdecken kann.

Das pädagogische Museumskonzept von Raixa beruht auf drei Themenschwerpunkten: die feudale Agrarwirtschaft, Antoni Despuigs italienische Träumereien und sein Mäzenatentum sowie die Landschaft der Tramuntana und ihre knapp zwanzig Gemeinden. „Visita"-Schilder leiten die Spaziergänger durch die Finca, zudem wird ein Flyer ausgegeben. Per se schon besucherfreundlich und kindgerecht gestaltet – und dazu (mindestens bis zum Abschluss der Sanierungen) mit Gratiseintritt –, können alle, die noch mehr erfahren wollen, an geführten, knapp zwei Stunden dauernden und sehr eloquenten Rundgängen um 10 und 12 Uhr (auch in deutscher Sprache) teilnehmen. Bedingungen sind allerdings eine Anmeldung (1 Woche im Voraus) und eine Mindestteilnehmerzahl von zehn Personen.

Als im letzten Jahrhundert der aufkommende Tourismus auf Mallorca dem Agrarsektor den Rang ablief, begann Raixas Niedergang. Bald lagen die Gärten brach, Fassaden bröckelten und Bauschäden wurden nach Wetterkatastrophen nicht mehr repariert. Erst um die Jahrtausendwende begann das (letzte?) heutige Kapitel des Landguts, als Michael Douglas´ Agenten schon vorgesprochen hatten, der australische Magnat Christopher Skase es kaufen und die deutsche Modeschöpferin Jil Sander es partout haben wollte. Kurz bevor diese den Zuschlag erhalten sollte, nutzte der Inselrat sein Vorkaufsrecht und erwarb mit Rückendeckung des spanischen Kulturministeriums La Raixa für 8,4 Mio. Euro.

Dass die Inselheilige Catalina Tomàs sich im 16. Jh. als Magd auf La Raixa verdingte, ist kaum bekannt. Dafür mögen Cineasten sich daran erinnern, dass Herrenhaus – im Film das Hotel „Chez Daphne" – und Park von Raixa in der Verfilmung des Agatha-Christie-Romans „Das Böse unter der Sonne" einen wichtigen Part der Außenaufnahmen innehatten. Vor den Arkaden der Loggia obliegt es dann auch Hercule Poirot alias Sir Peter Ustinov zu verkünden: „Der Horizont ist blau, die Sonne scheint. Man vergisst einfach, dass überall auch das Böse unter der Sonne ist." Mallorcas Inselrat hat wenigstens dafür gesorgt, dass auf La Raixa jetzt auch das Gute eingekehrt ist.

La Raixa

Carretera Ma-11 Carretera
de Sóller de Palma a Sóller
km. 12,2, Bunyola
Tel. +34 971 237 636
visitesraixa@conselldemallorca.net
https://raixa.conselldemallorca.es/de//

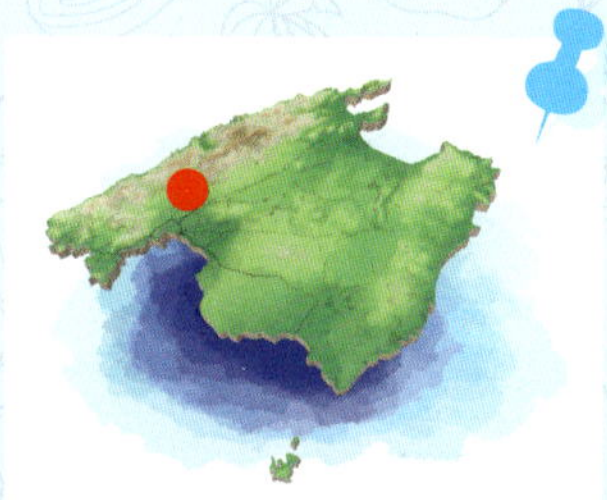

Das Landgut und die Gärten von Raixa befinden sich etwa zwei Kilometer südlich von Bunyola. Auf der Abzweigung von der MA-11 auf Höhe der Abfahrt zum Hospital Joan March erreicht man nach ca. 600 Metern auf einer Schotterpiste den Parkplatz.

Wer von hier gleich zur Cala de Deià aufbrechen will, die im Film „Das Böse unter der Sonne" direkt unterhalb der Terrasse des Raixa-Herrenhauses liegt, sollte seine Schritte zügeln, denn die wirkliche Bucht von Deià ist fast zwanzig Kilometer entfernt und wurde erst durch den Kameramann Christopher Challis und die hervorragende Schnitttechnik des Filmeditors Richard Marden zu dramaturgischen Zwecken in den „Abgrund" von La Raixa gerückt.

Esporles

Dort, wo die Serra de Tramuntana sich gemäßigt zeigt und die erdig braune, karge Landschaft fast liebliche Züge annimmt, wo sich urige Dörfer über Bergkuppen und an die Hänge schmiegen, auf jener Achse von Deià über Valldemossa bis Esporles, in der Künstler, Romanciers und Romantiker den Orten eine lyrische oder zumindest verträumte Aura hinterließen, finden Sie das kleine Dorf Esporles. Besucher bekommen in Esplores ein unverfälschtes Stück „Leben in einem ländlichen Dorf" geboten. Alles ist schlicht, einfach, herzlich und – spätestens beim schmackhaften Abendessen mit Blick auf den Sonnenuntergang – herzhaft. Allerdings wird von den Bewohnern ein achtsamer Umgang mit Natur und kulturellen Traditionen erwartet. Zu den Besuchern zählen viele spanische Familien, denen die Kombination aus kinderleichtem Wandern und kernigem Vespern köstlich schmeckt.

Eine wunderbare Möglichkeit, die beeindruckende Natur der Serra de Tramuntana zu erkunden, bietet der Rundweg bei der Finca Son Mas. Am besten startet man in Esporles und gelangt mit dem Fortbewegungsmittel seiner Wahl zur Finca. [Der gut eine Stunde dauernde Rundweg ist auch für kleinere Kinder keine größere Herausforderung, einzig an zwei Stellen muss ein Zaun durch eine Übersteighilfe, eine einfach begehbare, kleine Kletterleiter, überwunden werden. Doch gerade dort sind es die Kinder, die es sich nicht nehmen lassen, als erste auf der anderen Seite zu sein, wie auch auf anstrengenden, alle Sinne in Beschlag nehmenden Kraxeltouren Kinder nicht so schnell schlappmachen als auf zu bequemen, geraden, für sie „langweiligen" Strecken.]

Die Natur von Esporles

Blick auf das idyllische Bergdorf Esporles, das selbstbewusst seine Traditionen pflegt.

Auf dem Rundweg gelangt man nach weniger als fünf Minuten zu einer Grotte und zwei großen Becken die als von den benachbarten Bergquellen gespeistes Wasserreservoir dienen. Beim angenehm schattigen Rastplatz daneben bekommt man auf dem Rückweg ein deftiges Vesper serviert.

Jetzt geht´s aber erst mal in die Berge, und man durchquert auf einem ansteigenden Pfad, der früher der Hauptwirtschaftsweg der Finca zu den bewirtschafteten Höhenlagen war, „aufgeräumte" Terrassen mit Olivenbäumen. Nach einer guten Viertelstunde bietet sich vom höchsten Punkt des Rundwegs eine stattliche Aussicht auf die Berge und Esporles. Danach führt der Abstieg in einen Kiefernwald, der bald von dicht stehenden Steineichen abgelöst wird. Die Kinder können hier zuerst Tannenzapfen, dann Eicheln sammeln, mit denen sie zuhause basteln können. Dies bringt neue Energien und motiviert ihre Wanderlust, selbst wenn die Beute dann nur einige Tage auf dem Nachttisch im Hotel überdauern sollte. Von der zweiten Übersteighilfe ist es nur noch ein kurzer Weg bergab bis zum Ende der Runde am Rastplatz ...

Zitronenbaum im Dorf Esporles

Huerto de sa Vinyassa

Mallorca einmal nicht als karges Land, dessen erdiges Braun von Mandel- und knorrigen Olivenbäumen unterbrochen wird! Stattdessen ein sattes Grün, das mit gelben und orangenen Farbtupfern zu pittoresken Impressionen in all ihrer Farbenpracht verschmilzt. Das „goldene" Tal von Sóller ist bekannt für seine Zitrusfrüchte, speziell Orangen, die hier zu Abertausenden in saftiger Süße heranreifen. Der „Huerto de sa Vinyassa" sind 18 Hektar fruchtbares Land am Fuße der Serra d´Alfàbia, auf dem Ecovinyassa in ihrer Öko-Finca, einem „Bauernhof für Umwelterziehung", Besuchern alles zum Thema Orangen und ökologische Landwirtschaft nahebringen will.

Was zunächst freudlos belehrend klingt – alles andere als ein Ort für unbekümmerte Kinder –, entpuppt sich beim Besuch Vinyassas als eines der reizvollsten Familienausflugsziele Mallorcas. Dies wird schon bei der freundlichen Begrüßung durch Sebastiana, die mit ihrem Mann Joan die Orangenplantage führt, offensichtlich. Seit drei Generationen ist die Finca im Familienbetrieb, der jetzt ganz auf „ecológico" macht: biologisch-natürlich mit eigenem Kompost und Dünger von freilaufenden Hühnern. Gegen Zitrus-Fliegen und andere Schädlinge werden nur Duftfallen aufgestellt, Bäume mit Parafinöl gespritzt.

Die Einführung der Hausherrin ist kurz. Dann kann man selbständig durchs Gelände streifen. Gut 50 Infotafeln bieten Wissenswertes über Zitrusfrüchte und anderes Obst. Außer Orangen und Zitronen wachsen hier Feigen, Avocados, Granatäpfel und Oliven. Während die Größeren bald die typischen Sorten Navelina und Valencia oder auch Canoneta und Peret, die besonders auf Mallorca zu Hause sind, zu unterscheiden wissen und einiges über die Urzitrone „Bud-

dhas Hand“ erfahren, entdecken die Kleinen den Huerto spielerisch. Bestückt mit einem Eimerchen mit Hühnerfutter trotten sie, Mama und Papa in Sichtweite, brav mit – um immer wieder drauf loszuspringen, wenn sie hinter einem Baum ein gackerndes Huhn entdecken.

Nach der Hälfte des Weges wartet eine Überraschung: ein lauschiges Pausenplätzchen mit Körben voller Orangen, wo Gäste sich frei bedienen können. Zum Schälen sind Messerchen, zum Händewaschen nostalgische Gießkannen bereitgestellt. Was am Ende des Rundgangs von einem mallorquinischen Vesper getoppt wird: „Pa amb oli“, also Brot mit Öl und Tomaten, Oliven, Paprika, und kleine, mit Zitronen- und Orangenmarmelade bestrichene Zwiebacke, dazu frisch gepresster Orangensaft – idyllisch mit Blick auf die Serra d´Alfàbia. Gleich nebenan gibt´s einen Minispielplatz für die Kleinen.

Weil Fincagäste ihren Besuch online reservieren müssen, um ein limitiertes Tagesticket zu bekommen, gibt´s weder Hektik noch Gedränge. Inmitten dieses herrlichen Gartens, seiner endlos scheinenden Bäumchen, deren Äste so voller Früchte hängen, dass sie hinab zum Boden reichen, mag man sich – wenn nicht im Garten Eden – so doch im opulenten Überfluss unter der Sonne des Südens fühlen.

Eco-Vinyassa
Huerto de sa Vinyassa

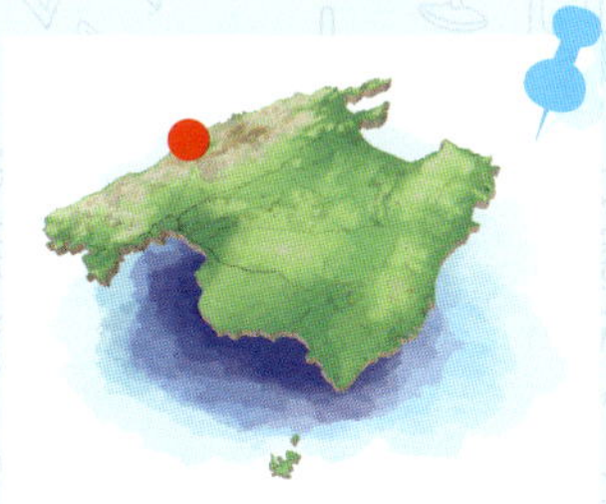

Carretera Fornalutx,
Camí de Sa Vinyassa 3, Sóller
Tel. +34 615 172 750
info@ecovinyassa.com
www.ecovinyassa.com

ÖFFNUNGSZEITEN:
Anfang Februar bis Ende Oktober: Mo., Mi., Fr. 10–15 Uhr

Der »Rote Blitz«:

DIE EISENBAHN VON PALMA NACH SÓLLER

Die Fahrt mit dem „Roten Blitz" von Palma nach Sóller ist nicht nur für Eisenbahn-Freaks ein absolutes Muss, sondern auch für Nostalgiker, Naturliebhaber und Romantiker ein unvergessliches Erlebnis und längst zu einer der schönsten touristischen Attraktionen Mallorcas geworden.

Die Karriere des Roten Blitzes begann am 16. April 1912 als „Orangenexpress", der die bis dato in einem meerwärts gerichteten Talkessel eingeschlossene Kleinstadt Sóller mit dem mallorquinischen Hinterland und Palma verband. Davor verhinderte die mächtige Serra de Tramuntana fast jeglichen Waren- und Personenverkehr. Den Händlern Sóllers blieb nur der weite Weg mit teuren Schiffen übers Meer und um Sa Dragonera – oder ein beschwerlicher Kutscherpfad über den Coll de Sóller, ein Schwindel erregender Bergpass, doch dieser versprach allein Wagnis und

Erst mit Dampf, dann mit Strom – der Rote Blitz fährt seit über 100 Jahren.

Abenteuer, aber keine lukrativen Geschäfte.

Orangenexpress hieß er deswegen, weil ein Großteil seiner Fracht bis in die 1960er Jahre und zum Aufkommen des Tourismus auf Mallorca aus Orangen bestand. Schließlich gilt das Tal von Sóller als der blühende Orangengarten Mallorcas.

Den liebevollen Necknamen „Roter Blitz“ bekam der Zug erst viel später, doch nicht von Sóllers Bürgern, den Aktionären der Bahn, wie gelegentlich behauptet wird. Um ihren gemächlich schnaubenden, tuckernden Dampfrossen die Eigenschaften eines zuckenden Blitzes zu unterstellen, dafür hätte ihr (Geschäfts-)Sinn für Ironie nicht ausgereicht, aber sie hätten wenigstens genauer hingeschaut, denn die „Blitze“ waren niemals rot, sondern braun, allemal in einem leuchtenden Siena- oder Kastanienbraun.

Zuerst war es eine keuchende Dampfeisenbahn, bis die Strecke Ende der 1920er Jahre elektrifiziert wurde und man auf Siemens-Schuckert-E-Loks umstellte. Das ist nun um die hundert Jahre her, doch am Erscheinungsbild jener Tage hat sich bis heute nichts geändert. Auch nicht an der Geschwindigkeit. Nach wie vor rumpelt und holpert der Zug die 27 Kilometer auf den historischen Schmalspurgleisen gemächlich bis nach Sóller, erreicht kaum mehr als dreißig Stundenkilometer, schnaubt, schwankt und pfeift die Tunnelkehren und Kurven durch die Tramuntana hinauf und hinunter, um zwischenzeitlich am ebenfalls antiquierten Bahnhof von Bunyola, wo kaum Leute aus- und zusteigen, etwas Luft zu holen.

Doch gerade dies macht einen Teil der Faszination des Roten Blitzes aus, der im Zeitalter der explodie-

Die Straßenbahn von Sóller

renden Geschwindigkeit noch Sinn für Gemächlichkeit auf seiner nostalgischen Zeitreise nach Sóller bewahrt hat. Und natürlich, da sind seine antiquarischen Waggons mit schmiedeeisernen Rampen und braunen Ledersofas, auf denen man es sich in einer originalgetreuen Fin-de-siècle-Dekoration aus Messing, Nickel und Mahagoniholz gemütlich machen kann. Gemütlich genug, um die langsam vor sich vorbeiziehende Landschaft auf sich wirken zu lassen, die unmittelbarer und greifbarer ist und fast schon eine vertraute Nähe verströmt, ganz anders als auf einer rasanten Fahrt mit dem Auto, wo sie hinter Mauern und in der Distanz dem hektischen Blickfeld der Reisenden entweicht.

Sobald der Zug Palmas kaum den Augen schmeichelnde Industriezone hinter sich gelassen hat, fährt man durch eine urtypisch mallorquinische Landschaft, also durch Olivenhaine, kreuzt Gruppen von wildwuchernden Johannisbrotbäumen und gleitet – von Ende Januar bis April – durch ein Meer von blühenden Mandelbäumen, bis es nach Bunyola hinein in die Berge und die verwegen gebauten Tunnels geht, deren Gesamtlänge (13 an der Zahl, davon einer mit einer kompletten 180°-Schleife) insgesamt knapp einen Fünftel der Strecke ausmacht, und es für einige Minuten zu einer Fahrt durch Nacht und Tag im steten Wechsel wird.

Schließlich hat einen die gleißende Sonne wieder, die den für einen Augenblick geblendeten, blinzelnden Augen die Kulisse der Gipfel des

Puig Major und des L'Ofre eröffnet. Hier macht der Zugführer für die Fahrgäste einen kurzen Fotostopp. Unten im Tal liegt Sóller, in dessen Umgebung, im Valle de las Naranjas, auf gut zwanzig Quadratkilometern die Orangen wuchern. Nach einer knappen Stunde ist im Bahnhof von Sóller die Fahrt zu Ende.

Eigentlich schade, wie langsam schnell die Zeit vergeht. Aber immerhin kann man von hier mit der Straßenbahn – auch sie ist ein Stückchen Nostalgie auf Schienen – gleich weiter (direkte Umsteigemöglichkeit) ins nahe Port de Sóller fahren.

In Begleitung von Kindern ist beim Spaziergang durch Sóller ein Besuch der „Sa Fàbrica de Gelats" an der Plaça del Mercat Pflicht. Unter den über 40 verschiedenen Eissorten wählt man nach Empfehlung des Hauses – wie könnte es im Valle de las Naranjas anders sein – das Milch- und Sahneeis mit dem kräftigen Geschmack der Sóller Orangen oder das fruchtige Zitronensorbet.

Bahnhof in Palma:

Eusebio Estada 1
Tel. +34 971 752 051, -28
info@trendesoller.com
www.trendesoller.com

Bahnhof in Sóller:

Carrer Castanyer 7
Tel. +34 971 630 301

Der „Sóller"-Bahnhof in Palma befindet sich direkt neben dem Bahnhofsgebäude der Eisenbahnlinie nach Luca–Sa Pobla an der Ostseite der Plaça d'Espanya.

Unter info@trendesoller.com werden Fahrkarten für Züge am gleichen Tag verkauft. Um einen Sitzplatz – für Familien beieinanderliegende Sitzplätze – zu bekommen, sollte man eine Dreiviertelstunde vor Abfahrt im Bahnhof sein. Von April bis Oktober gibt es täglich jeweils sechs Züge in beide Richtungen (von November bis März sind es 4 Züge). Aktueller Fahrplan unter www.trendesoller.com

Ses Fonts Ufanes

WASSER MARSCH! IM EICHENWALD

„Han brotado las Fonts Ufanes!“, tönt´s durch die Medien und die Nachricht verbreitet sich wie ein Lauffeuer über die Insel. Man könnte meinen, der Teufel sei los! Doch ganz so wild ist es nicht. Es sind nur wie aus dem Nichts aus dem Erdboden sprudelnde Wasserquellen, die als tosender Wildbach durch einen Steineichenwald fluten. Dies geschieht gerade drei-, viermal pro Jahr – wenn das Wetter richtig verrückt spielt, auch einige Male mehr – und dauert dann jeweils nur zwei bis drei Tage. Und auch nur dann, wenn sich davor der Himmel kräftig über Mallorca oder genauer über der Serra de Tramuntana abgeregnet hat.

Dieses ach so wundersame Naturschauspiel findet in einem Waldstück (Steineichenwald) bei Campanet im Norden Mallorcas statt. Das Wasser quillt dann an mehreren Stellen aus dem Boden und verwandelt den sonst laubtrockenen Eichenwald, als hätte sich eine Amsterdamer Gracht hierher verirrt.

Zu erleben ist dieses Phänomen eigentlich nur in den regenreichen Herbst- und Wintermonaten. Im trockenen Sommer deutet nichts auf das Spektakel hin, ist es nur ein Wald wie viele andere Wälder auch – und nur geübte Augen mögen dann im Boden Spuren eines ausgetrockneten Flussbetts auszumachen. Aber wenn's kommt, kommt's richtig! Kein zahmes Rinnsal, nein, 30 bis 100 Kubikmeter Wasser pro Sekunde schießen aus den

In den Herbst- und Wintermonaten sprudelt das Wasser durch den Eichenwald.

Quellen. Es rauscht und plätschert zwischen den Bäumen, wo der breite Bach im leichten Gefälle bis hin zum Torrent Sant Miquel drängt.

Verantwortlich zeichnet eine unterirdische Wasserader, die sich mit den Regenfällen der nahen Berge vollsaugt. Darunter verhindert dicker Lehm, dass das Wasser ins tiefere Erdreich versickern kann, doch darüber ist der Kalkstein porös und das Erdreich faserig, so dass es, wenn genügend „Druck im Kessel“ ist, mit Karacho nach oben schießt und hinaussprudelt.

Das Glück kann nicht erzwungen werden. Auch die „Glücklichen Quellen“, so die deutsche Übersetzung von Ses Fonts Ufanes, folgen den Launen der Natur. Für die Touristikbranche sind sie unzuverlässig und nicht planbar, also für ein profitorientiertes Geschäft nicht brauchbar. Das heißt, der Eintritt bzw. Zugang ist bis heute frei. Für Image und Renommee taugen sie allemal, so dass Ses Fonts Ufanes 2001 zum damals ersten Naturdenkmal Mallorcas erklärt wurden und samt umgebenden Wald inklusive einer Finca nun ein 50 ha großes Naturschutzgebiet bilden, über das ein auf Hexenhäuschen getrimmtes, kleines Besucherzentrum informiert. Die Wege um den Wasserlauf sind einfach begehbar. Sollten die Tage, nachdem der Regen kam bzw. an denen Ses Fonts Ufanes sprudeln, auf ein Wochenende fallen, erfolgt auch von den Insulanern ein Massenansturm auf das Naturidyll, das schnell zum genauen Gegenteil mutiert. Die Parkplatzsuche wird dann zum Nervenkrieg. Auch unter der Woche empfiehlt sich ein zeitiges Erscheinen.

HINKOMMEN:
Die Ses Fonts Ufanes befinden sich im Eichenwald Es Gabellí Petit respektive auf dem Landgut der Finca Es Gabellí nahe der Landstraße MA-13 bei Campanet. Entweder direkt von Campanet oder von der Autobahn Palma–Inca–Sa Pobla die erste Abfahrt „Sa Pobla“ nehmen und der Beschilderung „(Fonts) Ufanes“ folgen und bei der weißen Wallfahrtskirche Sant Miquel parken. Von dort sind es knapp 20 Minuten bis zu den Quellen im Steineichenwald. Zugang von 10–17 Uhr.

La Reserva Puig de Galatzó

Hätten die Produzenten des Karl-May-Films „Durchs wilde Kurdistan" die Gebirgsregion um den Puig de Galatzó gekannt, wären sie wohl nicht auf der Suche nach geeigneten Drehorten in Andalusien verzweifelt, sondern hätten unverzüglich in der Serra de Tramuntana ihre Kameras aufgebaut. Heute ist es Abenteuer „light", also Abenteuer ohne Risiko und für jedermann, was das Parkmanagement verspricht, d. h. die Reserva ist für einen Halbtagesausflug und als Unterbrechung eines bereits in Routine abdriftenden Strandurlaubs für Familien geradezu prädestiniert.

Die Anfahrt zur Reserva ist des Abenteuers erster Teil. Irgendwann wird die Straße zur Schotterpiste mit leicht zu übersehenden Hinweisschildern, dazu Schlaglöcher und lange kein Ende in Sicht. Immerhin beginnt mit dem Eingang zum Park der gemütliche Teil. Allemal Kinderwagenschieber bekommen ihre Grenzen aufgezeigt und deponieren am besten das Gefährt im Kassenbereich.

Der knapp vier Kilometer lange, markierte Pfad durch die Reserva schlängelt sich hoch oben über dem Bergdorf Puigpunyent am Fuße des Puig de Galatzó (1026 m) zwischen Felswänden, Schluchten, Bächen und Grotten durch ein herrliches Stück mallorquinische Urlandschaft, die im Sonnendunst die unwirklich scheinende Aura eines Märchenwalds aus längst vergangenen Zeiten hat. Hinter jedem Anstieg, hinter jeder Wegbiegung eröffnen sich zwischen dem schroffen Gestein aufragender Felswände und tief eingeschnittener Schluchten, in die malerische Wasserfälle stürzen, überwältigende Einblicke

Das Terrain des „Schlechten Grafen", der in Raunächten über die Gipfel jagt.

in die wildromantische Natur der Serra de Tramuntana, die durch Verkarstung und Erosion entstanden ist.
Mit strengem Blick ist die künstliche Konstruktion der Wasserfälle kaum übersehbar, dafür ist der Weg über die zum Teil in Stein gehauenen oder mit Bohlen gestuften Treppen auch für die Kleinsten einfach zu begehen. Auf dem Lehrpfad lernen botanische Laien dank Infotafeln und Pflanzenbeschreibungen Meilerplätze und Köhlerhütten kennen oder Steineichen, Johannisbrot- und Olivenbäume zu unterscheiden. Pure Ornithologen werden wiederum die aufgezeichneten, per Knopfdruck abrufbaren akustischen Stimmen des Vogelgezwitschers als überflüssige Spielerei abtun.
Nichts scheint mehr an die Zeiten zu erinnern, als durch das Tal des Puig de Galatzó schreckliche Grusel- und Spukgeschichten über den Compte
Mal – den „Schlechten Grafen" – geisterten, der im 17. Jh. Besitzer dieses Grund und Bodens war. Der Graf war so böse, dass er Freund wie Feind und am liebsten seine Leibeigenen peinigte und foltern ließ. Während einer Bauernrevolte ließ er deren Anführer durch Meuchelmörder beseitigen. Nach dem Tod des Compte Mal ward seine Seele verflucht und dazu verdammt, in Nächten, in denen der Wind pfiff und die Hunde heulten, auf einem grünen, nach Schwefel stinkenden Pferd über Stock und Stein des Galatzó zu jagen.
Fast scheint's, dass auch die Tiere der Reserva nicht mehr an die Gräueltaten des spukenden Grafen glauben. Seien es die „königlichen" Pfaue (pavo real), Steinböcke, Schafe, Enten oder Ziegen –

desinteressiert, ja gelangweilt watscheln und stolzieren sie durchs Gelände oder verbringen die meiste Zeit – wie die beiden Bären im Freigehege – im Tiefschlaf. Nur die Straußenvögel wirken bissig und angespannt, aber deswegen sind sie hier wohl auch eingezäunt.

Beim Wegpunkt 8, „Es Refugi", führen um die Mittagszeit (resp. 14 Uhr) Falkner Greifvogelschauen durch. Dazu gibt's eine Imbissbar, einen etwas frostigen „Naturpool" zum Schwimmen sowie einen Grillplatz, wo man Mitgebrachtes übers Feuer halten kann. Des Abenteuers zweiter Teil beginnt aber erst, wenn man versäumte, am Eingang eine Fahrt mit der Seilbahn eindeutig! zu regeln. Denn „Es Refugi" ist auch der Treffpunkt mit den „Bergführern", die einen in zehn Minuten Fußweg bergauf zum Start des „Abseilens" begleiten. Hat man die Seilbahnfahrt nicht extra gebucht oder gab´s bezüglich des Treff(zeit)punkts (regulär 12.30 und 15.30 Uhr bzw. nach Vereinbarung) Missverständnisse, wird man den Park mit fadem Beigeschmack verlassen, ohne überhaupt die Stahlseile gesehen zu haben.

Oben angekommen, hängt man im Sitz aus Klettergurten über eine Rolle sicher in den Seilen und saust zuerst 400, dann noch einmal 200 und 100 Meter zwischen den Baumwipfeln ins Tal. Schön ist's! Trotz des hohen, zum Eintritt zusätzlich zu zahlenden Preises macht die Seilbahn (ab acht Jahren) einen Reserva-Besuch erst komplett und ist des Abenteuers dritter Teil, so dass man immerhin mit einem tollen Erlebnis im Gepäck zurückreist.

Für den Rundgang bzw. den Besuch der Reserva sind mindestens drei, besser vier Stunden einzuplanen. Obwohl die Wege auch den jüngsten Besuchern keine Schwierigkeiten bereiten, sollte man unbedingt festes Schuhwerk tragen. Erst recht, wenn man zusätzlich die Klettertour (Escaladas) bucht.

La Reserva Puig de Galatzó

Predio Son Net s/n, Puigpunyent
Tel. +34 971 616 622
reservapark@ljs.es
www.reservapark.net

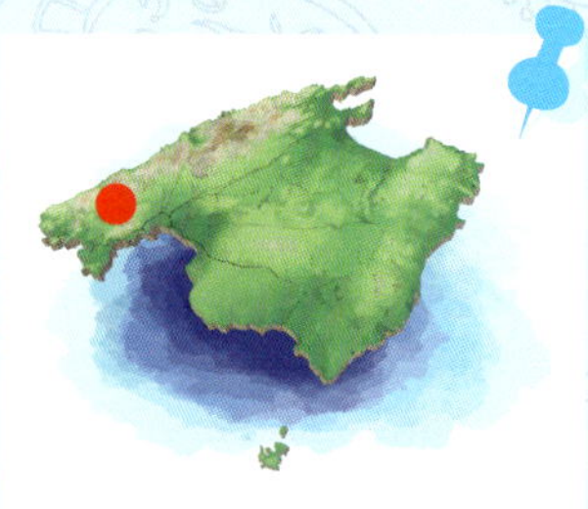

ÖFFNUNGSZEITEN:
April bis Oktober tägl. 10–17 Uhr
November bis März nur Sa. und So. Die Kasse schließt um 15 Uhr.

Malerische Treppe in den Jardines de Alfàbia.

Jardines de Alfàbia

Am Südhang des Coll de Sóller liegen die Jardines de Alfàbia (Alfàbia = dt. „Tonkrug“), Mallorcas am besten erhaltenes Beispiel eines maurischen Gartens, der damals zu Zeiten des arabischen Vizekönigs Ben Abet von Mallorca im 12. Jh. als Sommerresidenz angelegt wurde. Trotz der Veränderungen, die das Gelände im 19. Jh. erfuhr, als im Stil eines Englischen Gartens verspielte Grotten und Kaskaden errichtet wurden, bilden das Residenzgebäude sowie der Zier- und Nutzgarten bis heute eine gartenarchitektonische Einheit, die von fließendem Wasser dominiert wird.

Romantiker werden sich auf dem Rundweg durch die Laubengänge und die subtropische Vegetation vom allgegenwärtigen, leisen Flüstern des Wassers begleitet fühlen, und dies nicht nur auf der Hauptallee, wo per Knopfdruck vierundzwanzig Fontänen zum Sprudeln gebracht werden können. Der Zugang erfolgt über eine Platanenallee, die zum pittoresken Hofbrunnen und dem Barockportal des Herrenhau-

Um die Pergola respektive Laubengang beginnen per Knopfdruck die Wasserspiele.

ses führt. Dieses wurde im 18. Jh. der Gartenanlage hinzugefügt und präsentiert heute einige historische Kunstschätze.

Wer bereits die brillanten und großartigen maurischen Gärten Andalusiens gesehen hat, sollte diese nicht zum Maßstab seiner Erwartung machen, bevor man zu den Jardines de Alfàbia fährt – sie würde unweigerlich enttäuscht werden. Außerdem sollte man Toleranz und Nachsicht üben, denn nicht nur das Residenzgebäude ist unverkennbar renovierungsbedürftig. Dies vorausgesetzt, wird man hier ein friedvolles Idyll und die Ruhe einer lauschigen, grünen Oase erleben, zudem einen Ort für einen herrlichen Familienspaziergang – Motto: „Mach mal Pause!" – fernab des Trubels und der Hektik der Platja de Palma.

Ein Manko sind die spärlichen Erklärungen auf dem Rundgang.

Wer sich bereits vorausschauend mit Alfàbias Gärten beschäftigt hat, wird vor Ort viel mehr sehen und verstehen – und die Kleinen werden staunen, was Papa denn so alles weiß. Dies beginnt schon beim Hauptportal, wo links und rechts ein „Colcador" steht, eine Steinbank, die an den Seiten Treppenstufen hat. Während die Unwissenden verständnislos daran vorbeitrotten und nicht einmal ein Achselzucken für die spartanischen Bänke übrig haben, erkennt der gut Vorbereitete gleich, dass früher ein in sein steifes Blech eingezwängter Ritter diese Colcadors benutzte, um sich auf den Rücken seines Streitrosses zu hieven – und wird vielleicht diese Szene vor seinem geistigen Auge vorbeihuschen sehen.

Jardines de Alfàbia

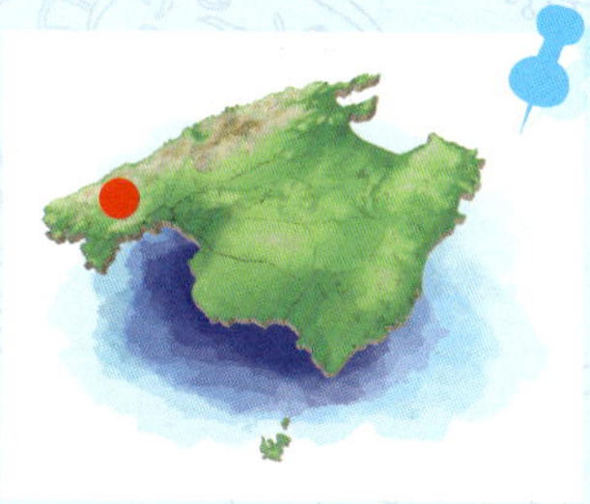

Carretera Palma–Sóller
km 17, Bunyola
Tel. +34 971 613 123
www.jardinesdealfabia.com
info@jardinesdealfabia.com

ÖFFNUNGSZEITEN:
1. März-31. Oktober
tägl. 9.30-18.30 Uhr

Alternative Anfahrt mit der Buslinie 211 (Palma–Sóller) und der Eisenbahn Ferrocarril de Sóller (Palma–Sóller), diese mit jeweils sechs Stopps in beide Fahrtrichtungen in Bunyola von April bis Oktober.

Parc Natural de S'Albufera

S'Albufera ist ein Ort für Großstadtkinder – für kleine und große. Ein Ort für alle, die nicht mehr wissen (können), was eine sich selbst überlassene Natur ist. In Mallorcas Nordostecke, zwischen Alcúdia und Ca'n Picafort, existiert sie als feuchtes Biotop, als Sumpflandschaft, wie man sie auf der Baleareninsel zuletzt erwartet hätte. Fernab der lärmenden Spaßburgen ist's eine Wohltat, eine Zeitlang durch den Wildwuchs im Ried zu stapfen, zwischen Binsen, Schilfrohr und Wasserschwaden zu sehen und zu staunen, welche Vögel und Pflanzen in immenser Artenvielfalt hier zu Hause sind. Wer von uns weiß denn noch, was eine Uferschnepfe oder was ein Froschlöffel ist?

Per se ist S'Albufera ein Terrain für Ornithologen und Botaniker. Doch S'Albufera ist auch ein Ort der Stille. Selbst wenn man in keinster Weise mit der professionellen Vogelschau vertraut ist und auf seinem Rundgang von alledem, nach dem man Ausschau hält, nur rudimentär etwas zu sehen bekommt, ist´s ein Ort, um innezuhalten und zu sich selbst zu kommen – und bar jeder Hektik wird man ungewohnte Klänge vernehmen, hier ein Zirpen, dort ein gedämpftes Tacken, mal ein zartes Zwitschern, mal ein lautes Geschnatter …

Auf der Straße MA-12 von Port d´Alcúdia nach Ca'n Picafort fährt man vom Kreisverkehr hinter dem Pont dels Anglesos („Engländerbrücke“) in

Die kräftigen Camargue-Pferde lieben die Süßwasser-Marsch der Albufera.

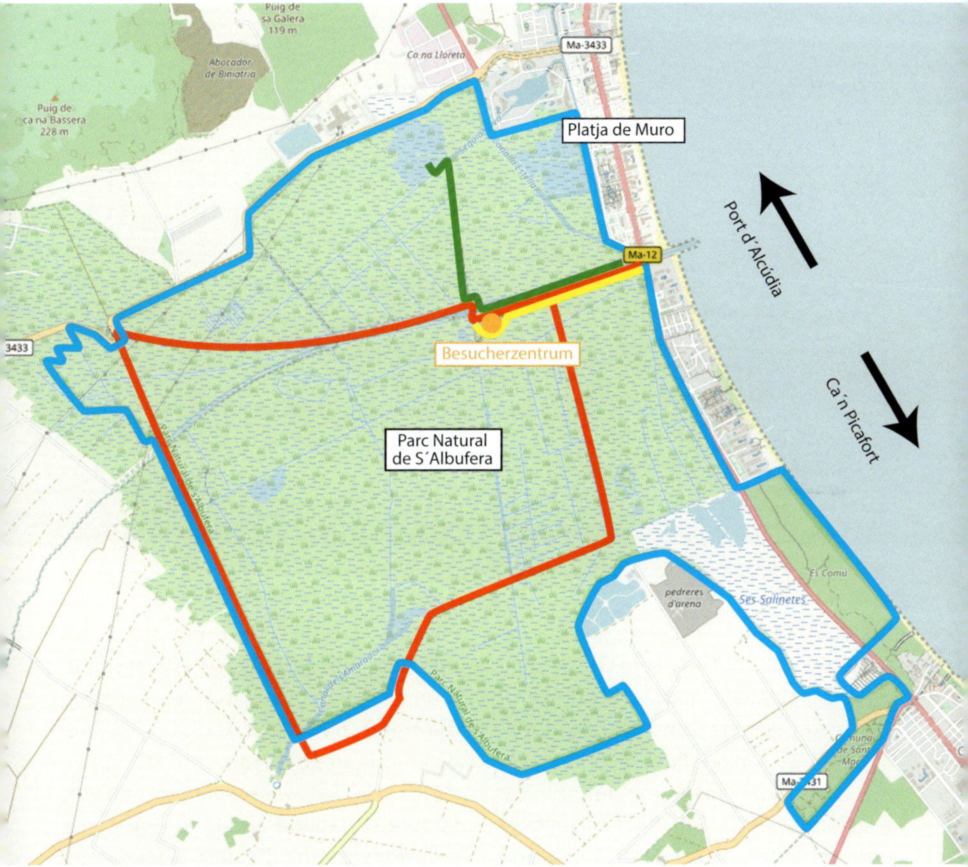

Routen durch den Naturpark

Rot: Camí d'Enmigses Puntes
Grün: Weg „des Colombars"
Blau: Weg „des Cibollar"
Gelb: Weg „Sa Roca"
tägl. 9.30-18.30 Uhr

Lagune und Riedlandschaft der Albufera vor den Tramuntana-Bergen.

die Zufahrt zum Parkplatz des Naturparks. Landeinwärts, dem Gran Canal entlang, spaziert man in zehn Minuten zum Besucherzentrum „Sa Roca“ in einer ehemaligen Papiermühle, wo man sich kostenlos anmeldet bzw. registrieren lässt. Informationsblätter und Schautafeln erklären Flora und Fauna, das Ökosystem, den aktuellen Vogel- und Vegetationsbestand und zeigen die vier unterschiedlich langen Rundwege durch den Park. Auf Wunsch können Ferngläser gemietet werden. Die besten Besuchszeiten sind Frühjahr und Herbst, wenn viele Zugvögel auf dem Weg zwischen Europa und Afrika hier ihr Zwischenquartier aufsuchen. Eine Kopfbedeckung ist von Vorteil, Mückenschutz, wenn nicht gerade die Sonne im Zenit steht, unverzichtbar.

Für den „großen“ Rundweg, der auch mit dem Rad befahrbar ist, braucht man zu Fuß gut drei Stunden. Entlang der mit Brackwasser gefüllten Kanäle gelangt man über Holz- und Steinbrücken in die Salzwassermarsch und zur Süßwasserlagune und läuft durch Vegetationszonen, die mit Wiesenrauten, Rohrkolben, Woll- und Riedgras bewachsen sind. Mehrere Beobachtungshütten mit aufklappbaren Fensterchen und ein Mirador (Aussichtspunkt) erleichtern die Wahrnehmung der überwiegend sehr scheuen Tiere. Geduldige werden Blässhühner, Stelzenläufer, Schilfrohrsänger, Regenpfeifer, Watvögel wie Seiden- und Fischreiher, Sumpfschildkröten und Frösche zu Gesicht bekommen. Zu den verbreitetsten Fischarten gehören Forellen und Flussaale.

Apropos „sich selbst überlassene Natur": Der Parc Natural de S'Albufera hat eine lange Geschichte der Kultivierungsversuche hinter sich und ist ein Beispiel, dass Natur nie völlig unter Kontrolle gestellt werden kann. Die Randgebiete der Albuhayra (dt. Lagune), so der arabische Name, waren schon in uralten Zeiten besiedelt. Im Mittelalter wurde die Feuchtgebietszone zum Adelsfamilien vorbehaltenen Jagd- und Fischereirevier. Seit dem 18. Jh. starteten verschiedene Projekte zur Trockenlegung, auch um die latente Malariagefahr zu beseitigen. Entwässerungskanäle wurden gezogen, wodurch kleinere Marjals (trockene Parzellen) als Anbauflächen gewonnen wurden, die Marsch und verschiedene Sumpfzonen zugeschüttet. Dann versuchten so optimistische wie wohlhabende Engländer, die Malariabrutstätte trocken zu legen, und endeten darüber im Konkurs. Übrig geblieben sind die Ruinen einer Papierfabrik, die Schilf als Rohstoff verwenden wollte. Aufgrund der rasanten Betonierung der Küste der Badia d'Alcúdia wurde 1988 als eines der letzten Naturrefugien Mallorcas der Parc Natural de S'Albufera geschaffen.

Parc Natural de S'Albufera

Ca'n Picafort, Av. de S'Albufera s/n
Tel. +34 971 892 250
salbufera@oninet.es

ÖFFNUNGSZEITEN
1. April bis 30. September tägl. 8-18 Uhr, sonst 9-17 Uhr, für Führungen und Gruppen Voranmeldung erforderlich

Jungle Parc Mallorca

Abenteuerliche Klettertour von Baum zu Baum.

Wer wollte sich nicht schon einmal wie Tarzan oder Indiana Jones fühlen? Abenteuer und Action hautnah erleben und dennoch nicht der geringsten Gefahr ausgesetzt sein! Völlig sicher heißt im Jungle Parc Mallorca, durch Karabiner und Gurte gesichert unter professioneller Überwachung auf Bäume zu klettern, sich durch den Wald zu hangeln und von Baum zu Baum zu gleiten. Zwar ist der „Dschungel" von Santa Ponça kein exotisch wuchernder Tropenwald, doch der Parcours im lichten Pinien- und Laubwald vermag mit seinen einfallsreichen Passagen, Plateaus, Hängebrücken, Seilrutschen, Lianen und Kletternetzen jeglichen Bewegungsdrang und die Abenteuerlust der Youngster zu stillen.

Alters- und größengerecht führen drei unterschiedliche Kletterrouten mit unterschiedlichen Schwierigkeitsgraden durch den Jungle Parc: Bei den „Piraten" sind Klettermaxe von 4 bis 12 Jahren und einer Mindestgröße von 1,05 Meter unterwegs. Die „Entdecker" (Exploradores) sind mindestens 9 Jahre alt und 1,35 Meter groß, d.h. hier balancieren und tummeln sich auch die Erwachsenen. Den „Extremo"-Parcours absolvieren diejenigen, die die sportliche Herausforderung suchen (ab 12 Jahren, Mindestgröße: 1,50 Meter) oder den „Explorador" bereits erfolgreich bewältigt haben. Für eine Runde im Wald ist man zwischen 1 und 1 ½

Stunden unterwegs. Vor den Kletterrunden geht´s zum Test- und Probelauf sowie den ausführlichen An- und Einweisungen. Während der Parcours-Runden geben die Mitarbeiter Tipps, wenn Übermütige sich verheddert haben oder nicht mehr weiter wissen, bieten tatkräftig Hilfestellung und seilen völlig entmutigte Kandidaten auch ab. Karabiner, Gurte, Netze werden regelmäßig überprüft.

„PIRATAS" JUNIOR

Damit auch die Kleinen zu ihrem Recht kommen, wurde mit dem Jungle Parc Junior in Bendinat ein Kletterwald geschaffen, der ausschließlich Kids von 4 bis 11 Jahren vorbehalten war und in dem es statt bis auf zehn Höhenmeter in der Spitze nur sechs Meter nach oben ging. Für Eltern, die nicht nur den Kletterspaß ihrer Liebsten im Sinn haben, sondern auch ihre pädagogische Ader spüren, war´s ein dankbares Experimentierfeld. Für sich selbst, um die Glucke in sich und eine geschürte Besorgnis eine Zeitlang abzulegen und sich in Gelassenheit zu üben (man und frau sind schließlich im Urlaub). Und für die Rabauken, die – kurz davor ins Halbstarken-Alter zu kommen – ihre Grenzen austesten wollen, in einem „kontrollierten" Bereich für eine gute Stunde lernen konnten, brachliegende Fähigkeiten zu entwickeln, ohne dass ihr natürlicher Bewegungsdrang durch ein ständiges „Sitz still! Renn nicht so schnell! Komm bloß da herunter!" im Keim erstickt wird.

Und weil es für einen intakten Familienverbund einfach besser ist, dass alles und alle an einem Ort vereint sind und kein Teil von vornherein nur zum bloßen Zusehen „abgestellt" verbleibt, wurde im April 2023 der Jungle Parc Junior von Bendinat in den großen Jungle Mallorca in Santa Ponça integriert, so dass jetzt im neuen Design dort Groß und Klein ihre eigene Zipline-Zickzackroute durch den Kletterwald vorfinden.

Jungle Parc Mallorca

Avenida Jaime I, 40 A,
Santa Ponça
Tel. +34 630 948 295
mallorca@jungleparc.es
www.jungleparc.es

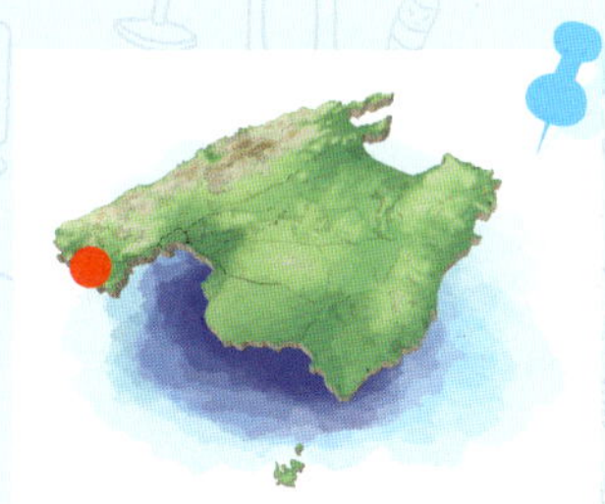

Der Kletterpark ist ab Palma mit dem Bus 104 (Peguera–Magaluf–Palma) erreichbar und ganzjährig geöffnet. Von Ostern bis Ende Oktober Di.–So. 10–17.30 Uhr (Sommer bis 18.30 Uhr), von November bis Osterwoche nur am Wochenende.

Katmandu Park

Es mögen die Fun Parks von Orlando gewesen sein, die den Engländer Karel Johnson, der Jahr für Jahr viel Zeit in Florida verbringt und nach eigenen Worten ins Phantastische vernarrt ist, dazu inspirierten, einen spaßgeladenen und kunterbunten Vergnügungspark in Magaluf, Mallorcas englischer Partyhochburg, als Miniversion von Disneyland zu kreieren.

Der Katmandu Park richtet sich direkt an den Spieltrieb der kleinen und auch großen Besucher, die zu einer fulminanten Reise durch die Zeit und aberwitzige Phantasiewelten animiert werden sollen. Es gibt inzwischen über zehn Stationen im Park und ein Thema, dass die Besucher leiten soll: die Geschichte des bösen Juwelenräubers Kilgore und Boro, dem guten Yeti, der die Sache mit den Juwelen und die Welt der Kinder wieder in (Un-)Ordnung bringen soll und auch als 13 Meter hoher Wächter in King-Kong-Pose zwischen Park und Katmandu-Hotel steht. Das lebhafte Kichern und juchzende Gekreische der Kleineren, die ergriffen in den Sesseln des 4D-Kinos hin und her rutschen und mit den Beinen zappeln, zeigt, dass vor allem für die Kleinen der Katmandu Park ein tolles Spektakel ist. Auch wenn in der „4D-Experience-Station" nur die den drei bekannten Dimensionen hinzugefügte

Der Katopia Splash Park im Katmandu Park.

Bewegung dafür sorgt, dass die Effekte verblüffend realistisch sind, man mit Haut und Haaren spürt, wenn der Wind einem um die Ohren pfeift, man schwerelos zu werden meint oder der sich nähernde Yeti einen buchstäblich anzuspringen scheint und man mitten hinein ins Geschehen geworfen wird.
Also hinweg mit den Zweifeln! – und hinein ins auf dem Kopf stehende Haus! Lassen wir uns verblüffen von Special Effekts, unsere Sinne verwirren und unsere Vernunft verblüffen! Und dennoch heißt es, nicht zu viel Zeit zu verlieren, denn es warten Spiele en masse, viel Wasserspaß und Abenteuer mit Rutschen, Spritzpistolen, ein Minigolf-Land und gar die Option, interaktiv Zombies bekämpfen zu können oder im Desperados-Saloon mit einer Laserpistole dem Sheriff beizuspringen.
Und wenn denn die Guten die Guten und die Bösen die Bösen sind, wie es war und wie es ist im Wilden Westen (und themenbezogen hier auch im tibetanischen Osten), und die Guten alle Bösen besiegt haben, ist's höchste Zeit für eine ausgiebige Stärkung. Der US-amerikanisch designte Timbuktu Bar & Grill serviert Pommes, Hotdogs, Burger und Chicken Nuggets, viel Fett, Zucker und Kohlenhydrate, aber den Kindern schmeckt's!

Katmandu Park

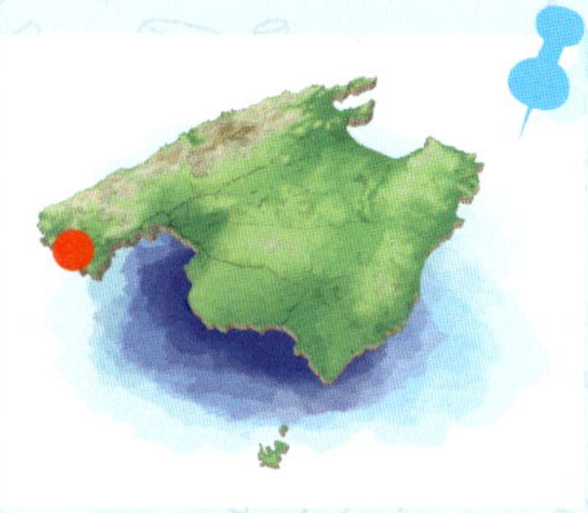

Avenida Pedro Vaquer Ramis 9 Magaluf
Tel. +34 971 134 660
mallorca@katmanduparks.com
https://mallorca.katmanduparks.com/

ÖFFNUNGSZEITEN
Von der Osterwoche bis 31. Oktober tägl. von 10–22 Uhr (Saisonbeginn/Herbst bis 18 Uhr), wobei es zu Saisonbeginn und -ende zu Einschränkungen kommt. Passport- und Kombi-Tickets gibt´s online zu ermäßigten Konditionen.

Wer eine Tour machen möchte, kann um 11, 12, 15 oder 16 Uhr vorbei schauen und erhält einen wunderschönen Blick hinter die Kulissen des Haupthauses.

Karting Can Picafort

Der Geruch von Benzin liegt über der Boxengasse. Nicht penetrant, doch es reicht, dass es einen fein in der Nase kitzelt. Das, was hier der Parc Fermé sein soll, macht nicht sonderlich viel her. Das Café dahinter ist nur schwach besucht. Auf der Empore davor haben sich kaum Zuschauer eingefunden. Auch von den Grid Girls weit und breit keine Spur. „Vive tus sueños!“, fordern dicke Lettern auf großen Plakaten: „Lebe Deine Träume!“ Also gut, dann findet die Jagd nach der Pole halt ohne Publikum statt.

Die Gokart-Boliden haben Anwerfseile wie Rasenmäher. Was Wunder!, dass es dann auch wie beim Grasmähen klingt: scheppernd und blechern, sogar leiser als das Gartengerät. Woher sollen auch die lausigen Motoren den satten Vollgas-Sound liefern, der Glasscheiben und Nerven zum Vibrieren bringt. Dafür beim Einsteigen die erste Überraschung. So nah am Boden, dass fast der Hintern auf dem Asphalt kratzt, fühlt's sich schon zu Beginn ganz schön verwegen an – erst recht nach der Kurve und mit Schmackes aufs Gaspedal gedrückt, dass es Rücken und Po gegen die Sitzschale presst.

Es gibt vier große Gokart-Bahnen auf Mallorca: in Llucmajor, Magaluf, Marratxí und eben diese hier in Ca'n Picafort ganz im Nordosten von Mallorca und in Reichweite von den Urlaubsorten der Ostküste. Im Trend der Zeit, vermeintlich emissions- und gewissensrein, kommt eigentlich nur Mallorcas neueste Bahn in Marratxí für umweltbewusste Eltern in Frage. Die Elektro-Gokarts dort sind so sauber, dass man in der geschlossenen Halle selbst bei Regen fährt. Doch es wird wohl noch ein paar Jahre dauern, bis Speed Junkies mit Adrenalin und Benzin im Blut sich mit dem elektrischen Motorensound, der so läppisch wie ein surrender Rasierapparat klingt, anfreunden können, zumal man dort auf dem öden, weil beengten Kurs wie in einer fahrenden Playstation sitzt und das Vogelgezwitscher hoch oben in der Halle eher Träumer und Wanderer animiert.

Papis und tollkühne Knirpse wird´s freuen, was besorgten Mütter das blanke Entsetzen ins Gesicht fahren lässt. Auf der Kartbahn in Ca'n Picafort dürfen Youngster bereits ab dem Kindergartenalter aufs Gaspedal drücken. Wegen der altersmäßig gestaffelten Motorenleistung und Höchstgeschwindigkeit der Gokarts sind Muttersorgen eigentlich unbegründet. Während die Jüngsten also auf 25 km/h hinuntergedrosselt werden, sind´s bei den mindestens 7-jährigen bereits 40 km/h, ab 16 Jahren düst´s sich mit 60 km/h und Erwachsene können 80–100 km/h fahren. Dazu gibt es Bi-plaza-Doppelsitzer, in denen Papi am Steuer mit dem Knirps oder Mutti auf die Strecke geht.

Der Rundkurs der Kartbahn von Ca'n Picafort gleicht dem Infield einer Formel-1-Strecke, hat viele enge Kurven, einige kurze Geraden, ist links und rechts mit rotweißen Kerbs und Reifenpuffern gesäumt, falls die Tempobolzerei doch mal den Gokart aus der Kurve treibt. Auch Helme und seitliche Metallverstrebungen dienen der Sicherheit. Um medialen Ruhm und zahlende Kundschaft anzulocken, finden auf der Kartbahn von Ca'n Picafort auch richtige Rennen statt, bei denen die lange Gerade an den Standardkurs angeschlossen wird, wie die „Go-Kart-Meisterschaft" der Balearen oder die „24 h von Mallorca" im Oktober, bei der Teams von morgens um 9 bis abends um 21 Uhr unter Flutlicht sich kräftig Gummi geben. Dafür bedarf es allerdings einer Competition-Graduierung und es wird mit Renngokarts gefahren, was somit für die Urlauberfamilie auf Mallorca kein Thema ist.

Die Summe, die einer „rasenden" Familie fürs Gokartfahren abverlangt wird, mag schon etwas happig sein. Auf der Gokart-Bahn in Ca'n Picafort ist das nicht anders. Zumal der Spaß nicht in Stunden, sondern fast im Minutentakt abgerechnet wird. Immerhin lässt das freundliche Karting-Personal an Tagen, an denen hier nicht viel los ist, die Gäste auch mal einige Minuten länger auf der Strecke.

Karting Can Picafort

Carretera Alcúdia–Artà
Polígono Trece s/n, Ca'n Picafort
Tel. +34 971 850 748
gokarts@kartingcanpicafort.com
www.kartingcanpicafort.com

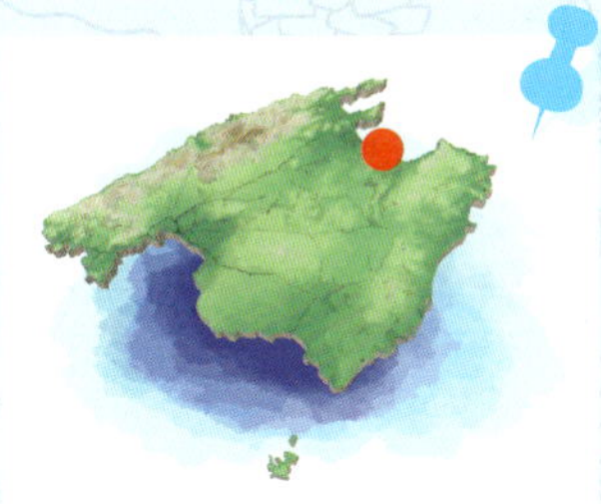

ÖFFNUNGSZEITEN
1. Mai bis 31.Okt.: tägl. 10–22 Uhr
1. Nov. bis 30. April: Di.–So. (+ feiertags) 9–13, 15–19 Uhr

Museo Sa Bassa Blanca FUNDACIÓN JAKOBER

Kaum ein anderer Ort auf Mallorca eignet sich besser als die Fundación Yannick y Ben Jakober, um Laien und Kindern Kunst und Kultur, wie sie typisch für die Baleareninsel sind, nahezubringen – und das Ganze als in Natur und Landschaft integriertes Gesamtkunstwerk und geprägt von feinsinnigem Humor hier und gewissenhafter Ernsthaftigkeit da. Diesen bekommt man schon zu spüren, wenn man bei der Hinfahrt auf einer über vier Kilometer langen Holperpiste durchs Niemandsland sich von Moment zu Moment mehr am Fragen ist, ob man denn überhaupt richtig ist, und dann unvermittelt von einer Haltelinie vor dem verschlossenen Eisentor eingebremst wird. „Privatbesitz, kein Durchgang!" lautet die eindeutige Botschaft, doch nach kurzem Halt vor der Linie öffnet sich das Tor wie von Geisterhand und gibt die Zufahrt zum Parkplatz frei.

Mäandernde Wege führen durch den Skulpturengarten. Die meisten Objekte sind Werke von Ben Jakober und Yannick Vu, die sich von archäologischen Funden und Figurinen an exotischen Orten Asiens und Mittelamerikas für ihre naiv anmutende Formensprache inspirieren ließen. Ob nun steinerne Wächter des Anwesens oder überdimensionierte Tierfiguren aus glatt poliertem Granit – wie Katzen, Stier, Widder, Elefant und Nashorn –, allen ist eines gemeinsam: Sie muntern Kinder zum Spiel mit ihnen auf, zum Anfassen und Berühren, wie denn auch Isabel Palou Amer, Jakobers Kunsthistorikerin, bestätigt: „Kunst soll unkompliziert und zum Anfassen sein". Für Kinder ist „das Begreifen" von Form und Material der erste Schritt zum Verstehen, was eine Skulptur eigentlich ist. Bekanntestes Motiv ist ein „Haniwa"-Hund auf säulenhaften Beinen, der einer Grabfigur der japanischen Kofun-Zeit (6./7. Jh.) gleicht.

Über den Grundmauern eines ehemaligen Possessió (Gutshaus) errichtet, gleicht das Hauptgebäude dem berühmten Landgut S'Estaca bei Valldemossa, das jahrelang von Michael Douglas vergeblich zum Verkauf feilgeboten wurde. Das mit seinen kleinen Zinnen in der Sonne leuchtend weiß glitzernde Hauptgebäude des Museums wirkt wie eine Festung, und so – nämlich „Ribat" (dt. Festung) – nannte es auch der ägyptische Architekt Hassan Fathy, der dem Museo Sa Bassa Blanca zu einem Zuhause im hispanisch-maurischen Stil verhalf.

Drinnen gibt es viel Kurioses und

geballte Kreativität der Jakober-Sammlung zu entdecken, auch der gelungene Versuch, Kunst vom hohen Sockel in den uns allbekannten Alltagskontext zu stellen. Stößt man zunächst auf eine täuschend echt wirkende, gemütliche Polsterlandschaft, die sich beim Anfassen als Metallskulptur erweist, sind die Knautschsäcke unter der herrlichen Kassettendecke im Mudéjar-Stil definitiv flauschig weich und erlauben ausgiebiges Bestaunen des Gewölbes. Minuziöse Zeichnungen und Radierungen des italienischen Künstlers Domenico Gnoli zeigen phantastische Fabel- und Monsterwesen und Szenen der Kar-Woche auf der Iberischen Halbinsel.

Im Zentrum steht die Ausstellung „Nins“ mit Kinderporträts aus dem 16.–19. Jh., die zeigt, wie Kindheit in der europäischen Aristokratie wahrgenommen wurde, wo höfisches Zeremoniell

Abgeschieden inmitten mallorquinischer Natur. Das Museum Sa Bassa Blanca.

Kindern kein „Kind-Sein" erlaubte. Die Gesichter sind anmutig streng oder melancholisch und düster. In Erwachsenenkleidung gesteckt, waren es auch Bewerbungsbilder, um eine standesgemäße Heirat und Verbindung mit einem anderen Königshaus oder Adelsgeschlecht in die Wege zu leiten. Jüngere Werke zeigen Kinder wohlhabender Bürger, die vorausschauend zur Erinnerung gemalt wurden, um der hohen Kindersterblichkeit Bleibendes entgegenzusetzen. Dass den Kindern der Landeigenen und Armen noch weniger eine verspielte Kindheit vergönnt war, muss die Sammlung allerdings verschweigen, weil in deren Welt sich keiner diese Flausen leisten konnte oder Geld dazu hatte, seine Kinder malen zu lassen.

Im meditativen „SoKraTES"-Saal gelangen Besucher wieder zurück in die Gegenwart oder gar Zukunft. Modernistisch-minimalistische Exponate und kybernetische Performances geben Einblick in zeitgenössisches, teilweise elitäres Kunstschaffen. Der Hortus conclusus schließlich präsentiert eine herrlich-pittoreske Rosenpracht.

Museo Sa Bassa Blanca Fundación Jakober

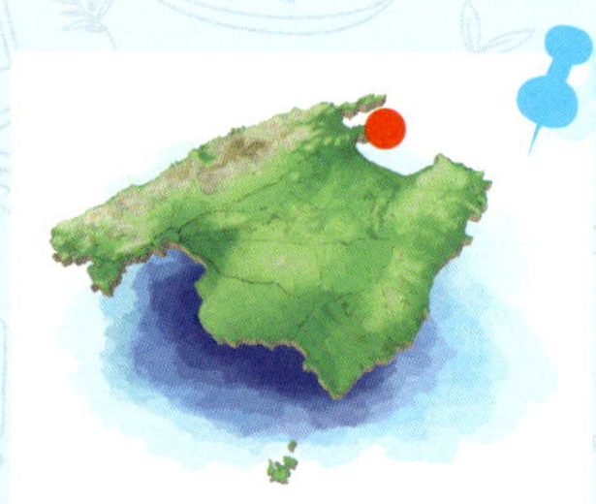

Camí del Coll Baix
Es Mal Pas, Alcúdia
Tel. +34 900 777 001
direccion@fundacionjakober.org
www.msbb.org

ÖFFNUNGSZEITEN

(Ausstellungsbereiche und Ticketschalter schließen ½ Stunde vor Torschluss). Um das Hassan-Fathy-Haus zu besuchen, ist eine vorherige, zu bestätigende Reservierung per E-Mail/Telefon oder Ticketkauf über die Website erforderlich. Do. können die NINS-Sammlung und die Kassettendecke nach Voranmeldung von 16–17.30 Uhr kostenlos besichtigt werden.

Es besteht kein Anschluss an öffentliche Verkehrsmittel. Ab Alcúdia folgt man den violetten Hinweisschildern „Fundació. Museu Sa Bassa Blanca".

Finca Ses Cases Noves

SANFTMÜTIGE »ESELSGEDULD«

Zwischen Manacor und Artà, mit Blick auf die Hügelkette der Serres des Llevant, gelangt man über die MA-15 zur etwas versteckt gelegenen Finca Ses Cases Noves am Ortsrand von San Lorenzo. Ökologisch-naturverbundene Geister werden dort ein durchaus geglücktes Beispiel für kinderfreundlichen Agroturismo vorfinden, gestresste Familienväter die Gelegenheit zur überfälligen Entschleunigung. Ernährungsbewusste Mütter werden die biologischen Produkte aus eigener Herstellung loben und Kinder ob all der Esel in Entzücken geraten. Denn Ses Cases Noves ist Mallorcas „Eselfinca". Kinder können hier die struppigen, geduldstrotzenden Gesellen mit Langohren und Stehmähne streicheln, füttern oder – bis zu einem Körpergewicht von 40 kg – sogar reiten. Also ein besonders interessanter Ort für die Jüngsten, die für die „ganz großen" Pferde noch zu klein sind oder sich für diese noch zu unsicher fühlen.

Die Österreicherin Renate Hiesberger, eine engagierte Eselzüchterin und Wahlmallorquinerin, betreibt seit über 30 Jahren die Finca und hat hier ihren eigenen mediterranen Traum vom na-

Mit erwartungsvollen Blicken werden die Besucher der Finca Ses Cases Noves empfangen.

Auch Schafe bewohnen den Hof.

turnahen Leben auf dem Land verwirklicht. Das Gros der Wirtschaftsräume, die teilweise aus dem 17. Jh. stammen, ist im ursprünglichen Zustand erhalten. Wer Luxus oder modisches Design in seinem Alltagsleben braucht und sich von seinen Ansprüchen auch im Urlaub nicht befreien kann, ist hier fehl am Platze. Dafür wird auf dem etwa zehn Hektar großen Gelände ein authentisches, sehr schlichtes und unprätentiöses Landleben geboten. Neben den gut 40 Eseln ist die Finca das Zuhause vieler Schafe, Ziegen, Schweine, Hunde, Hühner, Gänse und Meerschweinchen. Viele kommen morgens hierher, um sich nach einer Tasse Kaffee und Führung durchs Areal, der Begegnung mit Mallorcas Flora und Fauna, über Mittag ein mallorquinisches Barbecue munden zu lassen. Für Ausflüge, Geburtstagsfeiern und eselbepackte Trekkingtouren sollte die Terminvereinbarung rechtzeitig im Voraus erfolgen.

Finca Ses Cases Noves

Sant Llorenç des Cardassar
Tel. +34 717 771 834
Mobil +34 660 536 828
bookings@fincasescasesnoves.com
www.fincasescasesnoves.com/de/

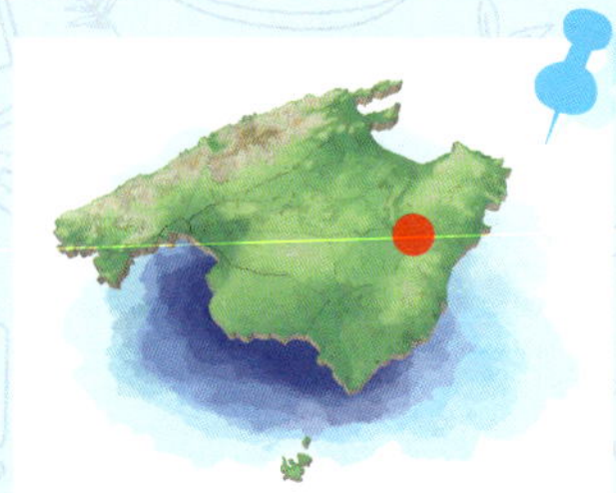

Marineland – Mallorcas Delfinarium

Das Marineland ist für kleine Besucher und alle, die so etwas noch nie gesehen haben, ein Heidenspektakel. „Hast Du das gesehen?", „Schau mal, Papa!", „Oh!", kreischt´s aus jungen Kehlen oder sie bleiben vollkommen stumm, sind überhaupt nicht anzusprechen, weil sie mit offenem Mund unentwegt auf das Bassin starren, um auch ja nichts zu verpassen, bis dann rundum stürmischer Applaus aufbrandet, wenn die Delfine aus dem Wasser hoch hinaus in die Lüfte schießen. Wenn da nur nicht der entsetzlich laute und schrille Lärm aus den Lautsprechern alles übertönen und die Show-Arena zum ungemütlichen Rummelplatz machen würde!

Es ist schon viel Gras über die Vorfälle im Frühjahr 2015 gewachsen, als das Marineland von Costa d'en Blanes unliebsam in die Schlagzeilen geriet. Die spanische Tierschutzorganisation „SOS Delfines" hatte ein Video ins Netz gestellt, das die Trainingsmethoden der Delfine als rüde und Tierquälerei brandmarkte. Es folgten Ränkespiele unter Juristen, Drohungen und Gegendrohungen, und als dann der Delfin-Stardompteur José Luis Barbero keinen Monat später unter mysteriösen Umständen von der Guardia Civil tot in seinem schwarzen Peugeot 407 im Parkhaus des Flughafens von Palma aufgefunden wurde und vieles auf Selbstmord hindeutete, war der Skandal erst einmal perfekt.

Das Marineland kennt kein Stammpublikum und muss somit auch nicht auf dessen Treue bauen. Wer hierher kommt, tut dies genau einmal und ist mit dem Flugzeug aus der Ferne angereist, wo sich niemand über lokale Mallorquiner Zwiste schert. Und vor Ort wurde kräftig unter den Teppich gekehrt: „The Show must go on!" – auch wenn hier vieles alles andere als eine heile Welt und schon gar nicht artgerecht ist. Immerhin wurde die Anzahl der täglichen Bühnen- respektive Bassin-Shows der zu Hochleistung getrimmten Delfine und Seelöwen kräftig gekürzt und ihre Ferienzeit, also Zeit, in der das Marineland für das Publikum geschlossen ist, verlängert.

Seit Angedenken waren und sind Haie immer die Bösen und Delfine immer die Guten, wenigstens in den keine Revision duldenden Urteilen, die der Homo sapiens längst über die Tierwelt gesprochen hat. Delfine sind schön, schlau und nicht erst seit Flippers Zeiten die unbestechlich-fürsorglichen Lieblinge und Beschützer der Kinder. Genug an positivem Image also, um auch das Delfinarium bei Portals Nous in ein strahlendes Licht zu tauchen.

Das Marineland ist ein unverwüstlicher Klassiker unter Mallorcas Ausflugszielen. Dies liegt an seiner Exklusivität und daran, dass seine putzigen wie eleganten Hauptdarsteller in einer unwiderstehlichen Charmeoffensive nicht nur Kinderherzen ins Schwärmen bringen. Das Staunen ist garantiert bei den auf den Punkt getakteten Shows, während derer Delfine durch Reifen springen, Bälle durch die Lüfte stoßen, sich als Synchronschwimmer betätigen, kleine – vornehmlich Geburtstagskinder – Badegäste durchs Wasser ziehen, zählen, sprechen und singen und dabei

Delfine können bis zu 60 Jahre alt werden.

tatkräftig von Bälle jonglierenden Seelöwen unterstützt werden, die kurz darauf im Walzertakt zu watscheln beginnen. Der Laie mag's nicht einzuschätzen: Der Rummel scheint den Seelöwen geradezu Spaß zu machen – oder ist´s doch nur einstudierte Routine und die unverzichtbare Bestechung mit leckerem Fisch?
Zwischenzeitlich heißt es dann für die Papageien: „It's showtime" ...
Die direkt ans Meer gebaute Anlage besteht zudem aus einem Tropicarium (Weißgesichtseidenaffen, Leguane, Flamingos, Tukane etc.), einem Aquarium (Meer- und Süßwasserbecken, u.a. kleine Haie), einem Pinguin-Pool, einem polynesischen Garten, einer Fliegerstation für Tropenvögel und einem ganz nett gemachten Abenteuerspielplatz.
Vom „Zoo" des Marinelands sollte man nicht zu viel erwarten. Er ist klein, nicht sonderlich attraktiv und geradezu lieblos gemacht und als gelungene Überbrückung zwischen den Shows gerade mal mit „mangelhaft" einzustufen. Aber wenn selbst die Hauptdarsteller hier mit viel zu kleinen Bassins vorlieb nehmen müssen ...

Marineland

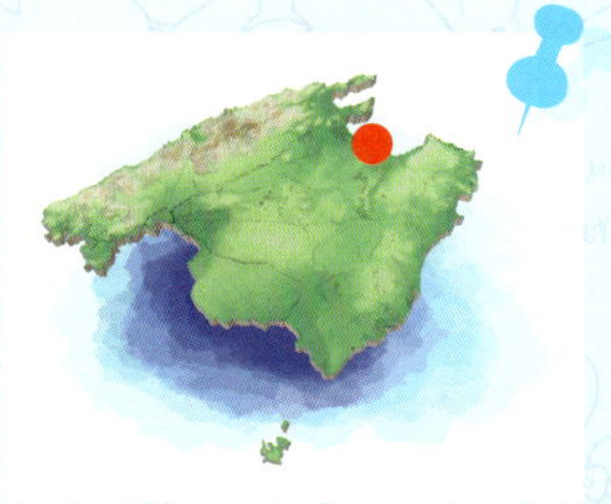

Carrer Garcilaso de la Vega 9
Costa d'en Blanes, Portals Nous
Tel. +34 680 519 863
www.marineland.es

ÖFFNUNGSZEITEN

Ende März bis 31. Oktober: tägl. 9.30–17.30, Juli/August: bis 18 Uhr, vom 1. November bis Ende März am Wochenende (Sa./So.) und während der gesetzlichen spanischen Ferientage tägl. 10–15 Uhr.Show-Zeiten der Delfine und Seelöwen: 12 und 16 Uhr

HINKOMMEN

Man zweigt bei der Autobahnausfahrt Portals Nous von der Autovía ab, fährt jedoch nicht in den Ort Portals Nous hinein, sondern am Kreisverkehr vor der Ortseinfahrt nach rechts, wo man direkt auf das Marineland stößt.

Palma Aquarium

Wenn's mal so richtig regnet oder der Himmel über Mallorca im düstersten Grau verhangen ist, dann geht's ins Aquarium! So weit, so gut, nur denken viele andere genau das Gleiche, so dass es bei meteorologischen Tiefs mit der meditativen Stimmung und Stille drinnen im Aquarium erst mal gründlich vorbei ist. Stattdessen muss man mit knipsenden Handyträgern um einen Platz bzw. die beste Sicht vor den Panoramascheiben kämpfen. Hat man dann noch das Glück, im Schlepptau einer gerade angekommenen Busladung voller Touristen zum Eingang zu trotten, wird der Gang durch Palmas Aquarium zum Strategiespiel, wer denn wann und wo die besten Plätze hat.

Dies ist der Moment für den Familienrat – und der Moment, in dem Kinder herrlich ins Planspiel „Wir gehen ins Aquarium!“ mit einbezogen werden können. Zu „Leitwölfen befördert“, entwickeln sie erst recht ein Feuer der Begeisterung und nehmen die Großen mit auf eine Entdeckungsreise in eine für viele – sofern sie nicht passionierte Taucher sind oder bereits Sea Life kennen – unbekannte Welt.

Das Palma Aquarium ist einer der größten Meerwasserparks Europas, der in 55 Becken mit einem Fassungsvermögen von insgesamt 5 Mio. Liter Salzwasser möglichst naturgetreu Habitat, Biotope und Ökosystem des Mittelmeers, des Indischen Ozeans, des Atlantiks und Pazifiks in Ausschnitten nachbildet. In den Becken sind über 8000 Lebewesen und 700 Vertreter von Flora und Fauna zu Hause. Die Besucher lernen auf ihrem Rundgang vieles über das Vorkommen der einzelnen Arten, ihre Besonderheiten und Bedrohungen kennen.

Über die Faszination hinaus sollen mit Unterstützung von vielen didaktischen und informativen Animationen und Displays die Besucher sensibilisiert werden für die gefährdete Welt unserer Meere, deren Ursache Verschmutzung, Zerstörung und Überfischung sind. Beispiele dafür sind die formenreichen, farbenprächtigen Korallengärten, die selektiv von der Aufzuchtstation im Palma Aquarium später ins Meer übersiedelt werden, und der Rote Thun, dem ein gesonderter Ausstellungsraum gewidmet ist.

Gleich zu Beginn des Rundgangs heißt´s beim „Toca-Toca“-Becken: „Anfassen erlaubt!“, womit das Aquarium die Herzen der Jüngsten bereits für sich gewonnen hat. Unter Aufsicht der Tierpfleger können kleine Rochen, Seesterne und Seeigel ertastet werden, was die Kiddies nach zaghaftem Zögern resolut beherzigen.

Die Attraktion schlechthin ist Big Blue („Gran Azul“), Europas tiefstes Haifischbecken mit etwa tausend Fischen und als Flaggschiffe ein gutes Dutzend Haie. Gelassen ziehen die Raubfische ihre Kreise, müssen kaum ihre Flossen bewegen, um majestätisch durchs Wasser zu gleiten. Gut ist's, auf der anderen Seite der dicken Glaswand auf extra platzierten Kissen zu sitzen, auch wenn

Ein besonderes Erlebnis: „Schlafen mit Haien".

die Räuber gar nicht wie berüchtigte Killer wirken. High Noon ist allerdings erst um ein Uhr mittags, dann steht die Fütterung der Haie an, die man nicht verpassen sollte.

Zu den beliebtesten Kinderaktivitäten gehört „Schlafen mit Haien": Kinder von 6–14 Jahren können im Schlafsack vor dem Panoramafenster des Big Blue übernachten und bekommen vor dem Einschlafen ein spaß- und spielegeladenes Unterhaltungsprogramm zum Thema Haie geboten. Es beginnt am Freitagabend um 19.30 Uhr und endet um 11 Uhr am Samstagmorgen. Die Termine sind vorher zu erfragen, die Mindestteilnehmerzahl beträgt 15, bei großer Nachfrage sind auch die Eltern dabei.

Draußen am Schildkrötenbecken sind um zwei Uhr nachmittags die Kleinen in ihrem Element, wenn sie bei der Fütterung der Meeresschildkröten selbst in Aktion treten können und dazu von den Tierpflegern Futter gestellt bekommen. Spätestens jetzt ist offensichtlich, dass das Palma Aquarium auch eine Outdoor-Veranstaltung mit einem großen Garten ist. Gut ist's, wenn sich gegen Nachmittag der Himmel auftut – oder man plant die Fahrt zum Aquarium von vornherein antizyklisch gegen den Wetterbericht.

Auf dem Dachgarten präsentiert sich der Dschungel als eine „gebändigte" Amazonas-Landschaft aus Plastik und Pappmaché, nicht sonderlich spektakulären Wasserfällen, einem Piranhabecken, üppigen Schlingpflanzen und viel exotisch-tropischem Dekomaterial. Also doch lieber gleich zur Koi-Fütterung um Viertel nach zwei?

Das Palma Aquarium ist auch Erlebnispark, so dass in und um den integrierten Nautilus Park für Kinder die Post abgeht. Dort können sie spielen, klettern, rutschen oder sich die Gesichter zu Fischen schminken lassen und bei hitzi-

gen Wasserschlachten im Piratenschiff wie der Hecht im Karpfenteich fühlen. So ist denn alles gut und Nachsicht angesagt, man also über defekte Infodisplays und andere Mängel hinwegsieht, auch dass viele Aktivitäten wie die Bootsfahrt über Big Blue oder Schnorcheln mit Rochen extra kosten und die Gastronomie vor Ort mit Vorliebe überteuertes Fastfood serviert oder Tiefgefrorenes aufbackt, so dass man sich in aller Ruhe überlegen kann, wie man auf dem Weg zum Ausgang möglichst schnell den unvermeidbaren Geschenk- und Souvenirladen durchquert, bevor die kullernden Augen des Plüsch ...

Palma Aquarium

Carrer Manuela de los Herreros i Sorà 21, Palma
Tel. +34 971 746 104
info@palmaaquarium.com
www.palmaaquarium.com

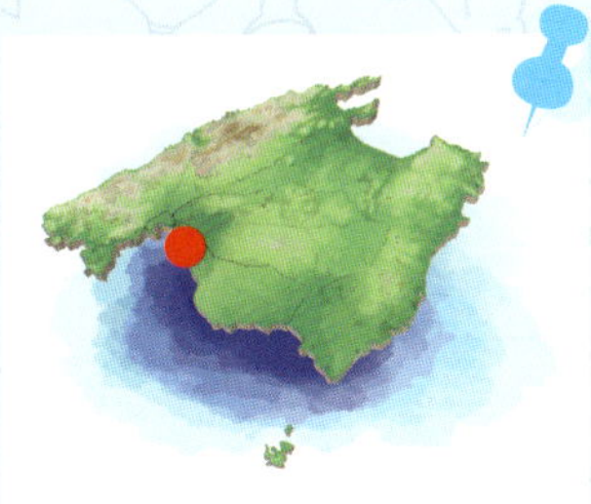

ÖFFNUNGSZEITEN

April bis Oktober: 9.30–18.30 Uhr, letzter Einlass 17 Uhr.
November bis März: Mo.–Fr. 10–15.30 Uhr, letzter Einlass 14 Uhr (an Wochenenden bis 17.30, letzter Einlass 16 Uhr)

Natura Parc

Tiere, insbesondere wenn sie unter die Rubrik niedlich oder kuschelig fallen, bepelzt sind und große Kulleraugen haben, üben auf Kinder eine magische Anziehungskraft aus. Auf Mallorca gibt es gleich mehrere Tierparks und Tieren gewidmete Showbühnen – und noch viele mehr mit ihnen verbundene Skandale, heftige Gerichtsstreitereien, Demonstrationen, Anschuldigungen, Verleumdungen und inzwischen einen in den sozialen Netzwerken entfesselten Krieg.

Die meisten Kinder sind vom Natura Parc begeistert. Für die Kleinen vergeht die Zeit in dem kleinen Tierpark viel zu schnell. Man kann mit ihnen hier einen tollen Nachmittag verbringen und manchmal kostet es einige Mühe, sie schließlich zum Aufbruch zu drängen. Also sind die Würfel gefallen. Wenn es den Kindern gut geht ... ist der Natura Parc per se ein für einen Familienausflug prädestiniertes Ziel.

So weit, so gar nicht gut. Denn der vermeintliche Konkurrent, der Safari Zoo in Sa Coma, wird schon lange mit Negativschlagzeilen überhäuft und ihm die Reputation verhagelt – kein Grund also, dorthin zu gehen –, doch auch bei dem kleineren Natura Park in Santa Eugènia im Inselinneren läuft man in Gefahr, in Larmoyanz zu erstarren, wenn man über ihn unverfälscht und den Tatsachen entsprechend berichten will. Mag sein, dass die Zeit die Sache mit dem in finanzielle Schieflagen geratenen Unternehmen von selbst regelt, womit man immerhin der Gefahr von ungerecht(fertigt)- en Beurteilungen entbunden wird. Was den tierischen Bewohnern vom Natura Parc allerdings auch nicht weiterhilft!

Dabei ist die ursprüngliche Intention der Gründer und Betreiber des Natura Parcs durchaus lobenswert. Die tierverrückte mallorquinische Familie Mas eröffnete 1998 den Natura Parc ausschließlich mit Vögeln und Tieren vom Bauernhof. Bestärkt

Schwarz und weiß wie die Zebras sind auch die Sichtweisen auf den Natura Parc.

durch autodidaktische Studien über Tierhaltung und Zoologie, wuchsen die Anzahl der Parktiere, ihre Exotik und das Gelände stetig. 2001 wurde die dem Natur- und Tierschutz verpflichtete Stiftung Fundació Natura Parc gegründet, 2003 der Centro de Recuperación, in dem verletzte, misshandelte und ausgestoßene Tiere rehabilitiert und geheilt werden sollen, um sie, bei Erfolg, zum Teil wieder in die freie Wildbahn in ihrem angestammten Lebensraum auszuquartieren. Die „Perrera" von Santa Eugènia hat Verträge mit über 15 Gemeindeverwaltungen auf Mallorca abgeschlossen, kümmert sich um deren (teilweise in Mülltonnen) aufgefundene oder abgegebene Hunde und vermittelt herrenlose oder gehandicapte Tiere an ein neues Zuhause weiter.

Inzwischen sind im Natura Parc mehrere hundert Tierarten (u.a. Löwen, Tiger, Leoparden, Luchse, Erdmännchen, Affen und Zebras) vertreten. Fünf Seen stehen stellvertretend für die fünf Kontinente, um die sich Kraniche, Papageien, Störche, Strauße und Pelikane scharen. Überhaupt ist die globale Vogelwelt ein Steckenpferd der Familie Mas, wie die Lemuren, die putzigen Halbaffen, die in Santa Eugènia in Rudelstärke die Gehege bevölkern. Das Gelände ist erstaunlich begrünt und bietet einige schattige Plätzchen mit einer angenehm frischen Brise.

Für viele sind die traurig umhertapsenden Löwen oder Tiger im Natura Parc, der nicht über die Mittel und Einrichtungen großer Zoologischer Gärten verfügt, völlig deplatziert und dienen nur als Aushängeschilder, um Besucher nach Santa Eugènia zu locken. Viele Kreaturen im Natura Parc haben ihre Geschichten und Einzelschicksale, in Kenntnis derer sich manch Kritik und Verurteilung in versöhnliches Verständnis auflöst. Für andere hat sich der kleine Natura Parc einfach übernommen, indem er Zoo, Tierheim und Gnadenhof alles in einem und alles zugleich sein will.

Der Zustand vieler Tiere im Natura Parc ist bedauernswert. Und wird als solcher angeprangert. Andererseits sind viele in einem noch viel schlimmeren Zustand hierhergekommen, haben dem Natura Parc überhaupt eine wie auch immer geartete Existenz zu verdanken. Es gibt Herdentiere, die vereinzelt und keineswegs artgerecht ein auf sich zurückgezogenes Dasein fristen, die aber aufgrund physischer oder psychischer Defekte, die sie in der Vergangenheit erlitten haben, kaum noch mit Artgenossen gehalten werden können.

Mit Fäkalien verschmutzte Betonplatten gibt's auch in anderen Zoos. Dass das Teichwasser hier gar nicht himmelblau und kristallklar ist, liegt daran, dass kein Chlor verwendet wird, um die Tiere nicht zu schädigen. Und Schlagzeilen wie „Finanzielle Forderungen von und gegen die Stiftung des Natura Parcs“ oder „Der erbitterte Rechtsstreit mit der Tierhilfe Mallorca e.V. geht in die ...“ sind nicht interessefrei.

Es ist nicht das Schlechteste, zum Abschluss im Streichelzoo „Toca Toca“ all die Zweifel zu vergessen. Dort warten Ziegen, Schafe und Kaninchen auf Streicheleinheiten der kleinen wie großen Besucher, genau wie die ganz Kleinen darauf warten, endlich ...

Natura Parc

Carretera de Sineu
km 15,4, Santa Eugènia
Tel. +34 971 144 078
serveisfnp@gmail.com
www.naturaparc.net

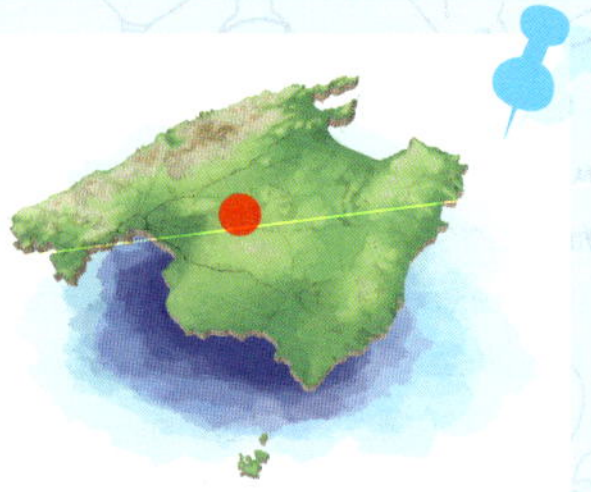

Straußenfarm »Artestruz«

Auf dem Gemeindegebiet von Campos, in der weiten Ebene des Südens, beginnt Mallorcas „Jenseits von Afrika". Hinter einer Zufahrtspiste verborgen, ist ein Stück karge Savannen- und Steppenlandschaft das Zuhause von 60 Straußenvögeln. Zwei Häuschen mit einem schrulligen Gärtchen, klapprige Stühle und Holztische stimmen die Gäste auf ihren Besuch ein, der mit dem Klicken auf eine Klingel neben einem Stapel von Infoflyern beginnt. Vieles ist hier behelfsmäßig unkompliziert und auf eine charmante Art unaufgeräumt – so, wie man sich Afrika eben vorstellt.

Ganz anders die Betreiber der Straußenfarm: Uri Löffler, seine holländische Frau Josephine und die beiden längst erwachsenen Söhne, die freundlich und eloquent gerne jede Gelegenheit nutzen, um über die Strauße, ihre Vergangenheit in Afrika und die Straußenfarm, die sie vor über zwanzig Jahren mit zwölf aus Afrika mitgebrachten Straußen bei Campos gründeten, Auskunft zu geben. Bis zur nächsten Führung, die etwa eine Stunde dauern wird, kann man es sich in einer Sitzecke bequem machen oder neugierig übers Gelände streunen.

Dass die Straußenfarm bei fast allen Kindern auf helle Begeisterung und Entzücken stößt, ist frappierend. Wahrscheinlich kommen Eltern, deren Kinder Angst vor den riesigen Vögeln oder unbekannten Wesen haben, erst gar nicht hierher. Dass das, was getätschelt, gestreichelt und gefüttert werden darf – oder gar die niedlich süßen Straußenbabys –, zum Ende der Runde selbst als Futter bzw. Gulasch, Steak, Eintopf oder Filet auf den Tisch kommt, ist mehr als ein makabres Bonmot. Bei dem liebevollen Umgang, den die Löfflers mit ihren Straußen an den Tag legen, bleiben all diejenigen, die noch nie in Afrika oder Campos waren, mit einem verdutzten Gesichtsausdruck, bohrenden Fragen und einem nagenden Gewissen zurück – und halten sich an dem Satz, dass die Straußenfarm ausschließlich Eier produziert, fest.

Ein Strauß kann bis zu 70 km/h schnell werden!

Ein Straußenei ist 1,2–1,9 kg schwer oder so schwer wie 20–25 Hühnereier

BALZ UND ÜBERLEBENSKAMPF DER GLADIATOREN

Wen es trifft, erfahren die Gäste nicht, vielleicht sind es nicht die gleichen Laufvögel, die, jeder mit eigenem Namen und Vita versehen, im Freigehege ihr Bestes geben, die Besucher zu rühren wissen und wie tierische Gladiatoren um ihr Weiterleben kämpfen, so wie es bisher Cleopatra, Nelson, Jambo und – ob ihres hellen, „blonden" Gefieders mit dem Namen der Lagerfeld-Muse versehen – Claudia Schiffer schon viele Jahre geschafft haben.

So ist hier alles freundlich, supernett und lustig – und auch die Guides machen einen guten Job. Mit einer Engelsgeduld erzählen sie von den Vorlieben der ausgewachsen gut 2 ½ Meter großen und 150 Kilogramm schweren Renner, die, unfähig zu fliegen, es in der freien Wildbahn auf eine Geschwindigkeit von bis zu 70 Stundenkilometern bringen, und dies, wenn's der Überlebenskampf oder die Balz erfordern, bis zu einer halben Stunde lang.

Gegen Entgelt bekommen Besucher eine Schale mit Mais, Gerste, Carob, Früchten und Gemüse, mit der sie selbst zur Fütterung oder Mutprobe am großen Freigehege antreten dürfen. Immerhin gibt's für Zögerliche Handschuhe oder Holzlöffel zum Schutz. Die eh schon hohen Beine der Strauße werden dann länger und länger. Während sie mit dem kräftigen Rumpf gegen den Zaun drücken, recken sich bis zu drei oder vier Hälse gleichzeitig über die Schulter der verdutzten Besucher, und manche werden es zu spüren bekommen: Der gemeine Vogel Strauß kann beim Kampf ums Fressen manchmal auch richtig grob sein.

Neben dem großen Freigehege gibt es noch eine kleinere Anlage für die Jungvögel sowie zwei Nistplätze, wo die Staußendamen ihre Eier ablegen können. Die Babyvögel sind für Kinder selbstverständlich das Sahnestück des Rundgangs. Niedlich und putzig, sieht man es dem flauschigen Federvieh noch nicht an, was für erbitterte Kämpfer einmal aus ihnen werden. Ausdrücklich ist hier den Kindern Anfassen und Streicheln erlaubt. Oder sie können sie mit „Grüner Schokolade" füttern.

DER RITT AUF DEM FEDERVIEH

Am aufregendsten ist für sie schließlich der Ritt auf einem Straußenvogel – und wahrscheinlich für lange Zeit ein einmaliges Erlebnis. Bis zu einem Körpergewicht von 50 Kilogramm dürfen Burschen und Mädels, von zwei Tierpflegern unterstützt, bei Nelson oder Jambo aufsteigen. Auf einem viertelstündigen „Stolzier-Gang“ werden Vogel und Reiter von den beiden Tierpflegern, einer links, einer rechts, begleitet, so dass weder bei dem Strauß noch bei dem Reitersmann die „Gäule“ durchgehen können. Wer zusätzlich „Straußenreiten“ gebucht hat, bekommt nach dem Ausritt zum Andenken ein T-Shirt mit Vogelstrauß-Motiv. Während alle, denen auf der Straußenfarm der Sinn nicht nach Straußenfleisch steht – nachdem sie über eine Stunde an die Schönheit und Faszination der Straußenvögel herangeführt wurden –, das BBQ-Restaurant meiden, können direkt im Farmers-Shop Kunsthandwerkserzeugnisse, Handarbeiten und Souvenirs en masse erstanden werden, die sich alle um den Vogel Strauß drehen – vom Ei bis zur Handtasche und Schuhe aus Straußenleder. Das kapitalintensive Geschäft der Straußenfarm soll schon seit Jahren um einige Hütten im African style zur Übernachtung für Gäste erweitert werden, um zu fortgeschrittener Stunde in der Dämmerung und nach Mitternacht die kaum Schlaf benötigenden Strauße zu beobachten, wenn die Straußenmännchen in der Balzzeit zu unermüdlichen, eleganten und anmutigen Tänzern werden.

Straußenfarm »Artestruz«

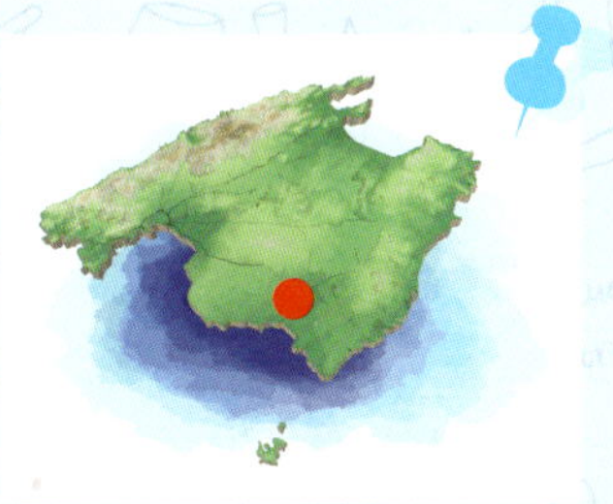

Carretera Llucmajor a Ses Salines
PMV-6014 km 40, Campos
Tel. +34 639 721 735
info@artestruzmallorca.com
www.artestruzmallorca.com

HINKOMMEN

Von Campos nach Sa Rapita biegt man nach einigen Kilometern am Kreisverkehr links auf die MA-6014 ab. Ein schmaler Zufahrtsweg führt direkt auf das Privatgelände und die Parkplätze der Staußenfarm. Wer mit Navi anreist, gibt MA-6014 ein und schaut beim Meilenstein 40 auf die kleine, versteckte Einfahrt zu einer unbefestigten Straße.

Coves del Drac: TRASHLAND DER HÖHLENSTÜRMER

ES GIBT KEINE HOFFNUNG MEHR

Keine Höhle Mallorcas hat einen solch martialischen und märchenhaften Namen wie die Coves del Drac: die „Drachenhöhlen" in Porto Cristo. Seit Menschengedenken wurden die Drachenhöhlen als Zufluchtsort gehandelt, obwohl alle Zeitzeugen unisono berichteten, dass sich niemals und niemand je weiter als dreißig Schritte in den Untergrund hinein traute, eben nur so weit, dass noch ein schwacher Lichtschein das Dunkel der Nacht zaghaft erhellte. Dahinter begann die Unterwelt, und weil's eh niemand besser wusste, rankten sich bald Märchen und Legenden von einem ungeheuerlichen Drachen, der zuerst die Schätze des Templerordens und später Juwelen und Gold der Piraten bewachte.

Chroniken berichten, dass bereits im Jahr 1339, als der Templerorden bereits zerschlagen war, auf Geheiß des Gouverneurs von Mallorca eine Schwadron Soldaten die Drachenhöhlen nach dem verschollenen Schatz der Templer zu durchsuchen hatte. Viel später, im Jahr 1878, als im Namen der nüchternen Wissenschaft die Eroberung der Höhle bereits in vollem Gange war, verloren sich einige unvorsichtige Katalanen für drei Tage in ihren finsteren Gängen. „No hi ha esperança", „Es gibt keine Hoffnung mehr", hatten sie schon verzweifelt in die Höhlenwand geritzt, bevor sie dann doch noch lebend geborgen werden konnten.

AUF DEN DRACHEN FOLGTE DER SEE

Je tiefer die Expeditionen ins Höhlenreich von Porto Cristo vorrückten, desto gewisser wurde es, dass es hier weder einen Templerschatz noch einen wutschäumenden Drachen zu finden gab. Nicht von der Gier nach unermesslichem Reichtum, sondern nach Ruhm und Anerkennung seitens der nachtforschenden Gelehrten getrieben, beschrieb und kartographierte der französische Höhlenforscher Édouard Alfred Martel unermüdlich die verzweigten Gänge, Hallengewölbe und klaffenden Abgründe von Porto Cristo. Von seinem Gönner, Erzherzog Ludwig Salvator, finanzkräftig unterstützt, stieß er 1896 am Ende der Höhle auf einen riesigen See mit kristallklarem Wasser. Immerhin bekam das bis dato namenlose Gewässer ihm zu Ehren den Namen Llac Martel.

JUAN SERVERAS HÖHLENCOUP

Nach dem Drängen folgte das Schweigen. „Still ruht der See", bis 1922 der Mallorquiner Juan Servera Camps das kleine Stück Land mit dem Eingang zur Höhle kaufte, galt doch nach damaliger Gesetzeslage der Eigentümer des Eingangs auch als Besitzer der Höhle, ganz egal, bis wohin diese unterirdisch reichte. Denn Servera hatte große Pläne. Er ließ einen breiten Weg durch die Höhle mit Treppenstiegen anlegen, gegenüber dem Llac Martel Sitzplätze wie in einem Amphitheater installieren und die Gewölbe durch den Ingenieur

Geheimnisvoll und verwunschen: der Llac Martel in den Coves del Drac.

Carles Buïgas i Sans effektvoll ausleuchten. Wozu bedurfte es denn eines Templerschatzes, um reich zu werden, wenn in der Höhle das Potential schlummerte, nie versiegendes Geld von ihren Besuchern einzunehmen. Nach einigen privaten Probeläufen mit Musik und Ballett und von Besucherschiffchen eskortierten Orchesterbooten begann am 23. April 1935 mit der offiziellen Eröffnung die touristische Karriere der Coves del Drac, die bald zu einem der umsatzträchtigsten Orte Mallorcas avancierten.

Fast ein ganzes Jahrhundert ist vergangen, seit an jenem Dienstagmorgen im April der Musikkorps von Porto Cristo zur Einweihung der Höhlen Juan Servera und den Honoratioren der Stadt salutierte und Enkel und Kinder sich unbekümmert um den Familienpatriarchen scharten. Musik und Tänze am und auf dem Llac Martel waren ein unbeschwerter Reigen und die ganze Familie ob all der regen Anteilnahme voller Stolz beglückt. Es waren Momente der großen Gefühle, von Glück und innerer Lebendigkeit.

Nicht lang ist's her, dass für einen Tag das Private die Geschäfte mit der Höhle unterbrach. Am 18. Juni 2016, einem sonnigen Samstagmorgen, hatte sich der Servera-Clan im finsteren Schattenreich der Höhle vereint. Tonina Servera, eine Erbin von Porto Cristos Höhlendynastie, wurde von ihrem Herrn Papa im illuminierten Boot zum Altar am Llac Martell geleitet. 250 illustre Gäste waren geladen, um Toninas Trauung mit Pedro Cabrer beizuwohnen, der bisher einzigen Hochzeit in den Drachenhöhlen. Die pathetisch angereicherte Zeremonie endete mit einem emotional aufgeladenen Finale, bis die letzten Töne von Franz Schuberts „Ave Maria" sich leise über dem Llac Martel verflüchtigten. Bei den Menschen, die an diesem Tag die Drachenhöhlen verließen, sah man in glückselige, allseits zufriedene Gesichter.

VOM HÖHLENSTURM ZUM SCHNELLDURCHLAUF

Die alltägliche Realität am Ausgang der Drachenhöhlen ist eine andere. Tag für Tag blickt man in viele leicht verstörte Gesichter, teilweise sind sie auch nur erschöpft oder gehetzt. Glückauf! den unterirdischen Almabtrieb überstanden, heißt's sich Luft zu verschaffen, zur nächsten Parkbank oder gleich zum wartenden Bus! Der kommerzielle Erfolg der Drachenhöhlen erfordert seinen Tribut. In Gewissheit des beständigen Besucherandrangs wird das immer gleiche Programm in liebloser Routine heruntergespult. Seitdem sogar die eloquenten Gruppenführungen eingestellt wurden, macht sich bei immer mehr Besuchern das Gefühl breit, wie ein Stück Vieh über Stock und Stein auf dem Höhlenparcours zum Martel-See Richtung Ausgang getrieben zu werden. Zumal die einst vorausgehenden Führer jetzt mit Taschenlampe hinterherdrängeln und die Nachzügler zum Aufschluss pushen. Kaum ist der Letzte einer Gruppe um die Ecke gebogen, gehen im verlassenen Raum die Lichter aus.

So öffnen sich siebenmal am Tag die „Schleusen" (im Winter gibt es nur vier feste Einlasszeiten) und die im Pulk wartenden Besucher beginnen, im Trott durch die Höhlen zu stolpern, stets in Eile und aus Furcht, man könnte das angekündigte große Finale, das illuminierte Höhlenkonzert, verpassen. Doch die zu Aufsichtspersonen degradierten Höhlenführer warten, bis der letzte Besucher am Llac Martel angekommen ist. Einem von ihnen obliegt es, abwechselnd in Spanisch, Deutsch, Französisch und Englisch eine kaum verständliche Kurzansprache an das andächtig versammelte Volk zu halten.

FÜR KLEINE UND GROSSE ENTDECKER

Dennoch sind die Drachenhöhlen auch Familien- und Kinderland. Wenn diese nicht zu klein sind, deren Halbwertszeit an Geduld nicht unter einer Stunde liegt, die im Dunkeln oder Gedränge nicht so schnell zu kreischen beginnen und das Konzert am See durch das andauernde „Pssst" der Aufseher, dem Groll wütender Blicke und Stakkato des kleinen Kreischers zum Nerventest für alle wird. Hingegen kann man, über den Dingen stehend, sogar mit Kindern entspannt durch die angenehm golden beleuchtete Höhle gehen, sollte dabei die Kleinen aber stets im Blick behalten. Es gibt zwar gute Festhaltemöglichkeiten, Handläufe und Geländer, die aber bis zu einer Höhe von über einem halben Meter lückenbehaftet sind, so dass ungestüme Kinder leicht hindurch purzeln könnten. Außerdem gibt es Kinder, für die sind die Drachenhöhlen ein ganz besonderes Erlebnis, ein ungewohnter Ort mit fast magischer Atmosphäre, an dem sie zu kleinen oder großen Entdeckern werden, denen es egal ist, was hier Kitsch und was Schund ist. Andere Kinder wiederum werden mit den Drachenhöhlen gar nichts anzufangen wissen.

STEIN GEWORDENER MÄRCHENWALD

Unter den vielen Höhlen Mallorcas sind die Coves del Drac die unvergesslichsten und bieten wahrlich Großartiges. Zu einzigartig ist ihr Repertoire an bizarren Tropfsteinformationen, die einen endlosen, unwirklich scheinenden, illuminierten Märchenwald an gewundenen Säulen und steinernen Stecken bilden, einen verzauberten Garten von Abertausenden von Kalksteinzapfen, die scharfzackig von der Decke hängen oder durch den Schliff des Wassers in fließende, zuckergussähnliche Formen übergehen. Durch die meisterhafte Illumination wird das Schattenreich zur buntschillernden Primadonna, deren Grotten Phantasienamen wie „Feentheater" und „Dianas Bad" erhielten oder nach ihren Gesteinsformationen „Fahne", „Schneegebirge" und „Mönch mit Kaktus" benannt wurden. Auch ohne Erläuterungen wird man in ein faszinierendes unterirdisches Reich des Staunens gelangen, das nicht enden wird, bis man auf dem schmalen, leicht glitschigen Pfad zum großen Saal mit dem Martel-See gelangt.

Bevor in diesem Gewölbe dank künstlicher Beleuchtung die Morgendämmerung beginnt, wird in finsterer Nacht ein musizierendes Quartett in einer Barke

Wie aus einer anderen Welt erscheinen die Stalaktiten (wachsen von der Decke) und Stalagmiten (wachsen vom Boden).

gemächlich auf dem Llac Martel hereingerudert, begleitet vom lichterglänzenden Schein von Fackeln und Kerzen sowie den Harmonien eines Klavichords, und die Streicher – zwei Geigen und ein Cello – beginnen mit dezenten Walzertakten, die „Barcarole" aus „Hoffmanns Erzählungen" ein bisschen Vivaldi und Ravel, um danach wieder lautlos von dannen zu ziehen, bevor es zum Bruch der kitschig aufgeladenen Stimmung kommt. Und wer immer sich fragt: „Lohnt sich der Weg zu den Drachenhöhlen?", dem sei gesagt: „Ja, denn hier wird Wahnsinn schön."

Wer immer mag, kann sich nach den nur kurz angespielten Musikstücken in den Kampf um die freien Plätze in den vier (Rettungs-)Booten stürzen, die Besucher Richtung Ausgang schippern. Oder man mustert das Seeufer nach winzigen, hellen Krebstierchen, die in den Gewässern der Coves del Drac – und nur hier! – zu Hause sind, und reiht sich schließlich in das große Rudel ein, das zu Fuß über die Brücke zum Höhlenende geht. Schon steht man wieder blinzelnd im Sonnenlicht: „Zügig weitergehen!", ruft Ramón, die ungeduldige Aufsicht am Ausgang, zur Gruppe, die gerade die enge Gasse hochkommt. „Wir danken für Ihr reges Interesse!" – Es gibt keine Hoffnung mehr.

Coves del Drac

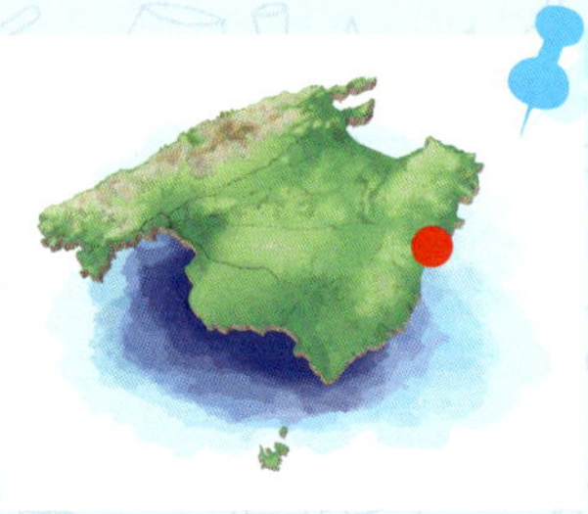

Carretera de les Coves s/n
Tel. +34 971 820 753
info@cuevasdeldrach.com
www.cuevasdeldrach.com

ÖFFNUNGSZEITEN
Mitte März bis 31. Oktober: 10, 11, 12, 14, 15, 16, 17 Uhr
1. November bis Mitte März: 10.30, 12, 14, 15.30 Uhr

HINKOMMEN
Wer von Westen bzw. Manacor Richtung Porto Cristo fährt, passiert en masse Plakate und Schilder mit intensivster Höhlenwerbung. Einerseits wird auf die „Coves del Drac" respektive „Cuevas del Drach", andererseits auf die „Cuevas de Porto Cristo" verwiesen. Bei den Cuevas de Porto Cristo handelt es sich um die Coves dels Hams, die als erste an der Wegstrecke liegen. Um zu den „wahren" Drachenhöhlen zu gelangen, muss man den Ort Porto Cristo durchfahren und auf keinen Fall die erstbeste Höhle ansteuern.

Coves de Artà

Hoch über dem Meer und den zerklüfteten Klippen liegt am Steilhang des Cabo Vermell der Eingang der Coves de Artà, der sich inmitten der himmelwärts ragenden Felswand wie ein gigantischer, alles verschlingender Schlund präsentiert, durch den es hinein in die Höhle geht. Der nach ihrer Entdeckung zunächst schwindelerregende Zugang, der nur von alpinen Kletterern oder Bergziegen gemeistert werden konnte, ist längst gebändigt. Als Königin Isabel II. im Jahr 1860 die damals noch von vielen Geheimnissen umrankten Tropfsteinhöhlen sehen wollte, wurde für sie eine breite Freitreppe mit vielen steilen Stufen angelegt. Wir danken es ihr als heutige Besucher und genießen noch für einen Moment die herrliche Aussicht über das Kap Vermell und rechts die Bucht von Canyamel, bevor es hinein in den Höhlenschlund geht.

In grauer Vorzeit waren die Coves de Artà ein den Inselbewohnern verborgener Ort, an dem mordlüsterne Piraten hausten und vor den Häschern Zuflucht suchten. Noch heute wird man beim Betreten von einer düsteren Atmosphäre, vom schummrigen Licht und dem modrigen Duft verwelkender Blumen eingefangen, was durchaus den Tatendrang kleiner Abenteurer entfachen lässt. Piraten werden sie nicht mehr finden, aber auch auf keine unvorhersehbaren Gefahren stoßen. Der Weg durch die Coves de Artà ist ein ständiges Auf und Ab über Treppenstiegen und erdige Stufen. Doch sie sind genug gesichert. Soweit man gut zu Fuß und trittsicher ist,

Früher versteckten sich Piraten in den Coves de Artà.

ist das Verletzungsrisiko nicht höher als im Treppenhaus der Mietwohnung zuhause. Die Dauer einer Führung beläuft sich auf eine knappe Dreiviertelstunde, was der limitierten Aufnahme- und Konzentrationsfähigkeit der Jüngsten entgegenkommt. Im Gegensatz zu den Drachenhöhlen ist man hier in „betreuten Gruppen“ unterwegs. Firm in der spanischen und deutschen Sprache, sind Artàs Höhlenführer wider Erwarten und im Kontrast zum schwindenden mallorquinischen Servicetrend ausgesprochen besucherfreundlich. Versiert und geduldig wiederholen sie in mehreren Sprachen ihre amüsanten Erläuterungen und sind willens, auf Fragen und Anliegen auch der jüngsten Höhlengäste einzugehen.

Auf dem etwa einen Kilometer langen Rundgang durch die Coves de Artà sind u.a. im zweiten Höhlensaal die „Reina de las Columnas“, ein 22 Meter hoher Stalagmit, die „Sala del Purgatorio“ (ein unterirdisches Fegefeuer?) und gar die „Sala del Inferno“ (die wahrhaftige Hölle?) zu bewundern, bis man am Schluss wieder auf gemäßigtere Namensgebungen wie die „Sala de las Banderas" (der Flaggensaal), „Theater" und „Gloria" stößt. Auf dem Weg durchquert man ein überquellendes Meer bizarrer Formen, die durch die künstliche, farblich variantenreiche Beleuchtung ins rechte Licht gerückt werden. Wenn der Besucher Vorstellungskraft und Fantasie von sich aus nicht ausreichen, helfen die Höhlenführer nach und bringen ihren Tross zum Schmunzeln oder Staunen. Sie deuten unter all den Tropfsteinformationen vage Menschenfiguren, sehen geheimnisvolle, erstarrte Geister, Ungeheuer und Kreaturen wie Jungfrauen, Engel, Löwen, Elefanten, Schafe, Schlangen und Drachen.

ZUM STEINE ERWEICHEN: CARMINA BURANA »IM NEONLICHT«

Fast könnte man ob all ihrer überbordenden Pracht meinen, dass sie das Werk eines besessenen Zuckerbäckers sind, der einen großen Hymnus auf alle spitzen und zerfließenden Formen schaffen wollte. Doch wie es sich für eine Tropfsteinhöhle gehört, ist hier alles aus Stein, Kalkgestein, dessen unterschiedliche Farben per sua natura von den Eisen- und Kupferbeimengungen herrühren – und den bunten Lichtilluminationen, die das kühle Gestein dem Auge erwärmen. Von bodenständiger Musik berieselt und geheimnisvollen Geräuschen begleitet, kulminiert die Klangfülle dramatisch in einem dröhnenden Ausschnitt von Carl Orffs „Carmina Burana", in deren Rhythmus eine Lichtorgel die grellsten Popartfarben an die Gewölbewand wirft. Was die Höhlenwelt mit dem „Erwachen des Frühlings" oder der „Flüchtigkeit des Lebens" zu tun hat, bleibt nicht nur Laien verschlossen.

Für die wahren Höhlenfetischisten ist das alles ein bisschen zu viel de Guten an Ringelpiez, doch den meisten Besuchern inklusive Kindern gefällt's, und die Artà-Höhlen werden von fast allen Ferienzentren durch Busunternehmer angefahren.

Coves de Artà

Carretera de las Cuevas s/n
Canyamel
Tel. + 34 971 841 293
info@cuevasdearta.com
www.cuevasdearta.com

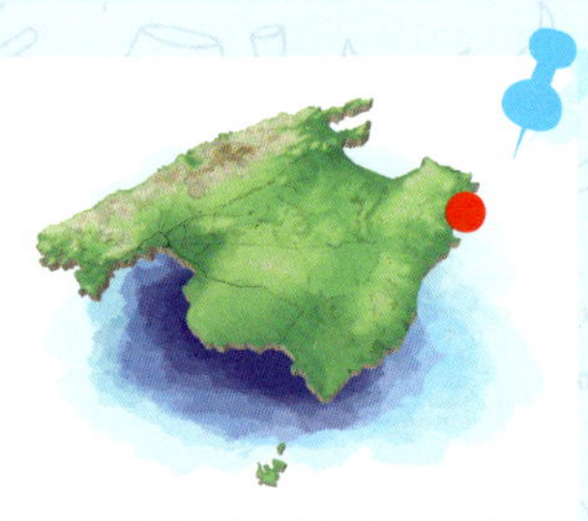

ÖFFNUNGSZEITEN
Mai bis Oktober: tägl. 10–18 Uhr
November bis April: tägl. 10–17 Uhr (25. Dez. und 01. Jan. geschlossen)
Die Führungen starten ca. alle 30 Minuten.

Cabrera

RENDEZVOUS MIT SONNE UND MEER

Schon eine ganze Weile muss die „Ziegenhirtin“ ohne ihre Ziegen auskommen, denn die wilden Ziegen, die hier lebten, wurden samt und sonders von der Insel verbannt, weil sie die Reste der struppigen Vegetation zerstörten und all das kahl zu fressen gedachten, was eh schon aufs Spärlichste verkümmert war. Als Cabrera zur geschützten Zone für Natur und Vaterland erklärt wurde, war damit auch das Urteil über das Schicksal der Ziegen gesprochen.

Fast alle Mallorquiner nennen das Eiland bis heute „Ziegeninsel“, obwohl „Cabrera“ exakt übersetzt auf Deutsch „Ziegenhirtin“ heißt. Wenn es September wird im Südosten Mallorcas, ist es dort immer noch heiß. Und die Strände sind immer noch voll. Zu voll für all die, die stille Orte lieben, Orte inmitten der Natur, an denen man zur Ruhe kommen kann und bei denen man – wir befinden uns schließlich inmitten des Mittelmeers – sein Rendezvous mit Sonne, Strand und Meer nicht argwöhnisch oder eifersüchtig mit anderen eingecremten, lärmenden Badehosenträgern teilen muss.

Einer dieser Orte ist die Insel Cabrera, die dank dem durch strenge Auflagen erschwerten – und nicht preisgünstigen! – Hinkommen vom Massentourismus verschont geblieben ist. Auch weil es dort nicht das gibt, was Baller- und Neckermänner zumindest im Urlaub erwarten: den Weg vom gemachten Bett an den gedeckten Tisch und danach direkt zur spaßigen Animation an den Strand und ins Meer. Cabrera hingegen ist nur Naturidyll, einsam und verlassen, ein Platz zum Wandern und Schwimmen, für einen Cortado, ein kühles Bier, ein paar Tapas in der „Cantina“ am Hafen. Mehr nicht!

Und dennoch ist es für Familien mit Kindern, besonders wenn ihr städtischer Alltag von Hektik, Verkehrslärm und abhanden gekommener oder gebändigter Natur geprägt ist, herrlich, hier stresslos auf Entdeckungstour zu gehen und auf die kuriosesten Tiere wie die Balearen-Eidechse Podarcis lilfordi zu stoßen. Denn außer für Ziegen ist Cabrera ein Refugium vieler Tiere, insbesondere ganzer Vogelkolonien, die hier heimisch sind oder überwintern können. Turmfalken und Sturmschwalben ziehen hoch über den Hügeln lautlos ihre Kreise, Fischadler stürzen sich von den Klippen auf Beutefang. Dazu gibt´s ein halb verfallenes Kastell, Leuchttürme und nicht zuletzt die sagenhafte Cova Blava, die „Blaue Grotte“, zu bestaunen, in deren fluoreszierendem, intensivem Blau sogar geschwommen werden kann. Gründe also genug, um für eine Tagesvisite hinüber nach Cabrera zu kommen.

Die Ziegeninsel gehört gemeinsam mit 17 weiteren Miniinseln, die teilweise nur „ins Meer geschmissene“ Felsbrocken sind, und dem sie umgebenden

Meer zum 1991 eingerichteten, 16 km² großen Nationalpark Archipiélago de Cabrera und ist Europäisches Vogelschutzgebiet. Rigorose Bestimmungen sollen das Ökosystem so intakt wie möglich erhalten. Nicht einmal 20 Menschen ist es vorbehalten, auf Cabrera zu leben. Dazu gehören vier Parkwächter der Naturschutzbehörde Ibanat, einige Beamte der Guardia Civil und die Familie von María und Cati Vidal sowie deren Ehemann Llorenç, die die Cantina im Hafen „Es Port" nun in zweiter Generation seit einem halben Jahrhundert betreibt.

MIT DEN GOLONDRINAS INS NATURIDYLL

Grundsätzlich ist ein Besuch auf Cabrera ganzjährig möglich, jedoch wetterabhängig und im Voraus bei einem der beiden Anbieter „Mar Cabrera" oder „Excursions a Cabrera" zu reservieren. Die „Golondrinas" starten in Colónia de Sant Jordi, dem zu Cabrera nächstgelegenen Ort an Mallorcas Südküste. Sie gibt es in unterschiedlichen Bootstypen mit einer Fahrzeit von einer halben bis zu einer ganzen Stunde, auch die Aufenthaltsdauer variiert. Mit Kleinkindern sollte es nicht unbedingt ein Schnellboot sein, für Größere hingegen sind das mächtige Wippen und die spritzende Gischt auf der Überfahrt ein Heidenspaß. Der Ankunftsort wiederum ist für alle der gleiche, der Naturhafen Es Port. Dort dümpeln auch die privaten Yachten und Boote an fest installierten Bojen, wozu es einer staatlichen Genehmigung der Naturschutzbehörde (ICONA) bedarf und welches der einzig erlaubte Ankerplatz auf Cabrera ist.

Beim Anlegen informieren die „Rangers" über Sehenswürdigkeiten, Wanderrouten und Benimmregeln, zudem liegen kleine Übersichtskarten im Informationsbüro aus. Bei der Anfahrt ist die oberhalb von Es Port thronende Festungsruine schon von weitem sichtbar. Der kurze Aufstieg zur Burg, die während der Herrschaft der Krone Aragóns im 14. Jh. errichtet wurde, ist ein guter Beginn, denn bei vielen Jungs kommen Piratengeschichten sehr gut an. Beim Blick weit hinaus auf den Horizont, dorthin, wo das Meer auf den Himmel stößt, ist´s einfach, sich auszumalen, wie Schiffe der Barbaresken-Korsaren den Süden Mallorcas ins Visier nehmen. Und eh sie sich versehen, sind die Kinder mitten drin im imaginationsträchtigen Rundgang durch Gegenwart und Geschichte. Also schnell noch hinüber zum Leuchtturm auf dem Kap Punta, zum Seemannsfriedhof, dem Denkmal, das an die barba-

Mehrere Anbieter von Bootsausflügen haben die wunderschöne Halbinsel Cabrera fest in ihrem Programm. Der Ausflug lohnt, bietet die Insel neben malerischen Aussichten auch eine historische Festungsruine auf ihrer Spitze.

rische Internierung von französischen Kriegsgefangenen aus der Schlacht von Bailén während des Spanischen Unabhängigkeitskrieges zu Beginn des 19. Jh.s erinnert, von denen fast die Hälfte an Hunger und Krankheiten starb, und schließlich zum ehemaligen Weinkeller der Familie Feliu, der jetzt ein ethnografisches Museum ist.

SA PLAGETA, S'ESPALMADOR UND DIE »BLAUE GROTTE«

Wem der Sinn nicht nach Spazieren in gleißender Sonne durch die wilde Natur aus Ölbäumen, Wacholder und niedrigem Buschwerk steht, macht sich am besten gleich auf den etwa viertelstündigen Weg zu den beiden Badestränden von Cabrera, die ihrerseits durch einen Fußweg von knapp einer Viertelstunde voneinander getrennt sind: Sa Plageta und S'Espalmador bieten absolute Ruhe, niedrige, kaum von Wellengang geprägte Uferzonen, in denen Kinder, selbst nur hüfthoch im Wasser stehend, eine selten gewordene Tierwelt entdecken können. Ein sauberes und glasklares Wasser wie an keinem anderen Ort Mallorcas sorgt dafür, dass Muränen, Zackenbarsche, Kraken, Krebse, Seesterne oder Meeresschildkröten sich in den Gewässern von Cabrera pudelwohl fühlen. Und weil im Nationalpark sowohl Jagd- als auch Fischverbot besteht, können viele Exemplare sich zu ungewohnter Größe entwickeln und legen dabei eine Zutraulichkeit an den Tag, die das Abtauchen für Schnorchler und Gerätetaucher zum grandiosen Erlebnis werden lässt.

Ob all dem Plässier wird oft die Zeit zu knapp, um sich vor der Rückfahrt noch eine kurze Einkehr in der Cantina von Es Port zu gönnen. Seit einigen Jahren können Inselgäste bar jedes Luxus in einem der zwölf sehr kargen Doppelzimmer der staatlichen Albergue de Cabrera mitten im Park übernachten. Dies ist jedoch limitiert auf die Zeit zwischen April und November, höchstens zwei Übernachtungen (in der Hochsaison sogar nur eine) und muss zuvor über das Cen-

tro de Visitantes Parque Nacional de Cabrera gebucht und bestätigt werden.
Die Küste Cabreras ist ein Auf und Ab von Landspornen, isolierten Buchten, Klippen, Höhlen, Felsvorsprüngen und -einstürzen. Alle stehen jedoch im Schatten der Cala Gandulf, denn dort wartet der finale Höhepunkt eines Ausflugs nach Cabrera: die Cova Blava, die „Blaue Grotte", die von allen Golondrinas auf der Rückfahrt nach Colònia de Sant Jordi angesteuert wird. Auf einer Breite von fünfzig Metern duckt sie sich unter der aufkragenden Felswand. Faszinierende Lichtreflexionen erleuchten das Wasser in einem tiefen Blau, doch nicht in den von Mallorcas Küste so bekannten Farbtönen Türkis, Azur oder Preußischblau, sondern in einem Ultramarinblau, wie es einem Yves Klein alle Ehre gemacht hätte. Wenn Wetter und Zeitplan stimmen, kann in der Grotte ein kurzer Badeplausch eingelegt werden. Wer also noch einmal ins Wasser springen will, kommt mit Badesachen und trockener Kleidung für danach zum Boot.
Mit viel Glück gibt es als visuelles Dessert auf der Rückfahrt eine Kolonie von Delfinen zu sehen, die sich im rasanten Ritt durch die Wogen über die Wasseroberfläche katapultieren. Die seit über 30 Jahren erste „historische Sichtung" eines fünf Meter langen Weißen Hais vor der Südküste Cabreras am 28.06.2018 wurde von seinen Entdeckern aufs Entschiedenste beschworen, während andere Experten und Meeresbiologen von einer Täuschung und der Verwechslung mit einem Heringshai ausgehen.

HINKOMMEN

Es gibt zwei Unternehmen, deren Boote von Colònia Sant Jordi nach Cabrera aufbrechen: Mar Cabrera (www.marcabrera.com) und Excursions a Cabrera (www.excursionsacabrera.es), die beide in der Südwestecke der Hafendocks in Colònia Sant Jordi ihre Niederlassung haben.

Weil die Ticketkontingente limitiert sind, sollte rechtzeitig die gewünschte Fahrt gebucht werden. Bei den Sunset-Touren ist zu beachten, dass sie nur einen kurzen Aufenthalt auf Cabrera gestatten, man den Sonnenuntergang nicht per se vom Kastell bestaunen kann und die Rückfahrt in der Nacht bzw. Dunkelheit nicht in die Rubrik familiengeeignet fällt.

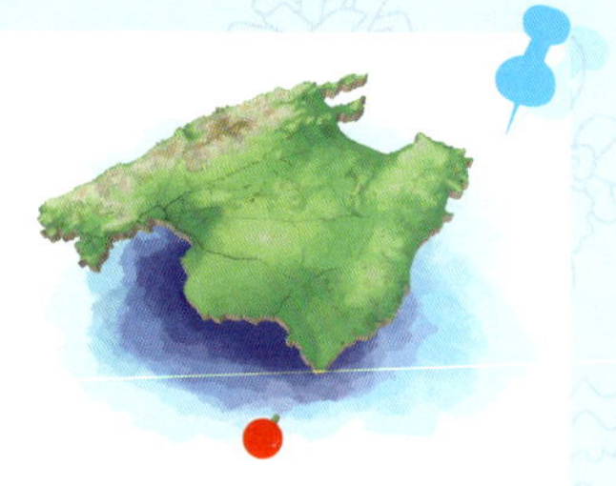

Centro de Visitantes Ses Salines

Im Centro de Visitantes Ses Salines können unter anderem Rochen, Muränen und Tintenfische beobachtet werden.

IM STEINGEMÄUER DES RIESEN

Es ist schon ein seltsames Gebäude und sticht in der monoton eckigen Feriensiedlung von Colònia de Sant Jordi gewaltig ins Auge: wie ein gedrungenes Silo, das sich nicht richtig entscheiden kann, ob es nun hypermodern oder „echt“ antik sein will. Auf jeden Fall ist es etwas Besonderes. Die alten Beobachtungs- und Wachtürme der talayotischen Kultur, wie sie in der Zeit zwischen dem 13. und 2. Jh. v. Chr. für Mallorca so typisch waren, standen Pate für die Architektur dieses ehrgeizigen Projekts der Balearenregierung. Weit über 20 Mio. Euro hat es gekostet und sieben Jahre gebraucht, bis es fertig war: das Besucherzentrum des Cabrera-Archipels in Colònia de Sant Jordi. Ob es definitiv vollendet ist oder an seinen Ambitionen und überzogenem Kostenrahmen doch noch scheitern wird, bleibt weiterhin ein fragiles Unterfangen. Zu teuer, zu klein, um ein Big Player im Kampf um die Gunst des Publikums zu sein, und folglich zu wenig zahlende Besucher, dazu immense Unterhaltskosten, von Beginn an hatte es der skurrile Rundbau schwer, in die Rentabilitätszone zu kommen.

TROCKENEN FUSSES UNTERTAUCHEN

Dabei hat er durchaus seine begeisterten Fans. Auch naturverbundene Familien gehören dazu, die von der einzigartigen Präsentation der balearischen Meereswelt begeistert sind. Gleich zu Beginn stößt man auf die 18 Bassins des Aquariums. Das reizvolle Zusammenspiel von Architektur, Technik, Kunst, Kulisse und original anmutenden Nachbauten und Details lässt Besucher mit allen Sinnen in die Unterwasserwelt eintauchen, zumal man durch das grandiose Deckenbassin „aus der Tiefe" durch das lichtdurchflutete Blau hinauf zur Wasseroberfläche schauen kann. Wände haben die Struktur von Meeresklippen und -grotten, Nachbildungen von Korallenriffen, phönizischen Amphoren und historischen Schiffsutensilien sorgen zusätzlich für maritime Atmosphäre. Kinder sind fasziniert von den Rochen, kleinen Haien, Tintenfischen und Muränen. Dazu ist für alle, die hinüber zum Cabrera-Archipel wollen, dessen Besucherzentrum in Colònia de Sant Jordi die allererste Anlaufstelle und der Ort, an dem eine Übernachtung in der Herberge von Cabrera gebucht werden kann.

In gläsernen Aufzügen an der Seitenwand eines Wassertanks steigt man wie ein Taucher vom „Meeresgrund" direkt aus der Aquarienlandschaft hinauf zur Dachterrasse, von der sich bei klarer Sicht ein toller Blick auf die vierzehn Kilometer entfernte Ziegeninsel bietet, deren „Grundriss" die Holzplanken der Terrasse mehr oder weniger gelungen abbilden. Zu Fuß die Wendeltreppe hinunter, passiert man „Die Spirale der Zeit", eine ca. 500 m² große Darstellung der Legenden und Mythen des Mittelmeerraums, und gelangt im Untergeschoss in den kleinen Kinosaal.

Mit wummerndem Bass in die Magengrube fahrende Soundeffekte nehmen Besucher mit auf eine Reise von den Urgewalten des Himmels und der Erde – mit mächtig Donner, Blitzen, Regen und Sturm – über verspielte Klänge, mit denen die Lautsprecher das Plätschern von Kaskaden und der rollenden Brandung imitieren, bis zur absoluten Stille auf dem Meeresgrund, zu dem die 3D-Kamera Fischschwärme bis hinunter zu einer Tiefe von über tausend Metern begleitet. Das Tohuwabohu drückt Kinder kräftig in die Polster. Wenn dazu die Hydraulik der Sitze die Effekte verstärkt, ist ihre Begeisterung garantiert.

ZWISCHEN GRANDESSE UND VERFALL

Apropos Begeisterung: Wenn es einfallsreich konzipierte Ideen dank modernster Technik vermögen, die Imagination und Illusionen der Besucher in unbekannte Sphären zu führen, machen sich bei einem „Außer Betrieb!", „Heute geschlossen!" oder „Zur Zeit nicht möglich!" erst recht Ernüchterung und Enttäuschung breit. Verschlossene Türen des Filmvorführraums, defekte Fahrstühle, fehlende Schautafeln, kaputte Lampen oder Monitore und vernachlässigte Bassins sind bis in die Gegenwart Teil der Realität dieses Besucherzentrums. Der Extremfall ereignete sich bereits Anfang 2013, als es für fast ein halbes Jahr komplett geschlossen blieb, die endgültige Stilllegung drohte und erst

nach einem heftigen Streit zwischen dem spanischen Umweltministerium und der Balearenregierung über die jeweilige Bezuschussung der Betriebskosten wieder geöffnet wurde.
Dabei waren es gar nicht der Kini und Richard Wagner, sondern der damalige Balearenpräsident Jaume Matas und der Architekt Álvaro Planchuelo, die vor zwanzig Jahren mit dem extravaganten Projekt bar jeder ökonomischen Vernunft auf Teufel komm raus! sich selbst ein schillerndes Denkmal für die Ewigkeit schaffen wollten. Das Centro de Visitantes Parque Nacional de Cabrera wird wohl nicht die Ewigkeit überdauern und Matas und Planchuelo werden auch nicht wie Ludwig und sein Konzertmeister den Nachfahren in liebevoller Erinnerung bleiben, aber es ist eine tolle Einstimmung auf den Ausflug nach Cabrera und dank seiner überschaubaren, kleinere Kinder nicht überfordernden Größe ein – sofern nicht „fuera de servicio!" – toller Ausflug für Groß und Klein in die maritime Welt Cabreras.

Centro de Visitantes Parque

(Centre de Visitants SES SALINES)
Carrer Gabriel Roca s/n
(Ecke Plaça Es Dolç, am Nordende des Hafens in der „zweiten Reihe")
Colònia de Sant Jordi
Tel. +34 971 656 282
centredevisitantsdecabrera@gmail.com

ÖFFNUNGSZEITEN
Juni bis September: tägl. 10–19 Uhr
Februar bis Mai, September/Oktober/November: 10–14, 15–18 Uhr
Dezember/Januar: geschlossen.

Museale Hardliner leihen sich an der Rezeption einen Audioguide für E 5 aus.

HINKOMMEN
Mit dem Mietwagen auf der MA-19 von Palma nach Campos, dort auf die MA-6040 nach Colònia de Sant Jordi abbiegen und im Ort bis zum Hafen durchfahren (den Hinweisschildern „Excursions a Cabrera" folgen). Bus: Von Palma fahren die Buslinien 502 und 503 nach Colònia de Sant Jordi.

Eine mallorquinische Angelegenheit – aber dabei sein kann jeder!

Das Leben müsste ein Fest sein. Ist es aber nicht. Postmoderne und Industriekultur kennen da kein Pardon. Vieles ist säkularisiert und seiner Magie entzaubert. Was einst immer wiederkehrender Höhepunkt im Jahreszyklus war, endet heute ernüchtert, ist zur bloßen Form erstarrt, zum sinnentleerten Ritus, in dem Wiederholung und Routine die ursprüngliche Lebendigkeit ersetzt haben.

Eine Reise in den Süden, in ländliche, vermeintlich wirtschaftlich rückständige Regionen, in denen die Dorfgemeinschaft noch intakt ist, ist auch eine Zeitreise, bestimmt von der Sehnsucht und Illusion nach lebendigen Traditionen und unverfälschtem Brauchtum, denen man auf der Fahrt über die mallorquinischen Dörfer begegnen möchte.

Urzeitliche Berglandschaften, sich auftürmende Felswände und verwegene Schluchten, Impressionen voller Poesie in ihren charakteristischen Farben: im Frühjahr hell und heiter, dunkler im „erdigen" Sommer, in dem die in der Hitze gekrusteten Böden in aufzehrender Glut und sienaroten Farben erstrahlen, der Winter kühl und erfrischend, mit seinen Pastelltönen, allesamt Farben voller Melancholie, bis dann das Grün der Hecken und Bäume das neue Jahr, seinen neuen Zyklus ankündigt, der in der Farbenpracht der Mandelblüte seine imposante Ouvertüre hat.

Diese Farben und Formen, aber auch das Idyll aus Olivenhainen und Johannisbrotbäumen, der steinigen Wege, die an Klöstern, Fincas oder Weinkellern enden, bestimmen bis heute die Mallorca-Nostalgie. Bei den landestypischen Fiestas wie dem Mandelblütenfest „El almendro de flor" kulminiert die melancholische Romantik in einer überschäumenden Fröhlichkeit der dörflichen Gemeinschaft. Touristen bleiben dann außen vor, es sei denn, es handelt sich um folkloristische, kommerzielle Ergüsse, wie sie zum Wohle der Urlaubsgäste konzipiert wurden, denen jedoch jede Authentizität abgeht.

Den Kindern ist dies egal. Sie möchten Action und Aufregendes erleben, haben ihren eigenen Spannungsbogen. Wichtiger ist, dass Ritter, Piraten, sagenumwobene Drachen oder andere phantastische Wesen präsent oder wenigstens Thema sind. Während jedes Patronatsfestes eines Ortes gibt es spezielle Veranstaltungen für Kinder. Wenn es dabei bunt, nass und vor allem laut wird, umso besser.

Die Verbanas, die durchtanzten

Nächte während eines Patronatsfestes, sind eine Angelegenheit der Großen, auch wenn in deren Umfeld zumeist eine Hüpfburg für die Kleinen platziert ist. Verbanas finden fast immer auf dem mit weißen Girlanden geschmückten Dorfplatz statt und beginnen, wenn das eigentliche Konzert vorbei ist. Als Fremder wird man dies auch bleiben, aber mitfeiern kann man trotzdem! Und dies bis gegen fünf Uhr morgens oder gar bis nach Sonnenaufgang, wenn definitiv die Lichter ausgehen, weil bereits The big one am Himmel leuchtet. Und es gibt wohl keinen besseren oder unschuldigeren Ausdruck der Begeisterung oder des Wohlbefindens, als einfach laut „Altra!“ zu rufen, was so viel wie Zugabe bedeutet.
Wie schon damals ist es noch heute. Kein Ort auf Mallorca, und sei er noch so winzig, der nicht sein eigenes Fest feiert. Dazu kommen neuerdings „künstlich“ geschaffene Feierlichkeiten, um zusätzliche Attraktionen für die Inselbesucher zu schaffen. Informativ ist der jährliche Festkalender der Insel, der in den Touristeninformationen, soweit vorrätig, ausliegt. Im Info-Büro beim Rathaus in Palma ist er eigentlich immer erhältlich. Mit einiger Sicherheit wird man, auch wenn man nur für einige Tage auf Mallorca verweilt, ein Fest besuchen können.

Historienspiele und Themenfeste

FESTES DE LA PATRONA DE POLLENÇA – SIMULACRE DE MOROS I CRISTIANS

Bereits einige Tage davor beginnen die Vorbereitungen und das Festprogramm für Pollenças Patronatsfest am 2. August, das zusammen mit dem „Simulacre de Moros i Cristians“ im großen Tohuwabohu sein Finale findet. Es erinnert an die schicksalshafte Nacht vom 30. auf den 31. Mai 1550, als eine vom „Schwert des Islams“, dem sagenumwobenen Dragut, angeführte Armada groß-türkischer Seeräuber, zu allem bereit, in das Städtchen einfiel. Gut für die Pollensiner, dass der brave Joan Mas zu noch mehr bereit war, zeternd und johlend durch die Gassen Pollenças rannte und die schlafenden Bürger aus ihren süßen Träumen riss. Noch kurz die Gottesmutter um Hilfe angefleht, setzte sich Joan Mas an die Spitze der Bürgerwehr, die den mordlüsternen Mauren entgegenstürmte. Ob es an ihrem Mut, ihren Schwertern, Spitzhacken und Sensen lag oder daran, dass viele, ohne Zeit sich anzukleiden, im Nachtgewand hinaus auf die Straße rannten, dass die erschrockenen Mauren in die Flucht geschlagen wurden, ist nicht dokumentiert.

Wenn heutzutage die Ereignisse von damals in einem turbulenten Laienspiel nachgestellt werden, scheint die ganze Stadt auf den Beinen zu sein. Los geht's am Hahnenbrunnen der Plaça de l'Almoina, wo die beiden Heerführer, Joan Mas und Dragut, jeweils mit Hundertschaften im Gefolge aufeinanderstoßen. Wie damals sind die Pollensiner ganz in Weiß und Nachtgewänder gehüllt, während Draguts kunterbunte Mannen sogar die Gesichter bemalt haben. Wild mit Holzschwertern um sich schwingend und Zeter und Mordio schreiend, drängen die Pollensiner die Mauren mit Kanonendonner von der Sankt-Georgs-Kirche durch die Hauptstraße zurück. Letztendlich reißen die „Weißen" auf dem Feld von Can Escarrinxo am Ortsausgang in Richtung Port de Pollença die Piratenflagge mit Halbmond an sich und ziehen samt der Statue der Schutzheiligen des Ortes, der Virgen de los Ángeles, zur Stadtkirche, um dort in das Danksagens-Tedeum für den Sieg einzustimmen.

„ES FIRÓ" IN SÓLLER UND PORT DE SÓLLER

„Es Firó" wird am verlängerten Wochenende um den 12. Mai in Sóller und Port de Sóller zelebriert. Auch hier waren es maurische Freibeuter, die im Jahr 1561 an diesem Tag von der Badia de Sóller in die Stadt stürmten, um die rechtschaffenen Sollerics ihrer Habe und ihres Lebens zu entledigen. Und auch hier standen sich ein ruchloser Schurke, Dragut Occhialis, der die 1.700 Korsaren anführte, und ein unerschrockenes „Braveheart", Capitá Joan Anglegat, der die unbescholtenen Bürger von Sóller und Port de Sóller befehligte, gegenüber. Anders als in Pollença bestehen hier allerdings keine Zweifel, was den Ausschlag für den Triumph der tapferen Sollerics gab: die „Valentes Dones de Ca'n Tamany", die tapferen Frauen von Sóller, die sich mit allen ihnen zur Verfügung stehenden Mitteln furchtlos ins Gemetzel mischten.

Das farbenprächtige Volksfest „Es Firó" gipfelt am letzten der drei Tage mit dem Historienspiel jener Schlacht zwischen Christen und Mauren, das an mehreren Orten in Sóller, Port de Sóller und der Badia de Sóller über die Bühne geht und an dem 3000 entfesselte Laiendarsteller teilnehmen. Dass bei dem inszenierten Gemetzel über ein Zentner Schwarzpulver, Pyrotechnik und 12.000 Gewehrsalven in die Luft geschossen werden, sorgt für gewaltig Furore und vor allem einen ohrenbetäubenden Lärm, auf den man sich als Besucher in der ersten Reihe, falls man eines der 4000 farbigen Armbändchen der Veranstalter, das dafür erforderlich ist, ergattert hat, am besten im Voraus einstellt. Danach klingt die inbrünstig hinausgeschmetterte mallorquinische Hymne „La Balanguera“ nach Verkündigung des Sieges durch Capitá Angelats fast schon wie Kammermusik.

„MERCAT MEDIEVAL“ – DER MITTELALTERMARKT IN CAPDEPERA

Der „Mercat Medieval“ in Capdepera ist ein turbulentes, dreitägiges Spektakel, das den Ort Capdepera und das Mittelalter kräftig hochleben lässt. Einer der Hauptdarsteller ist die prächtige Burg hoch oben über dem Städtchen, die mit historischen Dekorationen und allerlei Heraldik für dieses Wochenende wie in ihren besten Zeiten herausgeputzt wird. Auch in den engen Gassen sorgt eine dichtgedrängte Kulisse für mächtig altertümliche Atmosphäre.
Gaukler und Narren, Artisten und Zauberer kämpfen um Gunst und Applaus, während Teufel auf der Plaça des Sitjar Fratzen schneidend springen und tanzen – und vermögen doch kaum mehr Schrecken zu verbreiten als die Pythons und die Boa Constrictor, die anzufassen Kinder zwischen Schaudern und Verlockung zaudern lässt. An allen Ecken und Enden erklingen Schalmeien, Dudelsäcke, Trommeln und Trompeten, zu denen ein halber Hofstaat in historischen Kostümen zwischen den Marktständen vor den Kirchplatz zieht. Zu festen Zeiten ziehen Greifvögel beim Auftritt des Falkners ihre Kreise. Und extra für Kinder gehören mittelalterliche Spiele zum Festprogramm.

Mallorcas Festkalender:

06. JANUAR, AUF DER GANZEN INSEL:
Heilige Drei Könige mit Bescherung für die Kinder.

17. JANUAR, SANT ANTONI:
Tag des Hl. Antonius, des Schutzpatrons der Tiere, der von der Landbevölkerung mit derben Bräuchen begangen wird. Bereits am Vorabend werden vielerorts Scheiterhaufen angezündet und am Lagerfeuer gefeiert. Durch die Gassen tanzen verkleidete Teufel und Dämonen, bis letztlich der Hl. Antonius die bösen Mächte vertreibt. Am eigentlichen Antoniustag finden (Haus-)Tiersegnungen statt. Die größte Feier ist in Sa Pobla mit der „Nit Bruixa", einer Hexennacht für Kinder, in Artà findet ein Reiterumzug statt.

FEBRUAR, PALMA:
Karneval mit Umzug am Rosenmontag an der Platja de Palma, speziell für Touristen mit bunten Verkleidungen. Lokale Feiern in Palma.

Kinder mit Masken auf der traditionellen Party von Sant Antoni in Artà.

01. MÄRZ, DIADA DE BALEARS:
Am „Diada de Balears“ (Tag der Balearen) wird zwar nicht die Unabhängigkeit von Spanien, aber der Status als autonome Provinz gefeiert.

KARWOCHE, IN ALLEN KIRCHENGEMEINDEN:
Feierliche (Büßer-)Prozessionen. Oft gibt es Mysterienspiele, in denen die Kreuzigung Christi nachvollzogen wird; besonders eindrucksvoll in Manacor. Ebenfalls eine jahrhundertelange Tradition haben die Kreuzabnahme am Karfreitag in Pollença und die von Musik und Tanz begleitete Pilgerfahrt nach Lloseta am Karsamstag. Die nach Spaniens ehemaliger Königin Sofia benannt Segelwoche in Palma findet meist unter Beteiligung der königlichen Familie statt.

19. MÄRZ:
Tag des Hl. Joseph

12. + 13. JUNI, ARTÀ:
Das Fest San Antoni dels Albercocs begeistert mit traditionellen Reittänzen (Cavalletes), die Teilnehmer in festlichen Paraden aufführen.

24. JUNI, SANT JOAN:
Im Fest zu Ehren von San Juan, dem Ortsheiligen von Muro und San Joan, sind vielerorts ursprünglich heidnische Sommerwendfeste integriert. Am Abend des 23. Juni treffen sich viele Menschen an Palmas Strand zum kollektiven Picknick mit vielen kleinen Feuern, in denen kleine Zettel mit aufgeschriebenen Wünschen und Vorsätzen verbrannt werden. Der eigentliche Johannistag steht im Zeichen von Stierkämpfen, Theater und ausgelassenen Tänzen.

29. JUNI, SANT PERE:
Inselweite Feste zu Ehren des „Heiligen der Fischer“, Sant Pere (Petrus), in Palma, Port d´Alcúdia, Cala d’Or und anderen Fischerorten mit Schiffsprozessionen und Feuerwerken.
Zeichen von Stierkämpfen, Theater und ausgelassenen Tänzen.

16. JULI, VERGE DEL CARME:
Glanzvolle Schiffsprozessionen zu Ehren der Verge del Carme, der Schutzheiligen der Fischer, in den großen Hafenstädten, insbesondere in Port de Sóller und Port de Pollença, aber auch in Port d'Andratx.

25. JULI, BINISSALEM:
Fiesta de Sant Jaime (Jakobustag).

2. AUGUST, POLLENÇA
Beim Fest zur Ehrung der Schutzheiligen (La Patrona) Pollença gibt es ein turbulentes Gefecht zwischen Christen und Mauren.

10. AUGUST, SELVA:
Trachtenfest zu Ehren des Hl. Sant Lorenç.

12. AUGUST: FIESTA NACIONAL DE ESPAÑA
Spanischer Nationalfeiertag.

15. AUGUST, AUF DER GANZEN INSEL:
Mariä Himmelfahrt, Prozessionen und ausschweifende Volksfeste in allen Kirchengemeinden. An diesem Tag ist überall etwas los.

1. SEPTEMBERWOCHENENDE, SANTA MARGARITA:
Wagenumzug und Volksfest.

2. SEPTEMBERWOCHENENDE, VILLAFRANCA:
Erntedankfest, bei dem vor allem die „Melone" im Mittelpunkt steht. La Feria de Artà ist eine der bekanntesten Haushaltswaren- und Landwirtschaftsmessen des Ostens.

4. SONNTAG IM SEPTEMBER, BINISSALEM:

Erntedank mit Segnungen von Wein und Most. Der „Gesegnete“ wird auch probiert und gleich konsumiert. Bei den Fideus de vermar (Vermada = Weinlese) ziehen die Binissalemer und Folkloregruppen durch die geschmückten Straßen. Am Abend Tanz und Feuerwerk.

1. OKTOBERWOCHENENDE, SANT JOAN:

Ein Fleisch-, Wurst- und Schlemmerfest mit Dudelsackmusik.

30. OKTOBER, PETRA:

Sport und Kultur beim höchsten örtlichen Fest, das mit Gebäck und großem Essen begangen wird.

3. DONNERSTAG IM NOVEMBER, INCA:

„Dijous Bo“: Am dritten Donnerstag im November ist die traditionelle Landwirtschaftsmesse in Inca Anlass für eines der größten Feste der Insel – eine echte Feria.

8. DEZEMBER, INMACULADA CONCEPCIÓN

Nationaler Feiertag zu Ehren des unbefleckten Empfängnis der Jungfrau Maria. Auch auf Mallorca gibt es an diesem Tag viele religiöse Messen und Prozessionen.

WEIHNACHTEN, IM TURM VON SANT ELM:

Pancaritat ist ein Schlemmerfest. Am Tag nach Weihnachten werden die Reste der Christspeise und saisonale Spezialitäten verzehrt.

31. DEZEMBER:

Silvester in allen Ferienorten sowie die „Ferm de l’Estandart“, das Fahnenfest in Palma, das die Eroberung von Jaime I. feiert. Tanzveranstaltungen in der City und Messe in der Kathedrale.

Mehr als Orte für Weibergezänk und Krämerseelen

Die Sehnsucht nach einer ursprünglichen Landschaft, ihren wild zerklüfteten Bergen, dem Idyll aus Olivenhainen und blühenden Mandelbäumen – mit einem zarten Rosa, so weit das Auge blicken kann – bestimmt bis heute die Mallorca-Nostalgie. Innerhalb der dörflichen Grenzen sind die bäuerlichen Märkte Relikte aus einer vergangenen Zeit, wenn sich für einen Tag der Woche die engen Gassen oder baumbestandenen Plätze mit Leben füllen und auf dem Trottoir die Stände aufgebaut werden.

Auch wenn die Eselskarren, die strohhutgeschützten Männer in Pluderhosen oder die pausbäckigen, weißhaarigen Bäuerinnen mit ihren sehnigen Unterarmen immer mehr der Vergangenheit angehören, so bietet das Einkaufen auf dem Markt ein gehöriges Stück mallorquinischer Authentizität. Der Besuch eines ländlichen Wochenmarktes ist bis heute für Fremde die beste Möglichkeit, Land und Leute, die dörfliche Gemeinschaft in ihrer traditionellen Lebensweise kennenzulernen.

SOBRASSADAS UND ENSAIMADAS

Dass die Mallorquiner Wurst mit Puderzucker oder Blätterteigpasteten mit einer Füllung aus Schafskäse und Marmelade sowie mit Wurst gefüllten Wirsingkohl lieben, wird man hier ebenso kennenlernen wie die mallorquinische Küchenweisheit, dass man zum Kochen niemals Butter, Sahne oder Rahm, sondern Olivenöl und Schweineschmalz verwenden soll. Zu den beliebtesten kulinarischen Mitbringseln gehören Sobrassadas, die haltbaren, paprikagefärbten, groben Räuchermettwürste, und Ensaimadas, süße, vor dem Backen mit Schweineschmalz bestrichene Hefeschnecken, die es auch gleich im praktischen Karton fürs Handgepäck gibt.

Fast immer bildet die Plaça Major oder Plaça Espanya, der Hauptplatz, das Zentrum eines Wochenmarktes mit frischem Obst, Gemüse, Käse, Fleisch und Wurstwaren. Peripher schließen sich Stände mit Textilien, Haushaltswaren, Trödel und Kunsthandwerk an. Weil diese Märkte traditionell der Grundversorgung der einheimischen Bevölkerung dienen und Agrar- sowie Handwerksprodukte, aber keine Luxusgüter bieten, können auch Reisende ein niedriges Preisniveau erwarten. Natürlich haben einige der bekanntesten und populärsten Märkte Mallorcas inzwischen eine folkloristische und touristische Prägung bekommen und offerieren infolgedessen überteuertes, klischeebehaftetes Kunsthandwerk und Souvenirs von dürftiger Qualität.

Damit ist noch nicht die Problematik der unterschiedlichen Interessen innerhalb einer Familie gelöst. Beim Einkaufen mit Kindern ist es gewöhnlich nur eine Frage der Zeit, bis die Quengelei

oben: Sobrassadas

unten: Ensaimadas

nach Süßigkeiten beginnt oder die Kleinen partout auf stur schalten und um nichts auf der Welt weitergehen wollen. Erstaunlich, dass diese Erfahrungen auf Mallorcas Märkten kaum eintreten. Mag es daran liegen, dass die nicht allzu großen Märkte die Geduld der Kleinen nicht überstrapazieren, die mediterrane Atmosphäre und spanische Lebensweise – die bekanntermaßen sehr kinderfreundlich ist – sich belebend auf den Tatendrang der Kinder auswirken oder die ungewohnten, außergewöhnlichen Auslagen der Händler und die vielen visuellen Eindrücke einfach ein dolles Erlebnis sind, das auf dem alljährlichen Mercat Medieval, dem großen Mittelaltermarkt in Capdepera am dritten Wochenende im Mai, garantiert ist. Aber dies ist bei der herrlich dekorierten Burg, der altertümlichen Musik mit Gauklern, Zauberern, Trommlern und Dudelsackspielern, der Greifvogelschau und mittelalterlichen Spielen für Kinder auch nicht verwunderlich, andererseits bereits ein anderes Thema.

Eine Auswahl landestypischer Märkte:

INCA – DONNERSTAGS

Inca ist die Dicke Bertha unter Mallorcas Wochenmärkten, hat somit die meisten Verkaufsstände und das kompletteste Warenangebot, die meisten Besucher und den größten Umsatz. Dabei geben Ambiente und die kleinstädtische Kulisse nicht allzu viel her, weshalb man mit neuen Konzepten darum kämpft, um die Attraktivität für Marktbesucher zu steigern. Zu unübersichtlich und kaum zu überschauen, kämpften diese sich eher missmutig durch ein Sammelsurium an Hartwaren aus Leder – Schuhe, Jacken, Taschen, Gürtel, Portemonnaies –, Textilien, Kunsthandwerk und importierten Billigwaren und Kopien aus Fernost, dazu afrikanische Straßenhändler, zwischen denen sich mallorquinische Bauern wacker hinter ihren Obst-, Gemüse-, Wurst- und Käseständen verschanzten.

Deswegen wurde das zentrale Gelände vor der riesigen Markthalle den ortsansässigen (Bio-)Bauern und ihren Waren zugesprochen. Ein weiterer Themendistrikt gehört dem lokalen Kunsthandwerk mit Leder- und Keramikprodukten, während der traditionelle Bauern- und Viehmarkt im Carrer Sant Francesc residiert.

SINEU – MITTWOCHS

Einer der bekanntesten und urigsten Märkte Mallorcas. Für Touristen ist er mehr zum Schauen denn zum Kaufen interessant, denn etwas unterhalb der Altstadt feilschen hauptsächlich Viehhändler mit Bauern und Metzgern. In den Gattern, Käfigen und Gehegen drängen sich Schweine – vornehmlich stattliche Exemplare des anthrazitfarbenen Porc Negre Mallorquí –, Kühe, Ziegen, Lämmer, Hühner und Kaninchen. Vor den alten Mauern der Pfarrkirche Nuestra Senyora de los Angeles und unter den strengen Blicken von „Lleó de Sant Mar", Sineus berühmter Statue eines geflügelten Löwen, auf der Plaça Espanya und in ihren Seitengassen hängt über den Obst-, Gemüse- und Kräuterständen, den Auslagen mit Korbwaren und Schnitzereien der Duft von exotischen Gewürzen, frischer Chilis und Paprika, Lederfett und würzigem Ziegenkäse. Dem steigenden Interesse neugieriger Urlauber sei es gedankt, dass kleine Besucher inzwischen an Sineus Markttag hier einige (geführte) Runden auf dem Rücken eines Ponys drehen können, was bei den Jüngsten sehr gut ankommt.

SANTANYÍ – MITTWOCHS UND FREITAGS

Zweimal pro Woche, mittwochs und freitags, erwacht die sonst verschlafene Stadt und versammelt Bauern und Händler der ganzen Insel. Sehr geschäftig und wegen der Nähe zu vielen superben Stränden längst auch von Touristen entdeckt, weshalb für Schlemmer und kulinarische Entdecker Essensstände zuhauf vertreten sind, an denen gerochen, probiert und gekostet werden kann und die allerhand regionale Leckereien wie Käse, Würste, Oliven, gefüllte Teigpasteten, Ensaimadas, Liköre und Weine feilbieten.

Mallorcas Märkte sind etwas für Genießer.

Kalendarium der Wochenmärkte

MONTAG:
• Biniamar • Caimari • Cala Millor • Cala Figuera • Calvià • Lloret de Vistalegre • Manacor • Mancor de la Vall • Montuiri

DIENSTAG:
• Alcúdia • S'Arenal • Ariany • Artà • Campanet • Ca'n Picafort • Ca'n Pastilla • Llubi • Pina • Porreres • Porto Colom • Santa Margalida

MITTWOCH:
• Andratx • S'Arenal • Bunyola • Capdepera • Colònia de Sant Jordí (nachmittags) • Deià • Llucmajor • Petra • Port de Pollença • Marratxí (Sa Cabana) • Santanyí • Selva • Sencelles • Sineu • Sóller • Vilafranca de Bonany

DONNERSTAG:
• S'Arenal • Ariany • Campos • Ca'n Pastilla • Consell • Inca • Moscari • Port de Sóller • Sant Llorenc des Cardassar • Sant Joan • Sant Llorenc • Ses Salines

FREITAG:
• Alaró • Algaida • Binissalem • Ca'n Picafort • Llucmajor • Marratxí • Pont d'Inca • Port d'Alcudia • Santa María la Salut • Santa Eugenia • Santanyí • Son Servera

SAMSTAG:

• Alaró • S'Arenal • Artá • Bunyola • Búrger • Bunyola • Cala Rajada • Campanet • Campos • Ca´n Picafort • Costitx • Esporles • Lloseta • Santa Margalida • Moscari • Porto Colom • Puigpunyent • Santa Eugènia • Santa Margalida • Santa Ponça • Santanyí • Sencelles • Sóller

SONNTAG:

• Alcúdia • Felanitx • Llucmajor • Muro • Pollença • Porto Cristo • Santa María del Camí • Sa Pobla • Valldemossa

MARKTZEITEN: FRÜH MORGENS BIS MITTAGS GEGEN 14 UHR

Mercat de l'Olivar: Palmas Markthalle

„Como se va su marido, Donya Rosaria, sigue enfermo?"
– „Que le pongo?"
– „La gripe ya no es nada grave."
– „Las gambas, que frescas!"
– „Busco algo de pollo para la sopa del ajiaco."
–„Los dorados a doce euros el kilo!"
– „Algo más?"

Es ist die kleinere, linke Eingangshalle des Mercat de l'Olivar, die den Fischhändlern von Palma gehört. Allmorgendlich wiederholt sich hier das gleiche babylonische Stimmengewirr in den langen Fluchten vor der feilgebotenen Ware. Denn der morgendliche Gang hierher gehört für die alteingesessenen Palmeros zum obligatorischen gesellschaftlichen Warm-up, bevor sie dann mit prallgefüllten Einkaufstaschen für einige Zeit vor dem Herd verschwinden. Besser noch als die erlesenste Speisekarte, und sei es des allerbesten Restaurants, gibt sich hier preis, was mit Vorliebe in mallorquinische Mägen wandert: Ja, die traditionelle Küche ist eine deftige, und beim Anblick all dessen, was in die Taschen gepackt wird, erahnt man, dass es auch eine sehr üppige ist.
Es gleicht einem unendlichen Panoptikum. Abertausende von ausgenommenen Fischleibern, von Krusten- und Meerestieren lassen bei den einen das Wasser im Munde zusammenlaufen, während bei den anderen ein frostiges Schaudern über den Rücken läuft. Das Trockeneis macht's: Es ist kühl in der Halle und mahnt daran, nicht zu lange in diesem Wirrwarr der intensiven Gerüche und Sinneseindrücke zu verweilen, und so passiert man Seehechte und Zackenbarsche, die gemeinen Sardinen neben edlen Seeteufeln, Stockfisch, Meerbrassen, Tintenfische und Heringe, eben alles, was das Meer um Mallorca zu bieten hat, und natürlich Garnelen, Langusten und Hummer – und die Krebse, die im Aquarium noch auf ihren letzten Gang oder ihre Erlösung warten.
Ebensolche für den kleinen Hunger offeriert die „Bar de's Peix" in der Nordwestecke der Halle mit köstlichen Tapas, Fischbrötchen und anderen Leckereien. Nicht ganz so hektisch, und ohne den markanten Fischgeruch verläuft das Treiben in der sich an der Ostseite anschließenden Obst- und Gemüsehalle. Diese bietet alles, was auf und in mallorquinischer Erde gedeiht und heranreift, von den Standards wie schwarzen Oliven und süßen Paprikaschoten über Rucola-Salat und die inseltypischen Kräuter bis hin zum Küchenklassiker Allioli, der herb-feisten Knoblauch-Mayonnaise.
Doch sicher ist die treu sorgende Donya Rosaria längst in die größere Halle rechts verschwunden, um für ihren grippegeschwächten Mann Botifarrós

und Sobrassadas zu besorgen, damit der Arme wieder zu Kräften kommt. Denn hier demonstriert die Schlachter- und Metzgerzunft Palmas, was die Insel für Köstlichkeiten an Fleisch, Wild und Geflügel zu liefern hat. Und sind sie auch noch so variantenreich vorhanden, spielen die Wurstwaren in diesem lukullischen Konzert des Gaumenkitzels nur die zweite Geige, denn die wahren Delikatessen sind für die Mallorquiner Lammfilets und Entenbrust sowie Spanferkel und die kräftigen Keulen der Ibérico-Schinken.

Den Mercat de l'Olivar gibt es seit 1951. Er ist eine unverrückbare Tradition, gehört zu den Sehenswürdigkeiten der Stadt und ist fast wie die Silhouette von La Seu, Palmas Kathedrale, ein Ort, an dem man sofort weiß, wo man sich befindet. Viele Marktstände werden bereits in der dritten oder vierten Generation von jeweils der gleichen Familie betrieben.

Dennoch gab es in jüngster Zeit Neuerungen, die einige Puristen verzweifeln lassen, profit- und geschäftsorientierte Geister aber in Begeisterung versetzten. Eine hellere Beleuchtung, automatisch sich öffnende Eingänge und Keramikböden machen nur einen marginalen Teil des neuen Marktes aus. Einschneidender ist das neue Konzept, das den eigentlichen

Ein typischer Stand auf dem „Mercat de l'Olivar".

Im Mercat de l'Olivar gibt es eine große Auswahl an exotischen Früchten.

Marktbetrieb auf das Erdgeschoss reduziert und die obere Etage, zu der man nun über neu installierte Rolltreppen gelangt, einer neuen Einkaufspassage und einer großen Niederlassung der spanischen Supermarktkette „Mercadona" vorbehält. Immer mehr Stände orientieren sich an globalisierten gastronomischen Moden und bieten ambulante kulinarische Köstlichkeiten und Happen für zwischendurch „to go" an. Müßig ist's, darüber zu grübeln, ob der neue Markt, der längst Bestandteil von touristischen Palma-Führungen ist, das Kundenverhalten oder die Bedürfnisse der Kunden den Markt verändert haben.

Während also an den traditionellen Stehbars über das verloren gegangene Flair lamentiert wird und alteingesessene Palmeros, die bei einem „Picoteo", einer kleinen Tapas- und Wermut-Route, sich den Morgen bis weit über die Mittagszeit verlängerten, in „ihrer" Markthalle nun mit Krawattenträgern konkurrieren, die nun in „ihrem" Gastro-Tempel Austern und Sushi mit kaltem Weißwein und Champagner hinunterspülen, gibt es auch eine stattliche Anzahl an Lieferanten und Händlern, denen aufgrund der neuen Konkurrenz die Kunden ausbleiben. Für sie ist der

Mercat de l'Olivar nicht mehr nur der Markt für authentische, frische mallorquinische Kost, sondern auch ein wachsender Feinkosthandel mit Delikatessen aus aller Welt, der zur Fressmeile für Auswärtige und Fremde mutiere.

Auch wenn man den Kritikern des „neuen" Mercat de l'Olivar fast vorbehaltlos zustimmen muss, ist Palmas Markthalle ein prädestiniertes Familienziel geblieben. Für in Fincas und Ferienwohnungen residierende Urlauber sowieso, die sich nirgendwo besser mit frischer, qualitativ hochwertiger Kost eindecken können, aber auch für Hotelgäste, die das mallorquinische Lebensgefühl und ein Stück palmerischen Alltag kennenlernen wollen. Bei einem kulinarischen Bummel durch den Mercat de l'Olivar lässt es sich herrlich aushalten, im schlimmsten Fall wird man sich ärgern, all inklusive gebucht zu haben. Und selbst für die Kleinsten und Allerkleinsten ist der Mercat de l'Olivar bestens vorbereitet. Auf der oberen Etage gibt es einen Spielbereich für Kinder sowie einen Still- und Wickelraum (Lokal Nr. 10) in der linken Seitenflucht gegenüber dem Supermarkt.

Mercat de l'Olivar

Plaça de l'Olivar 4, Palma
Tel. +34 971 720 314
comunicacion@mercatolivar.com
www.mercatolivar.com

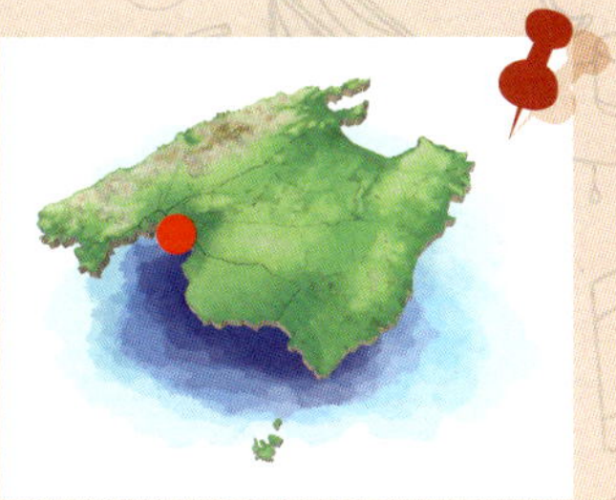

ÖFFNUNGSZEITEN

Mo.–Do. 7–15 Uhr, Fr. einzelne Bereiche bis 20 Uhr, Sa. 7–15 Uhr

Direkt unter der Markthalle befindet sich ein kostengünstiges Parkhaus.

Stolze Lederstadt & Markenzauber

Sie ist eine der gesichts- und schmucklosesten Städte Mallorcas. Kein goldgelber Strand, kein türkises Meer, kein Höhlenzauber oder mediterrane Blütenlandschaft geben der grauen Maus einen Hauch von Glamour. Und doch ist sie in aller Munde. Inca ist Mallorcas Lederhauptstadt – und protzt mit einer jahrhundertealten Schuhmachertradition. Noch immer wird in der Lederstadt an allen Ecken und Enden in kleinen Werkstätten und Ledermanufakturen vor allem produziert: Schuhe, Stiefel, Jacken, Taschen oder gar komplette Möbelbezüge.

Natürlich gibt es auch hier Leerstand in einigen Gassen, sind Traditionsunternehmen der Wirtschaftskrise zum Opfer gefallen. So versucht die Stadt vehement ihr biederes Image aufzupolieren, wurde die Innenstadt zur Fußgängerzone domestiziert, so dass man jetzt vom Bahnhof bis zur Plaça de Mallorca und der Kirche Santa María la Major auf in einem Guss gepflasterten Straßen durchs Stadtzentrum schlendern kann. Durch die neu angepflanzten Bäume, schmucken Straßenlaternen, Sitzbänke und Abfallbehälter zog sogar ein Hauch von Kleinstadtflair ins Ortszentrum ein.

DIE HADSCH NACH INCA: »DIJOUS BO«

Dabei ist Inca gar für Größeres geschaffen und die „Mutter aller Märkte“, wie er schon von der Inselpresse gefeiert oder verdammt wurde. Am dritten Donnerstag im November bringt der „Dijous Bo“, der „Gute Donnerstag“, halb Mallorca in Wallung und elektrisiert die Massen. Der Dijous Bo ist Mallorcas größter Markttag und ein krachendes Volksfest zugleich. An diesem Tag platzt die Kleinstadt aus allen Nähten, strömen Abertausende Insulaner fast mit der Gewalt eines Tsunamis aus allen Regionen zu den „Inquers“, so dass – wenn Wetter und Kaufkraft mitmachen – an diesem Donnerstagnachmittag sich bis zu 200.000 Menschen durch Incas Gassen schieben und drängen. Über eine Länge von acht Kilometer reihen sich 500 Stände, wovon 200 zum traditionellen

Bauernmarkt gehören, dessen Händler als wohldekorierte Trachtler ihr Bestes geben.
Ledertouren nach Inca werden in allen Hotels und von fast jedem Reiseveranstalter Mallorcas beworben. Busse holen Hotelgäste auch aus den entlegensten Winkeln der Insel zumindest einmal pro Woche direkt am Hoteleingang ab. Wer organisiert mit dem Bus nach Inca fährt, reist bequem, erspart sich die Auswahl der Lederfabriken und Geschäfte, die Suche vor Ort und nach dem Parkplatz und wird sich direkt vor dem Eingang eines Fabrikverkaufs wiederfinden. Bequem heißt aber auch fremdgesteuert. Leider werden Unbedarfte allzu oft Opfer eines abgekarteten Spiels, in dem Busunternehmer gegen Provision den Fabrikanten und Geschäftsinhabern Kunden zuspielen.

ALS FAMILIE AUF SCHNÄPPCHENJAGD

Wer selbständig zum Einkaufen nach Inca fährt – und die über Inca hinaus führende Autobahn nach Norden ist weiterer Anreiz dazu –, sollte jedoch erst einmal innehalten. Ein Familienrat am Frühstückstisch ist oberstes Gebot. Egal ob Mutter, Vater, Tochter und Sohn, man sollte sich schon gut absprechen, wer was will, was man braucht und wel-

Die Ruhe vorm Sturm, Incas Marktplatz.

che Summe der Shutdown im Familienbudget ist. Im Kleinstadtdschungel der Preisknüller und Rabattrochaden, der Topseller, Spitzenlabels und Nobelmarken, aber auch der Ramschware und Ladenhüter ist´s dafür meist zu spät, so dass man ob all der marktschreierischen Werbekampagnen zuerst die Orientierung und dann die Lust an der Einkaufstour verliert – zumal Kinder, wenn es sich gerade mal nicht nur um sie dreht, viel schneller die Geduld verlieren.

Früher war Incas Lederangebot eine kaum überschaubare, wild wuchernde Ansammlung von Geschäften unterschiedlichster Qualität. Plakate, Schilder und Transparente en masse, die Rabatte, Prozente, Liquidationen, Schluss- und Sonderverkäufe, „Alles reduziert!", „Kauf drei, zahl zwei!" und „Letzte Chance!" versprachen, verwirrten auch die, die sich gerade erst mühevoll im Gassengewirr von Inca zurechtgefunden hatten. Dass unzählige Läden und Geschäfte, Boutiquen für Mode und Haushaltswaren – neben Siurells und Ikat-Stoffen – dazugekommen waren, machte die Sache nicht einfacher.

Sollte man also doch schnurstracks in eine der nächstbesten Lederfabriken und Leder-Outlet-Stores gehen, die unübersehbar bereits an der Ortsumgehung mit großzügigen Parkbereichen, um den Bahnhof oder in der Gran Via de Colón liegen? Ob Schuhe, Konfektionsware, Taschen oder Koffer, auch so wird man alles bekommen, was aus Leder ist. Weil es viele so halten, haben sich dort längst die Preise der Nachfrage angepasst, die wiederum fast genauso viele bereit sind zu zahlen oder in Kauf zu nehmen, weil man auf diese Art immerhin nicht lange suchen muss.

RUTA DEL CALZADO

Auf Qualität und schlaues Marketing bedacht, hat Incas Tourismusverband für Schaulustige und Kaufinteressierte eine „Ruta del Calzado", die „Route der Schuhe", erarbeitet, die die Region, ihre Geschichte, ihre Erzeugnisse und das Schuhhandwerk und Incas ruhmreichste Marken präsentiert und eine veritable Einkaufstour für Schuhe – was das erste Anliegen war – in Inca darstellt. In mehreren Manufakturen kann man Schustern und Lederartisten bei der Herstellung ihrer Lederprodukte zusehen, sich das fertige Erzeugnis genauer ansehen und, nicht zuletzt, es kaufen.

Die Ruta del Calzado besteht inzwischen aus neun Stationen: einem Museum, einem Schusterdenkmal ,einer Figurengruppe aus Bronze und sechs Fabrikverkäufen respektive Outlets:

• MONUMENTO DELS SABATERS

An der Plaça de Sa Quartera eignet sich das Denkmal zu Ehren von Incas Schuhmacherzunft hervorragend für Familienfotos.

• MUSEU DEL CALÇAT I DE LA PELL

Das erste Schuh- und Ledermuseum der Balearen präsentiert eine permanente Ausstellung.

Avinguda del General Luque 480

• MONUMENTO ANTONI FLUXÀ

Das Denkmal an der Plaça Fluxà ist Antoni Fluxà Figuerola, dem Übervater und Begründer der industriellen Schustermanufakturen in Inca, gewidmet.

• HEITORN

Seit Jahrzehnten auf internationalen Modeschauen mit seiner Leder-Haute-Couture vertreten, hauptsächlich Jacken für sich jung und erfolgreich meinende Männer.

Avinguda Jaime II 215

• LA FÁBRICA RAMIS

Die ehemalige Lederfabrik bildet eine stimmungsvolle Kulisse für das heutige Kultur- und Innovationszentrum.

Gran Via Colón, 28

• CAMPER – RECAMPER:

Camper-Schuhe sind so unverwechselbar wie eine Schweizer Toblerone, stylish, dazu bequem, vor allem aber knallbunt im kräftigen Kontrast zum trist-grauen Gewerbegebiet von Inca, wo die Kollektionen entworfen werden, die Camper zum Global Player machten. Es gibt Mallorca-Enthusiasten, für die eine Stippvisite bei Camper zum Pflichtprogramm einer Mallorca-Reise gehört und die einen wahren Kult um die Leisetreter betreiben, wie man ihn sonst nur vom Apple iPhone her kennt.

Recamper Shop, Carrer Cuartel 91, Polígono Industrial s/n

• FÁBRICA BUADES

Hier gibt´s keine kühnen Entwürfe, sondern Funktionalität und eine schmucklose Rundumausstattung für Kurzbesucher. Preisnachlass gibt´s auf Lederschuhe, Slippers und Pumps der vergangenen Saison.

Avenida del Tren s/n

• LOTTUSSE

Doppelt vernähte Einlegesohlen mit Kautschuk oder Kork schützen vor Feuchtigkeit und sorgen für Bequemlichkeit. Aus diesem Grundprinzip entwickelte sich ein überzeugendes Markenkonzept, so dass der Name Lottusse heute für fußgerechte Perfektion in Leder bürgt.

Avinguda del Raiguer 2

• HEYMO

Aus der Familientradition des inselweiten Schuhverkaufs hat sich ein mallorquinischer „Deichmann“ entwickelt.

Carrer Major 48

ZWISCHEN SUPERFANG UND LADENHÜTERN

Fabrikverkauf hin, Outlet Store her, man sollte trotz der Preisreduktionen nicht mit zu hohen Erwartungen nach Inca brausen. Im seltensten Fall sind es allerneueste Prototypen, die in einem Vorlauf einem Käufertest unterzogen werden. Das Gros sind Auslaufmodelle der gerade zu Ende gegangenen Saison, manchmal sogar zwei oder drei Jahre alte Schuhe, die auf dem besten Weg sind, zu angestaubten Ladenhütern zu werden. Darunter sind Schuhe mit kleinen Produktionsfehlern, die mal eine unpräzise Naht oder eine kaum sichtbare Falte in der Lederzunge haben – was für Kinderschuhe, aus denen die Kleinen relativ schnell hinauswachsen, bei sattem Preisnachlass kein Manko sein muss –, oder aktuelle Modelle, deren Passform oder Farbkombinationen bei den Kunden nicht gut angekommen sind. Es gibt immer einen Grund, weshalb Ware zum regulären Preis keinen Absatz fand. Auch wer auf der Suche nach selteneren Schuhgrößen ist, bekommt nur eine winzige Auswahl geboten. Dazu versprüht das Ambiente der Outlet-Stores nicht den Charme von in Szene gesetzter Haute-Couture, sondern von Lagerhallen mit zweckmäßigen Regalen, Holztischen und Kartonstapeln. So oder so – gekauft wird immer, denn wer fährt schon extra in die Lederstadt und kommt ohne Trophäe zurück – und sei es nur der Alibikauf eines kleinen Geldbeutels?

DIE TREPPEN RUNTER ZUM FAMILIENSCHMAUS

Die Suche nach den gewünschten und passenden Schuhen erfordert ihre Zeit. Bis die richtigen Schuhe perfekt sitzen, ist – falls sich die komplette Familie eindeckt – einiges an Anprobieren angesagt. Dazu lauern in der Fußgängerzone der Avinguda del Bisbe Llompart die preiswerte Bastion für Kindermode „Kidz“ oder „Inside“ für Teenager, ein üppig ausgestatteter „Adolfo Dominguez“ für Damen und Herren, ein dezenter „Amichi“ mit femininer Damenbekleidung, und in der Verlängerung der Bispe Llompart, im Carrer des Comerç, große Namen wie Mango, Intimissimi, Benetton, Springfield ...

Sicher haben nicht nur die Sprösslinge längst einen Bärenhunger. Abhilfe versprechen die typischen Kellerlokale von Inca. Hinter der Bezeichnung „Celler“ verbergen sich urige, oft mit alten Weinfässern und Eichenholz ausgekleidete Gaststätten im Souterrain. Ursprünglich waren es Weinkeller oder finstere Weinhandlungen, in denen sich Arbeiter trafen, um ein paar Gläser Wein zu trinken, und sich einen Weinkrug für zu Hause füllen ließen. Incas Cellers haben eine noch längere Tradition als das Lederhandwerk und sind Anziehungspunkt für Einheimische und Besucher. Ihre Köche verstehen sich auf traditionelle mallorquinische Küche, zu der frische Fisch- und deftige Fleischgerichte gehören, die nicht übertrieben teuer, aber immer lecker aufgetragen werden. Seit der legendäre Celler Ca´n Amer nach Lloseta abgewandert ist, gibt es in Inca allerdings nur noch eine gute Handvoll dieser Cellers.

CELLER CAN RIPOLL

Man schrieb das Jahr 1768, als man Incas heutigen Celler Can Ripoll als riesiges Kellergewölbe, in dem hiesiger Wein gekeltert und in großen Fässern gelagert wurde, einweihte. Um alte Traditionen zu bewahren, wurde das damalige Kellergewölbe zu einem atmosphärisch prächtigen, liebevoll dekorierten Speisesaal gestaltet, der die ursprüngliche Architektur beibehielt und in dessen überdimensionierten Fässern noch immer der Wein heranreift. Empfehlenswert sind die hervorragenden Eintöpfe, deftigen Spanferkel und, saisonal bedingt, der „Frito Mallorquín“, die mallorquinische Schlachtplatte, die der Celler-Chef Juan Gual schwärmend anzupreisen versteht. „Groß“familien sollten vor allem donnerstags, am traditionellen Markttag in Inca, reservieren.

Sobrasada - luftgetrokneter Rohwurst

Die Stierkampfarena in der Stadtmitte von Inca

Can Ripoll

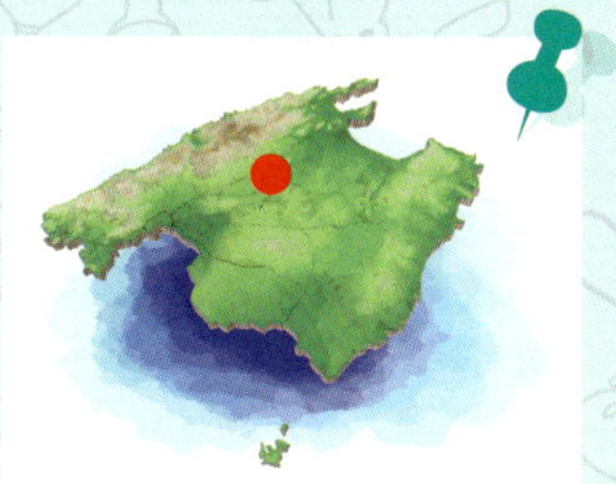

Carrer de Jaume Armengol 4
Tel. +34 971 500 024
info@restaurantcanripoll.com
www.restaurantcanripoll.com

ÖFFNUNGSZEITEN
Tägl. 13–15.45 Uhr und
Mo.–Sa. 19.30–23 Uhr

Zwei weitere gut besuchte Kellerlokale im Stadtzentrum sind der „Celler Ca’n Lau“ im Carrer del Roser 5 in der südlichen Seitengasse der Marienkirche und etwas „versteckt“ in einer weiteren Seitengasse der „Celler Ca´n Marron“ im Carrer Rector Rayó 7.

Vidrios de Arte Gordiola. S.L.

DER MIT DEM FEUER TANZT

Dunkel ist's im verrußten Gewölbe und stickig warm. Schweißüberströmte Männer nähern sich einem zischenden Ofen, und einem wahren Hexenmeister gleich zieht der Meister mit seiner Glasblaspfeife die glühende Masse aus der Feuersbrunst, bläst sie zu bauchigen Gebilden, formt und zurrt mit Spachteln und Zangen und lässt sie in einem anderen, kleineren Ofen verschwinden – nur um kurz danach erneut mit ihr zu jonglieren.

Es ist die Werkstatt von Vidrios de Arte Gordiola. S.L., der ältesten der drei auf Mallorca produzierenden Glaswerkstätten, die bereits im Jahr 1719 gegründet wurde. Doch die urige Burg mit zinnenbewehrten Türmen, in der sich die heutige Schauglasbläserei befindet, ist ein historistischer Nachbau und ein Werk der Moderne. Sie wurde direkt an den Touristenkorridor Palma–Manacor gebaut, als der boomende Tourismus auf Mallorca eine Renaissance der alten, handwerklichen Glaskunst ausgelöst hatte.

Eigentlich lag das alte Handwerk, dessen Tradition auf der Insel bis auf die Zeit der Phönizier zurückreicht, zuerst durch den massiven Raubbau an Holz für die Schmelzöfen, dann durch die industrielle Produktion längst am Boden. Was man heute zu sehen bekommt, ist ein Stück mallorquinischer Vergangenheit, als ob die Zeit stehen geblieben wäre. Die Glasbläser hantieren noch mit traditionellen Werkzeugen, an uralten Glühöfen, welche wie eh und je mit Holz gefüttert werden.

Für Kinder ist Gordiolas Schauglasbläserei ein toller Ort. Wo sonst bekommen sie fast hautnah zu sehen, wie Glas entsteht, wie aus Ballons aus glühender Masse wie im Kinderspiel grazilste Formen, verschnörkelte Skulpturen oder Tierfiguren in den prächtigsten Farben entstehen – als ob Magie im Spiel wäre. Auch das eher mit bescheidenen Exponaten ausgestattete Museum auf der obersten Etage fasziniert die Kleinen, weil es u.a. mit einigen Rüstungen wie ein Rittersaal dekoriert wurde.

Wenn also Königin Doña Letizia samt ihren Infanten der Glasbläserei Gordiola schon einen Besuch abstattete, sollte die gutbürgerliche Familie auf Reisen samt Kindern es ihr gleichtun. Auch deswegen, weil man mindestens einmal während des Urlaubs sowieso daran vorbeibraust. Der Eintritt in die Schauwerkstatt und das Museum ist gratis und als nicht extra ausgewiesene Marge in den Preisen der beiden Verkaufsräume gleich beim Eingang enthalten. Dort glitzert und brilliert es an allen Ecken und Enden und in aller Farbenpracht. Ob Gläser, Vasen, Skulpturen, Lampen oder Figuren, es sind qualitativ hochwertige, mundgeblasene und kunstvolle Unikate und keine seriengefertigte Industrieware.

Hier entstehen Gläser, Vasen, Skulpturen, Lampen oder Figuren.

Vidrios de Arte Gordiola. S.L.

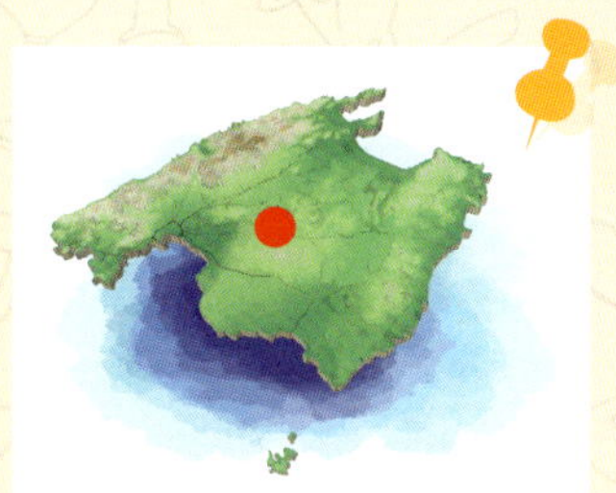

Carretera Palma–Manacor (MA-15)
km 19, Algaida
Tel. +34 971 665 046
admon@gordiola.com
www.gordiola.com
www.restaurantcanripoll.com

ÖFFNUNGSZEITEN MUSEUM + VERKAUF
Mo.–Fr. 9–18, Sa. bis 14 Uhr
Schauglasbläserei: Mo.–Fr. 9.30–13.30, 15–18, Sa. 9–12 Uhr

Perlas Majórica & Perlas Orquidea

Über 360 Tage im Jahr schmeißen sie den Laden und sorgen als selbstlose Muttertiere im Herdenverband dafür, dass es den Kindern gut geht, dass es auch Vater nirgendwo kneift und zwickt und dass sich alle im behaglichen Heim wohlfühlen. Einmal im Jahr ist Muttertag, dann treibt Väter und Söhne das schlechte Gewissen in die Blumenläden und schon früh aus dem Bett, damit Mutti für einmal am gedeckten Frühstückstisch Platz nehmen kann.

Dies ist im Urlaub nicht anders. Zwei Wochen lang packt Mutter in und aus den Koffern, was die kleinen und großen Herren so alles brauchen, sorgt sich um alles und jeden und toleriert die Eskapaden von Vater und Sohn, um sich vielleicht mit ab und an mal einer freien Stunde am Pool zu belohnen. Einen Tag oder wenigstens einige Stunden im Urlaub sollten die Umsorgten „Mutterdank" zelebrieren, bei dem treue Väter und brave Kinder – mit ausreichend Liquidität ausgestattet – mit oder für Mutti einkaufen gehen.

Nicht Diamanten sind auf Mallorca „a girl's best friend", sondern Perlen. Jedoch keine, die nach Laune der Natur und langer Reifung als Austernwurf entstanden, auch keine Zuchtperlen, bei denen die natürliche Perlmuttproduktion künstlich angeschoben wurde, sondern im eigentlichen Sinne „gefälschte" Perlen, die inzwischen längst zum eigenen Markenzeichen gerieten. Und dies, weil ihre raren Eigenschaften den originalen Perlen in nichts nachstehen und sie von diesen – von Laien sowieso nicht – kaum zu unterscheiden sind.

Um einen mit handwerklichem Geschick gefertigten Kern wird mit einem dem Wachstumsprozess innerhalb der Auster vergleichbaren Verfahren in bis zu 40 Schichten eine organische Substanz aufgetragen, die gehärtet und poliert wird. Für die Erfindung der Rezeptur zeichnete in erster Linie ein deutscher Ingenieur namens Eduard Heusch verantwortlich. Die Zusammensetzung der Immersionsbäder ist eines der am besten gehüteten Geheimnisse Mallorcas. Nur so viel ist bekannt: Aus Meerestieren und Lebewesen, die in den warmen Gewässern des Mittelmeers aufwachsen, gewonnene Essenzen und Pigmente von Fischschuppen, hauptsächlich von Sardinen und Sardellen, liefern die organischen Kristalle des Perlenglanzes.

Lange Zeit war die 1890 in Manacor gegründete Manufaktur von Perlas Majórica die Pionierin, Trendsetterin und Primadonna unter Mallorcas Perlenproduzenten. Brillant im Irisieren, dem Auftreten der Farben des Regenbogens auf der Oberfläche, wenn die Perlsubstanz von einem weißen Lichtstrahl durchdrungen wird, ihrem Lüster, dem die Oberfläche der Perlen überziehenden Seidenglanz, und besonders schöne Farbtöne – creme- bis roséfarbene, weiße, graue und schwarze –, waren über Jahrzehnte von der Konkurrenz unerreicht.

Mallorcas „gefälschte" Perlen sind von echten Perlen kaum zu unterscheiden.

Ein drastischer Einbruch der Nachfrage, Missmanagement und strategisch unmotivierte Anteilsverkäufe und Zukäufe narzisstischer Investoren ließen das Flaggschiff in arge finanzielle Schieflagen geraten. Als dazu noch Majóricas Lagerhallen in Manacor niederbrannten und das sich über ein ganzes Stadtviertel erstreckende Firmengelände zur riesigen Industriebrache mit chemisch verseuchtem Erdreich wurde, war die Unternehmenskatastrophe perfekt.

Die elitäre Tradition ist wie die Fabrikbesichtigung in Manacor Geschichte. In einer kostensparenden, stückzahl- und marketingorientierten Neuausrichtung haben sich in Zusammenarbeit mit anderen Modelabels Perlas Majóricas Produktabgrenzungen hin zu Modeschmuck und trendigen Designs verlagert, werden in den Outlet Stores auch Handtaschen, Schals und Sonnenbrillen verkauft. Globalisierte Verkaufsoffensiven, Produktionsauslagerungen von Accessoires wie Goldfassungen, Ösen, Verschlüssen etc. nach Fernost und neu eingerichtete Outlet Stores wurden ins neue Konzept integriert.

HOUSE OF MAJORICA

Elizabeth Taylor als Werbe- und Stilikone der Perlas Majórica ist schon lange passé. Stattdessen wurde, gerade mal hundert Meter von den Coves del Drac in Porto Cristo entfernt, das „House of Majorica" im Urlaubsambiente mit Kinder-Spielzone, Lounge-Bar und Blick auf den Hafen von Porto Cristo eingeweiht. Somit bekommt man täglich voll besetzte Touristenbusse zu den Drachenhöhlen als potenzielle Kundschaft fast direkt vor die Tür geliefert.

Das House of Majorica ist jetzt die verkaufsfördernde Schaubühne der Perlas Majórica, in der eine Multimedia-Show und eine Schauwerkstatt die Herstellung der berühmten Kunstperlen präsentieren. Mit Zertifikat ausgestattete

Majórica-Perlen werden mit 10-jähriger Garantie verkauft. Es gibt Halsketten, Colliers, Armreifen, Perlenanhänger, -stränge, Armbänder, Broschen, Ringe, Kollektionen für jeden Tag und für besondere Anläss etc.

House of Majorica

Carretera de les Coves 33
Porto Cristo
Tel. + 34 971 815 212
soporte-es@majorica.com
www.majorica.com

ÖFFNUNGSZEITEN
Juni–September: tägl. 9.30–19 Uhr
März–Mai, Oktober: tägl. bis 18 Uhr
November, Februar: Mo.–Sa. 10–17, So. bis 15 Uhr
Dezember, Januar: Mo.–Sa. 10–17 Uhr, So. geschlossen
25./26.12., 1. und 6.1. geschlossen

ORQUÍDEA

Der klassische Konkurrent von Perlas Majórica sind die Schmuckstücke von Orquídea in Montuïri. Direkt am Touristenkorridor Palma–Manacor sind neben der Perlenfabrik im 2.000 m² großen Show- und Verkaufsraum etwa 15.000 Perlenkreationen in Vitrinen ausgestellt. Auch hier geht es in erster Linie um den Verkauf der Modelle, von der Perlenproduktion wird man und frau kaum etwas zu sehen bekommen.

Orquidea Montuiri

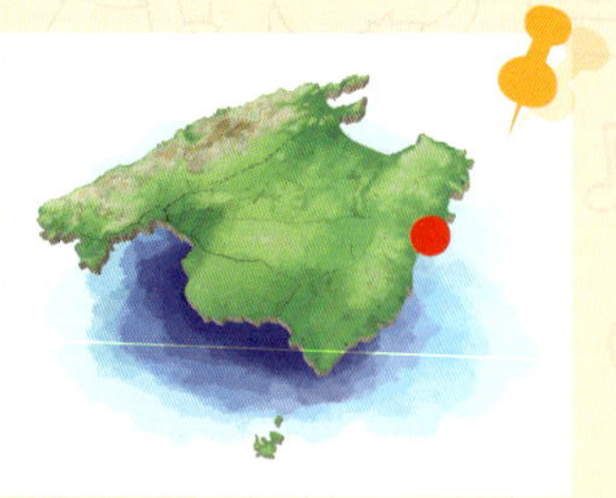

Carretera de Palma–Manacor
km 30, Montuïri
Tel. +34 971 644 144
orquideapearls
www.orquideaonline.de

ÖFFNUNGSZEITEN
Mo.–Fr. 9–19, Sa. bis 13 Uhr, So. geschlossen

Mallorcas Reichtum in Gold und Türkis

554 Kilometer misst die Küstenlinie Mallorcas, an der sich das größte Kapital der Insel teilweise scheu zwischen Felsen und Klippen im Verborgenen hält oder als goldig glänzende, plane Sandlandschaft offen und protzig zur Schau stellt: Mit 262 Stränden kann Mallorca aufwarten, viele sind von herausragender Qualität und der eigentliche Grund, weshalb Mallorcas touristischer Höhenflug begann und die Insel zum Lieblingsurlaubsziel der Deutschen avancierte.

Die Strände sind in der Hochsaison mehr als nur gut besucht. Wer eine längere Anfahrt auf sich nimmt oder bereit ist, sein Badeglück mit einem Fußmarsch oder einer Kraxeltour zu erobern, findet auch im Sommer auf Mallorca Strände, wo sich nicht nur Handtuch an Handtuch reiht. Zu diesen gehören – seitdem eine Kette mit Vorhängeschloss die Zufahrt versperrt – die im Nordosten liegende Cala Torta und die Cala Tuent an der Westküste, weil diese – im Schatten der sogar mit Bussen angefahrene Platja de sa Calobra – hinter einer verwegenen Serpentinenstraße ein einsam-ruhiges Dasein fristet. Die pure Idylle verbreiten die für lange Strandwanderungen perfekten Naturstrände Platja des Caragol, wo es schlichtweg nichts außer Sonne, Sand und Meer gibt, und die Platja Es Carbó im Osten von Colònia de Sant Jordi.

GESCHAFFEN FÜR EIN LEBEN AM STRAND

Viele Badeplätze haben ihren ganz eigenen Reiz. Während den Norden und

Der berühmte Strand von Palma, hier mit Blick auf „La Seu".

Nordosten die endlosen Strände in den Buchten von Pollença und Alcúdia dominieren, sind es im Südosten, wo die Küste in steilen Klippen zum Meer hin abfällt, kleine, „Calas" genannte Buchten mit türkisfarbenem Wasser, die ihren exotischen Charme verbreiten, wie die Cala Llombards, Cala Mondragó oder Cala S'Amarador.

Die Gebirgsflanke, die sich über die gesamte Westküste zwischen Pollença hoch oben im Norden und Estellencs ganz im Süden hinzieht, kennt vor allem „Panoramastrände", die – wie die immer wieder als Filmkulisse strapazierte Cala Deià – zwar schön anzusehen sind, sich aber kaum zum Baden eignen, oder man stößt auf mit Geröll übersäte Kieshalden, gegen die die stürmische Brandung rauscht. Ist eine winzige, wildromantische Bucht für einmal badetauglich wie die Cala Banyalbufar, besteht dort von Land her durch drohende Klippenbrüche eine ungewisse Gefahr.

Die Platja Es Trenc und die Platja de Palma sind die Flaggschiffe unter den Stränden im Süden. Während die naturbelassene, sanft ins Meer abfallende Platja Es Trenc durch Aussteiger, Hippies und Naturisten zu ihrem schillernden Ruf kam und es auf eine Länge von fünf Kilometern bringt, schafft es die Platja de Palma längsseits sogar auf sechs Kilometer und ist als ausgelassener Partystrand zum Inbegriff von Jubel, Trubel, Heiterkeit geworden, dessen vibrierendes Epizentrum am Balneario 6 respektive Ballermann liegt.

DES WASSERS REINHEITSGEBOT

Es mag erstaunen, dass Mallorca trotz des Ansturms von Abertausenden Badegästen in puncto Wasserqualität im jährlichen Ranking innerhalb Europas ganz weit oben auf der Skala liegt. Kaum an einem anderen Ort im Mittelmeer ist das Meerwasser ähnlich sauber. Die „Foundation for Environmental Education" der EU vergibt jährlich die „Blaue Flagge" für Strände, die die erforderlichen Kriterien an Sauberkeit, Sicherheit, Umweltmanagement, Nachhaltigkeit und badegästefreundlicher Infrastruktur erfüllen. Umwelterziehung und Informationen über Strände und Yachthäfen gelten als Teil der Dienstleistungen. Wer sich werbewirksam mit der Blauen Flagge schmücken will, muss eine Verpflichtungserklärung unterschreiben, die strikten Vorgaben auch weiterhin einzulösen. Ansonsten ist die Teilnahme freiwillig. In Mallorca laufen etwa 60 Strände – und damit fast ein Viertel aller Inselstrände – unter Blauer Flagge. Auch ein Strand ohne Blaue Flagge kann sich jedoch bedenkenlos zum Baden eignen.

PETERMÄNNCHEN UND FEUERQUALLEN

Ihr Name klingt harmlos und sie werden kaum zwanzig Zentimeter groß: das Kleine Petermännchen. Die katalanische Bezeichnung „Peix Aranya", also „Spinnenfisch", ist da schon aufschlussreicher. Erst recht der Fachbegriff Viperqueise oder der wenig schmeichelnde Kosename „Kreuzotter des Meeres". Die Petermännchen lieben es sandig und warm, weshalb mit steigenden Wassertemperaturen ihre

Verbreitung steigt. Mit Vorliebe graben sie sich in Ufernähe in den sandigen Meeresgrund ein, so dass nur die glupschigen Augen und die stachlige Schwanzflosse sichtbar bleiben. Viele Verletzungen ereignen sich beim Waten ohne Badeschuhe in niedrigem Wasser. Das Gift in den Stacheln kann starke und schmerzhafte Schwellungen, Gelenkschmerzen, Schwindel und Kopfschmerzen hervorrufen, bei einem allergischen Schock drohen Bewusstlosigkeit oder gar ein Herzstillstand. Stachelreste in der Haut sollten schleunigst entfernt und die Wunde desinfiziert werden. Bei heftigeren Symptomen ist umgehend ein Arzt aufzusuchen.

Bekannter und sichtbarer sind Quallen wie die Portugiesische Galeere – die eigentlich eine Polypenkolonie ist –, deren harmlose Gasblase auf der Wasseroberfläche schwimmt. In der Saison 2018 reichte auf Mallorca eine einzige tote Portugiesische Galeere – zuerst im Meer und dann in der Presse – aus, um Angst und Schrecken zu verbreiten. Die alarmierten Behörden sperrten umgehend mehrere Strände für den Badebetrieb. Vor Mallorcas Küste sind Leucht- oder Feuerquallen am verbreitetsten, die im Dunkeln leuchten und lange Tentakeln haben. Die Berührung ist schmerzhaft und kann Narben verursachen. Sind nach dem Kontakt mit einer Giftqualle noch Fäden an der Haut, entfernt man sie mit einem kleinen Instrument aus Metall oder Kunststoff, nicht mit der Hand oder dem Handtuch, deren Reibung die verbliebenen Nesselkapseln öffnen kann, und spült die Haut mit Meerwasser (auf keinen Fall Süßwasser!), Essig oder Zitronensäure ab.

WO KINDER SPASS UND ELTERN KEINE SORGEN HABEN

Eine abenteuerliche Kletterpartie mag ja noch gehen. Auf sich, den Weg und seine Tücken konzentriert, merken Kinder oft gar nicht, wie schnell die Zeit vergeht. Doch ein langer, monotoner Fußmarsch zum entlegenen Strand, im schlimmsten Fall immer geradeaus, ist – sogar wenn sie das allerschönste Badevergnügen am Ende erwarten würde – nicht immer zur Freude der Kinder. Vielmehr droht, dass die Stimmung kippt und die tapferen Rabauken bald überall hin, zurück ins Hotel, nach Hause, aber nur nicht weitergehen wollen, was der Anfang eines kindlichen Dramas werden kann, das den ganzen Urlaubstag ruiniert. Wenn Eltern oft die wildromantische Einsamkeit lieben, bedarf es für Kinder an Action, Spielen und Aufmerksamkeit, auch wenn die potentiellen Komplizen davor völlig unbekannt sind. Eine „Belohnungsstation" wie ein Chiringuito, der Kühles, Erfrischendes oder Süßes verkauft, ist unabdingbar, und ist er nicht direkt am Strand vorhanden, sollte er doch zumindest in der Nähe sein. Ein flacher, sicherer Einstieg ins Wasser, ein ruhiges Meer ohne stürmische Wellen, viel Sand statt spitzer oder kantiger Steine, mit noch mehr Platz zum Sandburgenbauen oder Herumtollen und, nicht zuletzt, ausreichend Schatten – und sei es durch optisch grausam in Reih und Glied aufgestellte Sonnenschirme – sind Attribute, die einen Strand familiengeeignet machen.

Cala Mesquida

Die Cala Mesquida ist in fast allen Top Rankings unter den „schönsten Stränden Mallorcas“ vertreten und bringt von sich aus alle Attribute mit, die in den Wunschträumen der Urlauber für eine herrliche Strandpartie vonnöten sind. Besonders dann, wenn es darum geht, die teils konträren Ansprüche einzelner Familienmitglieder in sich vereinen zu können.

Doch auch andere sind von dem Strandjuwel im äußersten Nordosten Mallorcas angetan, so dass hier, circa sieben Kilometer von Capdepera entfernt, längst keine idyllische Einsamkeit mehr herrscht, doch immerhin eine erholsam friedliche Ruhe. Cala Mesquida ist das, was inzwischen auf der Insel zur Seltenheit geworden ist: eine weitläufige Bucht mit einem herrlichen Meer und einer intakten Landschaft, und der Strand besitzt die notwendige Infrastruktur, ohne bisher mit Beton zugebaut zu werden. Gut, auf einer Seite befindet sich ein kleiner Ferienort mit Cafés, Restaurants, Mietwohnungen und Hotels, die Familien aufgrund des direkten Strandzugangs gerne beziehen.

Sonst gelangt man vom Parkplatz über Treppen und Holzstege in die lang gezogene Badebucht. Davor

Die herrliche Cala Mesquida kann man auch von „Beach-Himmelsbetten“ aus genießen.

leuchtet das Meer in wunderbarem Türkis, um weiter draußen in ein dunkles Smaragd überzugehen. Das Wasser ist glasklar, der Strand aus feinem Sand fällt sanft ins seichte, dann tiefere Wasser ab, was vor allem Familien mit Kindern zu schätzen wissen. Wenn ab und an ein auflandiger Tramuntana-Wind auffrischt, kommt's allerdings zu starkem Wellengang und Strömungen.

Dass das Angebot an Sonnenschirmen, Strandliegen (es gibt sogar einige „Beach-Himmelsbetten"), Duschen, einer Strand-Snackbar, einem abseitig gelegenen Restaurant, minimalen Wassersportaktivitäten (Schnorcheln, Kayak, es gibt nur zwölf Tretboote vor Ort) etc. eng eingegrenzt wurde, ist der limitierten Genehmigung durch die Gemeindeverwaltung Capdeperas vorzuwerfen oder zu danken (Erste-Hilfe-Station und ein Baywatch-Turm sind vorhanden). Denn die Cala Mesquida liegt mitten in einem Naturschutzgebiet – und dem aufmerksamem Blick ist offensichtlich, dass der Schutz dieser einzigartigen Naturlandschaft auch vonnöten ist.

Denn landeinwärts schließt sich eine tief ins Landesinnere und bis zur Cala Agulla erstreckende, von Pinien und einem Kiefernwald umgebene Dünenlandschaft an. Hier nisten Möwen und Kormoranschwärme, sind seltene Vogelarten zuhause. Viel Dünenland war bereits arg in Mitleidenschaft gezogen. Unterstützt mit Holzzäunen und -stegen, Sandfängern, neu angepflanzten heimischen Pflanzen und verstärkten Kontrollen, kurierte sich der ramponierte Zustand der hügeligen Dünenpracht einigermaßen aus. Außer einem Spaziergang am Strand bieten sich kleine Wanderungen durch die Dünen und den Pinienwald zum Strand der Cala Agulla oder zur Steinbucht Cala Moltó an – eine gute Sache, wenn man sich an die markierten Wege und Trampelpfade hält.

Platja Es Trenc

Es ist Jahrzehnte her, dass Mallorca-Pioniere hinter den mit Wildwuchs wuchernden Hügeln von Colònia de Sant Jordi und Ses Covetes im tiefsten Süden der Insel eine herrliche Dünenlandschaft samt einem phantastischen und sich schier endlos hinziehenden Strand entdeckten. Zunächst überzog die Insel ein seltsames Raunen. Die Entdeckung wurde flüsternd hinter vorgehaltener Hand weitergegeben. Bald wurde das Raunen lauter. In kürzester Zeit avancierte Es Trenc zum virulentesten Geheimtipp der Insel und zum Ort, den jeder gesehen und erlebt haben musste, der zur Szene, den Lebenskünstlern, den ewig Jungen, der einfach „dazugehören“ wollte.

Der Geheimnisverrat war längst begangen, als es sich kein Verlag mehr leisten konnte, in einem Mallorca-Buch Es Trenc zu verschweigen. Und alle taten es mit dem gönnerhaften wie anbiedernden Habitus, exklusivstes Insider-Wissen seinen aus-

Nicht immer ist die Platja Es Trenc so friedlich – im Sommer tummeln sich hier einige tausend Menschen.

erwählten – und nur diesen – Lesern zu verraten. Da waren es bereits olle Kamellen. Als die „Auserwählten" – Individualisten und kleinere Grüppchen aus Rucksacktouristen, angegrauten Hippies und Nackedeis – der Gefahr für ihr elitäres Naturidyll gewahr wurden, war es schon zu spät. Denn die Lawine war bereits losgetreten, die Karawane unterwegs. Ganze Hundertschaften von sonnenhungrigen Urlaubern zogen von Mai bis Mitte Oktober Tag für Tag zu Badespaß, zum Bräunungs- und Planschvergnügen zur Platja Es Trenc. Inzwischen sind es hier im Hochsommer einige Tausend, die sich in der Sonne aalen, unter Sonnenschirme zwängen und dem Ort die Aura gelebter Basisdemokratie verleihen: Denn alle sind sie vertreten, die Sekretärin neben dem Akademiker, die Hausfrau neben dem Immobilienmakler oder Senioren, die argwöhnisch kreischende Youngster beäugen.

Was den einen recht ist, ist den anderen billig. Auch junge Familien kommen en masse hierher, denn abgesehen von Ruhe und Erholung bietet Es Trenc alles, um ihnen einen geglückten Strandtag zu bescheren. Die Küstenlinie fällt peu à peu sacht ins tiefere Wasser ab. Auch kleinere Kinder können in der flachen Uferzone unbedenklich im seichten, fast strömungsfreien Wasser planschen. Wie könnte sich die Topographie der Natur noch kinderfreundlicher präsentieren? Zumal das Terrain aus puderfeinem, fast blendend weißem Sand besteht – und dies auf einer Länge von fast fünf Kilometern. Allemal der vom Meer in stürmischen Nächten ans Ufer ausgespiene Seetang, der am nächsten Morgen mit Modergeruch vor sich hin trocknet, mag das fotogene Szenario eintrüben.

Konfliktträchtiger ist die Auseinandersetzung zwischen touristischem Massenandrang und den Interessen alteingesessener Mallorquiner. Mit Ausnahme der Platja de Palma wird kein Strand Mallorcas im Sommer derart von Blechlawinen und Menschenhorden überrollt, auch wenn an Julisonntagen diese bereits in der Durchfahrtsstraße von Campos im ampelgetakteten Stop-and-go eingebremst werden. Spätestens in Ses Covetes, auf dem Weg zu den Parkplätzen, wo kaum zwei Autos heil aneinander vorbeikommen, Falschparker und irrlichtende Parkplatzjäger im Wendemanöver die Infarktgefahr zum Bersten bringen – wenn es manchmal weder vor noch zurück geht, weiß man, dass man dem Badeparadies schon sehr, sehr nahe ist.

Nach langem Lamentieren gaben sich die Umweltbehörden der Balearen 2018 resolut, die dem Schrumpfen von Es Trenc bisher nur verblüffte Stellungsnahmen entgegensetzten, währenddessen der von Natur aus eh schon sehr schmale Strand über die Jahre durch wetterbedingte Erosion und (trampelnde und scharrende) Badegäste immer schmaler wurde. Vehement wollen sie den Besucheransturm „kontrollieren und kanalisieren“. Die Anzahl der Sonnenschirme und Liegen (von 1000 auf 400) an der Platja Es Trenc wurde drastisch reduziert, die „Chiringuitos“, die kleinen Bretterbuden mit Imbiss- und Getränkeservice, verbannt und durch ambulante, durch Lizenzen limitierte Strandbars ersetzt. Weniger Parkplätze und eine höhere Parkgebühr (von E 5 auf E 7 erhöht) sollen den Besucheransturm reduzieren, um die naturgeschützte, weithin noch unbebaute Dünenlandschaft zu erhalten. Küste und Hinterland von Es Trenc hatten zwar längst den Status eines Vogelschutzgebiets und Naturraums von besonderem Interesse (ANEI) mit Info-Tafeln, einem Schutzzaun für die Dünen, die nur auf beschilderten Erkundungswegen betreten werden dürfen. Jetzt soll aber vermehrt kontrolliert und drastisch „gebüßt“ werden.

HINKOMMEN

Von Palma kommend (MA-19), ist man mit dem Mietwagen eine gute Dreiviertelstunde bis zur Platja Es Trenc unterwegs. Nach der Ortsdurchfahrt von Campos geht's auf der PM-6040 gen Süden, wo zahlreiche Schilder den Weg weisen. Ab Colònia de Sant Jordi (östlich von Es Trenc) zweigt man bei den Salzbergen der Salines de Llevant auf eine kurvenreiche, schmale Zufahrt ab, die in einer Pinienlichtung mit einem Parkplatz endet. Von Sa Ràpita (westlich von Es Trenc) kommend, zweigt man bei der ersten Möglichkeit nach rechts in Richtung Ses Covetes ab. Alternativ kann man ab Palma per Bus anreisen, entweder mit einem Touristenbus (Fahrtzeit ca. 70 Minuten) oder mit einem Linienbus (Linien 502 & 503 in Richtung Colònia de Sant Jordi, Fahrtzeit ca. 90 Minuten).

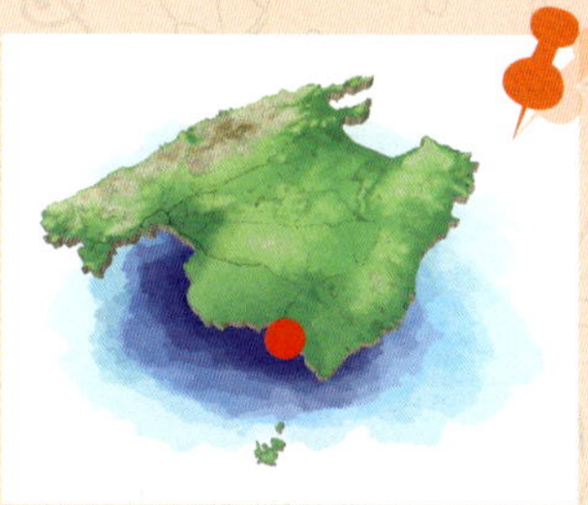

ZURÜCKKOMMEN

Gute Chancen! Denn die Türme der Rettungsschwimmer sind weiterhin von morgens um zehn bis nachmittags um sechs besetzt und ihr Auftrag zur Sicherung des Badebetriebs sowie Rettung und Ersten Hilfe in Notfällen hat Bestand.

Platja de Muro

Wo sonst auf Mallorca rollen die Wellen sanfter an den Strand, dessen goldgelben Sand sie förmlich umschmeicheln? Ein türkisfarbenes Meer, feinkörniger Sand, das herrliche Wellenspiel und das Panorama der Bucht von Alcúdia sind die natürlichen Vorzüge, die die Platja de Muro zu einem der faszinierendsten Strände der Insel machen. Weil dieser Strand zudem für die gesamten Balearen eine Vorreiterrolle in puncto Sicherheit innehat, ist sie für einen sorgenfreien Familienurlaub geradezu prädestiniert.

Zwar stammt das Diplom zur „Badesicherheit, Lebensrettung und Ersten-Hilfe", das die Platja de Muro zum sichersten Strand der gesamten spanischen Mittelmeerküste tituliert, aus dem Jahr 2009, doch die Notfallübungen der mallorquinischen Rettungsschwimmer gehören hier zum Standardprogramm. Zu den acht Wachttürmen wurden 2017 neue Anlagen mit Rückholleinen installiert und eine eigens für die Belange der Badesicherheit eingesetzte Wasserpolizei der Gemeinde Platja de Muro ins Leben gerufen. Auf Wunsch bekommt man für seine Youngster codierte Armbändchen ausgehändigt, die dem Rettungsdienst das Wiederauffinden ausgebüxter und vermisster Personen erleichtern.

Die Platja de Muro ist facettenreich. Dies liegt besonders an ihrer Ausdehnung, die auf einer Länge von 5,2 Kilometern von Ca'n Picafort bis zur sich nördlich anschließenden Platja d'Alcúdia reicht, die eine Einteilung in vier Strandabschnitte nahelegte. Der nördlichste, „Sektor 1", ist von den anderen durch einen Kanal, Brücke und einer weit ins Meer reichenden Mole abgegrenzt, an der Ausflugsdampfer andocken. Der Sektor 1 ist die Anlaufstelle für Wassersportbegeisterte (von Kitesurfen über Jetski, Tauchen, Tret- und Banana-Boote bis Paragliding) und – unterstützt durch eine satte Infrastruktur mit Strandrestaurants, -Bars, Sonnenschirmen, Liegestühlen, Duschen, WCs sowie Hotels und Ferienunterkünften in Laufweite – wie Sektor 2 gut frequentiert. Dieser reicht bis zu den naturgeschützten Dünen des Naturparks s'Albufera, wo der auch als „Zona Es Comú" bekannte Sektor 3 beginnt. Es Comú ist die Zone der Strandläufer, der Ruhesuchenden, einiger Nudisten und all denen, denen ein längerer Anmarsch oder ein gut viertelstündiger Spaziergang zur nächsten Imbissbude dem Stranderlebnis keinen Abbruch tun, und der Ort, wo am besten die meditative Wirkung der plätschernden Wellen zu genießen ist. Der südlichste Teil der Platja de Muro, Sektor 4, erstreckt sich bis Ca´n Picafort und fungiert auch unter den Namen „Es Capellans" oder „Casetes des Capellans", befand sich doch unter den früher

Paradiesisch: ein langer Steg ragt an der Platja de Muro ins Meer hinein.

hier existierenden kleinen Sommerhäuschen auch die Sommerfrische des Pfarrers (capellans) von Muro. Mit viel gutem Willen kann man im heutigen Feriendorf noch die Vergangenheit des Ortes erahnen. Doch Vergangenheit hin, Pfarrer her, im Hier und Heute ist Capellans gut besucht. Restaurants, Hotels und die üblichen Einrichtungen reichen bis direkt an den Strand, an dem mallorquinische Familien und Touristen die friedliche Koexistenz proben.

Der einfache Zugang, ein reiches Angebot an Aktivitäten für Kinder, gesonderte Spielbereiche und in allen vier Sektoren eine flache Uferzone, in die man weit rauswaten kann, bevor es tiefer bzw. für Nichtschwimmer zu tief wird, dazu eine vorbildliche, „das Ökosystem schonende“ Strandreinigung (so will es das Gemeindeprospekt) und sauberes Wasser sind Faktoren für die Popularität, die die Platja de Muro unter Familien genießt.

HINKOMMEN

Hierher kommt man nicht, hier ist man schon (untergebracht)! In Ca’n Picafort und von dort in Richtung Alcúdia bieten ganze Cluster von Hotels und Ferienunterkünften direkten oder fußläufigen Zugang zum Strand.

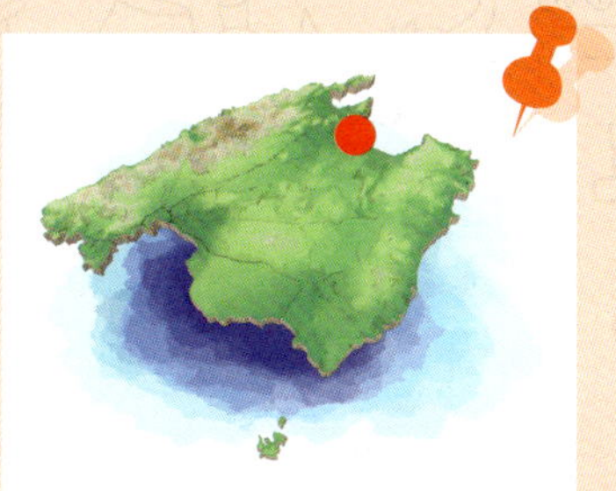

Platja de Alcúdia

Die Platja de Alcúdia ist die Badewanne des Nordens! Was die Platja de Palma im Süden Mallorcas ist, ist Alcúdias Stadtstrand den Urlaubern am anderen Ende der Insel. Das Gute: Die Platja de Alcúdia kennt keine Exzesse halbwüchsiger Horden, keine saisonal einfallenden Kegelclubs, weder Sangria-Kübel noch Ballermann, auch ist es nicht der Stadtstrand einer mehreren hunderttausend Einwohner zählenden Metropole. Am größten Strand im Norden Mallorcas geht's gesittet zu, ist alles gemäßigt, verläuft alles in geordneten Bahnen.

Die Platja de Alcúdia beginnt direkt an der Uferpromenade von Port d´Alcúdia. Goldgelb, hell und sehr feinsandig zieht sie sich vor dem dem Ferienprospekt sehr nahe kommenden Blau in stattlicher Breite gen Süden. Der Einstieg ins Wasser ist fast am gesamten Strand sehr flach, die außergewöhnlich weite Uferzone mit knöchel- bis knietiefem Wasser also ein hervorragendes Terrain für kleinere Kinder. Diese finden hier Sand en masse und genügend umtriebsame Gesinnungsgenossen, um im Sand zu buddeln, Sandburgen zu bauen oder Muscheln zu sammeln, gesonderte Spielzonen und -plätze sowie spezielle Angebote für Kinder. Die etwas Größeren, schon Schwimmtüchtigen können sich bei der etwas provisorisch anmutenden, in der Uferzone installierten Wasserhüpfburg austoben. Brandung und Strömung geben sich in der Bucht von Alcúdia ufernah handzahm. Bei wechselnder Witterung kann von Norden auch mal stärkerer Wellengang hereinströmen. Weiter draußen gibt's fast immer ordentlich Wind für Surfer.

Alcúdias Strandklientel besteht vorwiegend aus Badegästen, die nicht nur Meer und Sonne, sondern sämtliche Annehmlichkeiten eines modernen Ferienzentrums brauchen. Sanitäre Einrichtungen wie Duschen, Toiletten und Umkleidekabinen, dazu Sonnenschirme und Liegestühle sind die Basis, wasserwärts gibt's den kompletten Mix der Wassersport- und -spaßanbieter, z.B. Kayaks, Stand up Paddle, Jetski, Banana-, Speed- und Tretboote, landwärts an und hinter der Uferpromenade jede Menge Restaurants, Bars, Geschäfte und Mini-Supermercados. Für einen Stadtstrand bietet die Platja d'Alcúdia ihren Besuchern erstaunlich sauberes Wasser an, weshalb die Umweltbehörden sie – als besonders sauber und umweltfreundlich – mit der blauen Flagge auszeichneten. Die angeschwemmten schwarzen Posidonia- respektive Neptungrasablagerungen stören insbesondere im August den „aufgeräumten" Gesamteindruck des Strandes, sind aber keineswegs eine

Sie bilden kein „Schattenreich“, sorgen aber für exotische Farbtupfer: Alcúdias Palmen.

Gefahr für Gesundheit und Leben, sondern zeugen vielmehr davon, dass der Unterwasserboden hier noch einigermaßen intakt ist.

Trotz der Nähe zum direkt angrenzenden Yachthafen lassen Strand und Uferpromenade jeglichen Schick und Exklusivität vermissen. Dafür gibt's relativ günstige Hotelzimmer, weshalb Urlauber sich gerne in eines von diesen einnisten und Port d'Alcúdia zur Basisstation ihres gesamten Mallorca-Aufenthalts auswählen.

Cala Mondragó (Platja S'Amarador)

Man muss schon in aller Herrgottsfrühe hierher kommen, um die Cala Mondragó in all ihrer Schönheit genießen zu können, wenn sie im Glanz der noch tiefstehenden Sonne erscheint, als wäre sie die Naturkulisse für „Den Schatz im Silbersee“ und es einen nicht wundern würde, Winnetou im Kanu vor den gegenüberliegenden Felsklippen in die gewundene, tief ins Land verzweigte Bucht hineinpaddeln zu sehen – was nur noch durch die Unterlegung mit instrumentalen Klängen der „Old-Shatterhand-Melodie“ zu toppen wäre.

Später am Tag ist das nicht mehr möglich. Dann ist´s mit der Stille und Einsamkeit vorbei, denn die Fangemeinde der Cala Mondragó wächst. Viele neue Badegäste kommen dazu, und von denen, die schon mal da waren, kommen viele wieder. Oft sind es jüngere Leute, großteils auch junge Familien mit kleinen Kindern. Als Teil des Naturschutzgebietes Parc Natural de Mondragó ist die Bucht fast völlig naturbelassen und es gibt an diesem Küstenabschnitt nur zwei Hotels. In und an der Cala Mondragó gelangt man zu mehreren Stränden, die durch wildromantische Fußwege, die entlang der Klippen und den Pinienwald führen, verbunden sind.

Am umtriebsamsten sind die zwischen zwei Felsvorsprüngen eingebetteten Ses Fonts de n´Alis (als touristischer Hauptstrand der Bucht auch kurz mit „Mondragó“ bezeichnet) am Kopfende der Cala Mondragó mit hellem Sand auf einer Länge von 80 Metern und ruhigem, flach abfallendem, türkisfarbenem Wasser. Tageszeit- bzw. sonnenstandabhängig spenden Pinien und Kiefern rückseitig angenehmen Schatten. Es gibt eine Strandbar, Liegen- und Sonnenschirmverleih, Spielplatz, Duschen, mobile Toilettenhäuschen und einen Tretbootverleih. Im Strandrestaurant „Ses Fonts de n'Alis“ sitzt man zwar auf schnödem Kunststoffmobiliar, erduldet zu Stoßzeiten einen dem Ansturm geschuldeten kurzgetakteten Service und ist deswegen umso

Mondragó, der Hauptstrand der Bucht, bietet wenig Landschaft, aber die komplette Strandinfrastruktur.

erstaunter, dass hier sogar Hummer und Fisch auf den Punkt gegart serviert werden und die Kinderkarte sehr umfangreich ist.

Wer dem in der Hochsaison einengenden und hektischen Rummel etwas entfliehen will, geht in gut zehn Minuten auf der rechten Seite direkt an der Felsküste zur Platja S'Amarador. Mit 160 Metern Länge ist diese der größte Strand der Bucht, der im Jahr 2021 in einer allerdings inoffiziellen Internetumfrage unter die schönsten Strände Europas gewählt wurde, der zudem kinder- und familienfreundlich ist und die bessere Wahl, wenn zur Verpflegung ein kleinerer Chiringuito, an dem Hamburger, Pizzen, kleinere Snacks und Getränke verkauft werden, und eingeschränkte Serviceeinrichtungen ausreichen.

Um Aushöhlungen in den Felswänden tummeln sich Schnorchler. Skippern und Yachtbesitzern ist die wind- und wellengeschützte Cala Mondragó ein exzellenter Ankerplatz. Allen gemein ist das Schwärmen für das einzigartige Szenario von Mondragó, wo Pinienwälder, schroffe Klippen und bewaldete Felsen, weißer Sand und ein tiefblaues Meer aufeinandertreffen.

HINKOMMEN

Vom 9 Kilometer entfernten Santanyí gelangt man zu einem (bisher) kostenfreien Parkplatz, von dem ein ca. 500 Meter langer Fußweg leicht bergab zur Platja S'Amarador führt. Von Cala d'Or kommend, findet man, 300 Meter von Ses Fonts de n'Alis entfernt, einen gebührenpflichtigen Parkplatz.

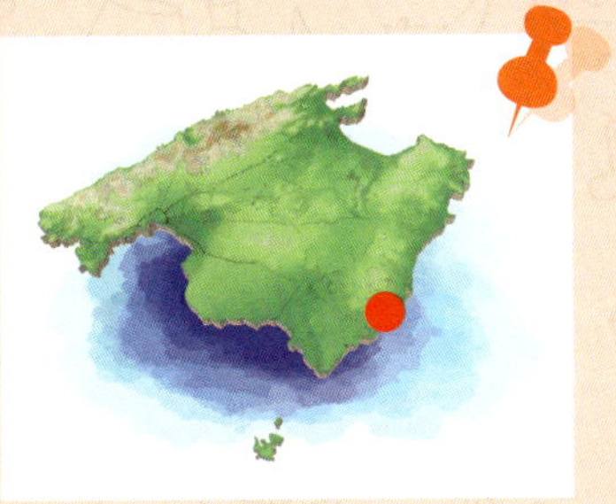

Platja de Formentor

Schon die Anfahrt verspricht Großartiges. Auf dem Weg zum Cap de Formentor von Pollença kommend, kurvt man die Straße bergauf und bergab. Immer wieder eröffnen sich atemberaubende Ausblicke auf die Ausläufer der Tramuntana und das aus dem tiefblauen Meer hoch aufragende Felsgestein: Landschaft, Landschaft, nichts als Landschaft! Die Zufahrt zum Parkplatz des Strandes (identisch mit Hotel Formentor) ist einfach und – nach einer bewaldeten Passage nicht zu übersehen – gut ausgeschildert. Am Strand dann die Überraschung! Für einmal sind es nicht Sand, Geröll und Dünen, die sonst für Mallorcas Strände so charakteristisch sind, sondern Bäume, ein saftig-grüner Pinienwald, der bis auf einige Meter direkt ans Ufer reicht und mit einigen Ästen und Zweigen fast ins Wasser reicht. Der Strand erstreckt sich für einen knappen Kilometer entlang der weit geschwungenen Cala Pi de la Posada und ist – dem Baumbewuchs und dem ansteigenden Gelände geschuldet – extrem schmal. Das sorgt für reichlich Schatten und macht den Strand, im Einklang mit dem Panoramablick über die Bucht von Pollença und die vorgelagerte Illa del Geret mit den vielen dort ankernden Booten, zum malerischen Naturidyll – schränkt aber auch das Terrain für Badegäste und ausgiebige Strandspiele ein.

Es mag an der weiten Anfahrt liegen oder den doppelt so hohen Parkgebühren (dafür gibt's immerhin Überdachungen samt Parkwächter), dass es hier genügend Platz für alle gibt. An Juli- und Augustwochenenden kommt's schon mal zu einem engeren Badevergnügen, aber auch nicht mehr als anderswo. Und dies, obwohl die Platja de Formentor ein Strand ist, den auch mallorquinische Familien zu schätzen wissen, was wiederum zur Erkenntnis führen wird, dass kleinere Kinder trotz Sprachbarrieren sich nicht allzu schwer tun, „nationenübergreifend" Sandburgen zu bauen und gemeinsam im Wasser zu planschen. Und das ist hier bestens möglich, bis auf einige steinige Ecken ist der Sand feinkörnig und weich, der Einstieg ins Wasser flach und in Ufernähe gibt's kaum Wellengang.

Eine Betonmole und Bootsanlegestelle teilen das von Holzliegen und Strohschirmen unterstützte exotische Ambiente und den Strand in zwei Abschnitte, die beide mit Duschen, Toiletten und von Mai bis Oktober einer Strandwacht ausgestattet sind. Für Familienfahrten durch die Bucht eignen sich Tretboote, Wellenreiter checken bei der lokalen Surfschule ein.

Wer den etwas verblichenen Glanz eines einst großen Hotels zu schätzen weiß, sollte das Hotel Formentor besuchen. Hotelfremde Gäste können in der nostalgischen Bar (mit Gartencafé) einen guten Café solo trinken. Auch das Restaurant des Hotels gehört zur

Die Platja de Formentor ist in einen Pinienwald eingebettet.

ersten Kategorie, ist jedoch wie die unteren Strandlokale stark überteuert. Aber wem ist es zu verdenken, aus dem Nimbus, dass hier bereits Winston Churchill, Grace Kelly, John Wayne und Charlie Chaplin residierten, Profit zu schlagen. Bei ausreichend verfügbarer Zeit ist für einen vollkommen gelungenen Strandtag ein Abstecher zu den Aussichtspunkten „Mirador de Sa Creueta“ (Mirador d’es Colomer) und „Mirador Es Mal Pas“ sowie zum Cap de Formentor mit seinem markanten Leuchtturm unbedingt vorzuziehen.

Cala Pi

Für Bürgermeister Senyor Gregorio Estarellas ist „seine“ Cala Pi mindestens ein Wunder der Natur und das Szenario, das unbestreitbar die Vorlage für Venedigs Canale Grande war. Andere beschreiben Cala Pi profaner als fjordartige Bucht. Vor Ort auf Spurensuche sieht man zunächst nicht viel davon. Der „Sturzbach“ Torrent de Cala Pi, der in Abertausenden von Jahren die Schlucht durch das Felsgestein geschaffen haben soll, ist heute – zumindest, wenn es nicht in Strömen regnet – ein kümmerliches, vertrocknetes Flussbett, von Gletschereis gibt's schon gar nichts zu sehen. Schaut man von der Torre de Cala Pi, dem Wachturm, der einst mordlüsterne Korsaren abwehrte, am südöstlichen Buchteingang in die klaffende Schlucht hinunter, hat die Bucht schon etwas von dem venezianischen Kanal, nur dass es hier keine Prachtbauten sind, sondern schroff abfallende Felsen, malerisch von Büschen und sich biegenden Pinien überwachsen, die den Wasserlauf säumen.

Der gesamte felsige Küstenabschnitt ist kein Zuckerschlecken für die Bauindustrie und Cala Pi für größere Hotelbauten schlichtweg zu klein. So wurde bis heute die idyllische und ruhige Atmosphäre bewahrt, die neben der märchenhaften Kulisse die Anziehungskraft des Strandes ausmacht. Von der Siedlung Cala Pi an der Ostseite der Bucht führt eine sowohl hohe wie steile Steintreppe zum Strand hinunter. Für Familien

Bis heute ist die Cala Pi von mächtigen Hotelbauten verschont geblieben.

mit Kinderwagen ist dies ein ernst zu nehmendes Hindernis, die diesen zu zweit und mit Geschick hinuntertragen müssen.
Der Strand im Talkessel besteht aus hellem, feinkörnigem Sand und wird während der Badesaison von einem Holzturm aus überwacht. Das offene Meer ist, bedingt durch die Länge und Krümmung der Bucht, vom Strand nicht zu sehen. Rechts befinden sich einige „Escars", Bootshäuser, und einfache Bootsunterstände, die nachmittags Spielgrund und der Ort sind, wo Kinder ins erfrischende Nass springen können. Mitunter ankern kleine Segelschiffe und Fischerboote im Schutz der Bucht. Durch den äußerst flachen Einstieg ins Wasser können Eltern mit Kindern ohne Gefahr ziemlich weit hinausgehen, denn auch nach vielen Metern reicht einem das Wasser gerade mal bis zu den Knien. Für den kleinen Hunger gibt's direkt vor Ort eine Strandbar. Um gut zu speisen, ist eines der kleinen Restaurants oben im Ort Cala Pi vor der Abfahrt vorzuziehen.
Die Cala Pi unterliegt sowohl einer „Saison"- als auch „Tagesform". Nach „gebrauchten" Tagen, nach Juli- und Augustwochenenden sind die hinterlassenen Spuren der Badegäste oft noch eine ganze Weile wahrzunehmen. Denn die potentiellen Geschäfte an der abgelegenen Cala Pi halten sich in Grenzen, was die Motivation der Strandreinigung nicht gerade pusht. Es liegt am Relief der Bucht, dass man, außer wenn die Sonne im Zenit steht, ausreichend natürlichen Schatten genießen kann, andererseits kann man in der Hochsaison das Gefühl haben, in eine beheizte Badewanne zu steigen. Üble Gerüche, vermeintlich umgekipptes Wasser, kleine Quallen oder getrocknete Algen sind unvermeidbare Begleitspuren. Strandkenner kommen deswegen bereits zwischen dem „Frühlingserwachen" und Frühsommer hierher.

HINKOMMEN
Von Llucmayor auf der MA-6015 in Richtung Estanyol, dort nach rechts auf die MA-6014 abbiegen bis zur Abfahrt nach Cala Pi, im Ort ist die Zufahrt zur „Platja" ausgeschildert. Am besten stellt man sein Fahrzeug in der Ringstraße (Carrer Torre, Carrer Penyes) ab.

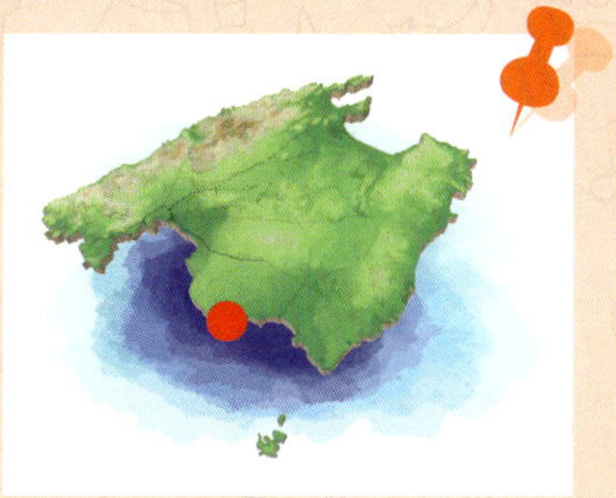

Statt Landschaft nur monotoner Beton. Dafür ist's nur ein Katzensprung zum Strand.

Cala Millor

Eigentlich ist die Cala Millor phänomenal. Der zwei Kilometer lange Sanddünenstrand ist fast so breit wie eine achtspurige Autobahn, besitzt feinsten, weißen Sand, dazu kristallklares Wasser in kräftigen Azurtönen, die sehr flach abfallende Uferzone bürgt für den sicheren Einstieg ins Wasser, und man kann eine ganze Weile hinausgehen, bevor es tatsächlich tiefer wird. Allesamt Attribute, die ihn zur perfekten Wahl für den Familienurlaub machen.

Das dachten auch Investoren und Touristikmanager, die zwischen dem Cap des Pinar im Norden und der Halbinsel Punta de n'Amer im Süden seit fast fünfzig Jahren einen ungebremsten Bauboom auslösten. Die alten Weiler von Cala Bona, Sa Coma, S'Illot und Cala Millor sind längst überbaut und haben dem heutigen Cala Millor, der größten Touristenhochburg an der mallorquinischen Ostküste, Platz gemacht. Einige wenige übriggebliebene Relikte der Vergangenheit wie der kleine Fischerhafen Cala Bona dienen der Tourismusbranche lediglich als Ursprünglichkeit suggerierendes Fotomotiv.

Denn eine Schönheit ist Cala Millor wahrlich nicht. Eine Aneinanderreihung von zweckmäßigen Hotels in

Einheitsbauweise, die alle einen bodenständigen Mittelklassestandard bieten, der mal mit drei, mal mit vier Sternen katalogisiert ist. In zwei, maximal fünf Minuten ist man an der Uferpromenade. Direkt dahinter liegt der Strand – von Frühjahr bis Herbst das Gelobte Land für sonnengierige und feierfreudige Urlauberscharen. Und denen wird hier einiges geboten: eine Gastronomie, noch leckerer als zu Hause und imstande, die gesamte Promenade in Würstchen- und Frittenduft zu hüllen. Dazwischen Bars, Agenturen, Souvenirs und Nippes im Überfluss.

Vom jungfräulich schönen Strand, seinem nimmer enden wollenden Sand, ist im Sommer nicht allzu viel zu sehen. Dafür Badehosen- und Bikiniträger(innen) in Heeresstärke, alles, was an Annehmlichkeiten, Strand- und Wasseraktivitäten von Cala Millors Klientel erwartet wird: Sonnenschirme und Strandliegen, so viele wie sonst nirgendwo auf der Insel, Duschen, Toiletten, Spielplätze, Rettungstürme für die Strandwacht und für den Wasserspaß Tretboote, Banana Boats, Jetski, Parasailing, Wasserski, Surfen, Tauchen … und die Future Generation kann sich den ganzen Tag mit Schaufel und Eimerchen amüsieren. Insbesondere deutschen Familien ist die Cala Millor für zwei Wochen im Sommer zur zweiten Heimat am Meer geworden.

HINKOMMEN
Die meisten Gäste werden vom Reiseveranstalter oder Hotel direkt am Flughafen abgeholt. Der reguläre Linienverkehr der Busse von und nach Cala Millor ist nur spärlich vorhanden. Umso reichhaltiger ist das Angebot der Reiseveranstalter vor Ort zu allen klassischen Ausflugszielen Mallorcas.

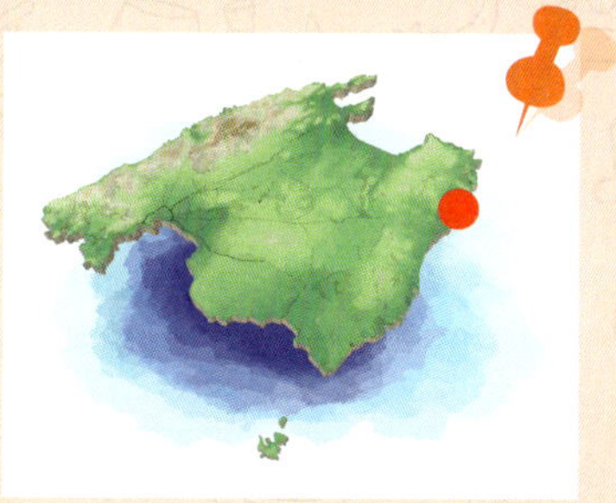

Cala Agulla

Ausladende Pinien, ein dichter Kiefernwald, der sich bis über die Dünen direkt am Strand ausgebreitet hat, und dahinter die Gipfel der Berge bestimmen das Panorama der Cala Agulla bei Capdepera im Nordosten Mallorcas. Der Strand ist mit hellem, puderfeinem Sand gesegnet, fällt ganz sacht ins Meer ab, und dank zahlreicher Sandbänke ist das Wasser hier besonders flach und warm. Somit sind alle Voraussetzungen erfüllt, um die Cala Agulla in die Rubrik Urlaubsparadies zu rücken, ein Paradies – wie sollte es anders sein –, das sowohl vom Meer als auch an Land gefährdet ist. Als Zugabe gibt's hinter einer schmalen, felsigen Landzunge am Nordrand der Cala Agulla noch die winzige, steinübersäte Cala Moltó.

Solange die Welt im Norden von Capdepera noch leidlich in Ordnung ist, bleibt die Cala Agulla von Ostern bis Oktober ein wie für Familien geschaffener Badeplatz, auch weil er für jede Altersgruppe und alle Temperamente etwas zu bieten hat. Für die Kleinsten ist es ein herrliches Terrain für Spiele im Sand und um in der weit hinaus reichenden, in diversen Blautönen schimmernden Uferzone von Herzen zu planschen. Der Wellengang ist mäßig, trotzdem sollten Brandungsrückströme bzw. die von den Rettungsschwimmern gesetzten Flaggen beachtet werden.

Introvertierte Charaktere ziehen sich in den Schatten der Bäume zurück und spazieren auf Wegen, die mit unterschiedlichen Farben auf Stein(hauf)en, Steinpyramiden und Holzpflöcken gekennzeichnet sind, durch den unter Naturschutz stehenden Pinien- und Kiefernwald. Ein schöner, lila markierter, nur leicht ansteigender und sich senkender Wanderweg schlängelt sich bis zu den Sanddünen der Cala Mesquida. Anspruchsvoller und den Wanderer herausfordernd ist der vom Weg zur Cala Mesquida abzweigende, durch ein Schild markierte (rote) Auf-

Hinter der Cala Agulla thront der Puig de Telègraf (276 m).

stieg zur Talaia de Son Jaumell auf dem Puig de Telègraf (276 m). Dafür sind festes Schuhwerk und einige Kraxelpassagen erforderlich, man wird aber oben, wo man den dichten Wald längst hinter sich gelassen hat, beim einsam und verlassen, aber trutzig auf dem nackten Bergrücken stehenden, halb verfallenen Wachturm Son Jaumell mit einer überwältigenden Panoramaausicht über die Nordostküste Mallorcas belohnt. Wegen dieser wurde der Wachturm damals genau an diese Stelle gebaut, um heransegelnde Piraten und Freibeuter rechtzeitig zu entdecken und Alarm zu läuten.

Eine satte Infrastruktur, angefangen von obligatorischen Sonnenliegen und -schirmen, Duschen und Toiletten als Grundausstattung über drei Strandbars und ein Restaurant bis zu Freizeit- und Wassersportaktivitäten wie Paddelbooten, Kajaks, Tretbooten, Banana-Boat und Schnorcheln, gibt unruhigeren Geistern abwechslungsreiche Betätigungen. Im Hochsommer ist dann richtig der Bär los, wenn es die jungen Partylöwen von Cala Rajada ab Mittag zu den Strandcontainern der Cala Agulla zieht und diese sich unwiderruflich zum feuchtfröhlichen Partystrand verwandelt, an dem es nicht leicht ist, einen freien, ungestörten Platz zu ergattern.

An ihrer Südostseite wird die Bucht der Cala Agulla felsiger, bis die Felsenküste fast fließend in die Urbanisation aus Hotels, Apartments und Geschäften von Cala Agulla übergeht, die längst mit dem Hauptort Cala Rajada verwachsen ist.

Seit Jahren ist die Cala Agulla einer der Strände Mallorcas, die mit stetigem Sandverlust zu kämpfen haben. Besonders nach heftigen Unwettern und längeren Ostwindphasen sind viele Felsen am Strand freigelegt, bis ein vom Westwind ausgelöster Wellengang den Strand wieder ein bisschen anwachsen lässt. Während die Küstenbehörden lange Zeit dem Problem ratlos gegenüberstanden, wurden bei skurrilen Aktionen der Umweltschutzorganisation GOB von Demonstranten mit Sand gefüllte Eimer zur Cala Agulla gebracht, um auf die Misere aufmerksam zu machen und die Behörden zum Handeln zu drängen. Weil es keiner Gemeinde erlaubt ist, Sand von außerhalb zuzuführen, damit das bestehende Ökosystem nicht weiter beeinträchtigt wird und dieser zu unerwünschten Verwehungen führt, soll der „Agulla-Sand“ nun zum Teil umverteilt und hinter die vor den Dünen aufgestellten, als Sandkornfänger dienenden Weidenzäune geschafft werden, damit wenigstens der Wind nicht mehr das „natürliche“ Kapital des Strandes fortschafft.

Ein weiterer Brennpunkt ist der schon Jahrzehnte im Naturschutzgebiet existierende Parkplatz, der bis zu 450 Autos eine überdachte Parkbucht bietet. Auch die Lösung dieses Problems ist weiter vakant und bleibt durch den Interessenkonflikt der unterschiedlichen Akteure bestimmt.

HINKOMMEN

Die Cala Agulla befindet sich im Norden von Cala Rajada und ist von dort bequem zu Fuß zu erreichen. Wer mit dem Auto über die MA-15 anreist, beachtet die Hinweisschilder ab Capdepera und die Abzweigung in den Carrer de Ca’n Patilla. Vom großen Parkplatz am Waldrand sind es nur ein paar Schritte bis zum Strand.

Platja d'en Repic

Die Platja d'en Repic hat im Verhältnis zu den phantastischen Stränden der Ostküste zwar nicht jene wildromantische Landschaft oder malerische Natur aufzuweisen, doch im Unterschied zu ihren Geschwistern an der Westküste, die meist felsig und von kräftigen Brandungswellen umspült sind, verfügt sie über den nötigen Komfort eines Familienstrandes. Wieso sich also nicht für diesen urbanen Strand entscheiden, selbst wenn die Bezeichnung „städtisch" für einen Ort von nicht einmal 3000 Einwohnern übertrieben scheint? Für einen Strand, der mit einer starken Infrastruktur und vielen Serviceangeboten aufwarten kann. Wo man vom Hotel oder nahen Parkplatz bequem in einigen Minuten zu Fuß hinkommt – oder sogar auf dem Schienenweg! An welchen Strand kann man sonst direkt mit der Straßenbahn vorfahren, in die man in Sóller einsteigt oder bereits in den „Roten Blitz" in Palma?

Blick auf die Platja d'en Repic.

So zieht´s auch mallorquinische Familien, die weniger an einem Landschaftsidyll und stattdessen an einer bequemen Strandpartie interessiert sind, in Scharen in den warmen Sommermonaten in die Badia de Sóller, die auf den zweiten Blick sogar richtig was hermacht. Die natürliche Hafenbucht hat die Form eines fast geschlossenen Hufeisens, in der sich rechts der Hafen mit teilweise regem Bootsverkehr und links der Strand und seine Badegäste in friedlicher Koexistenz kaum beeinträchtigen.

Wer einen Strand mit großem Dienstleistungsangebot sucht, wird hier einen angenehmen Tag verbringen. Es gibt Liegen und Sonnenschirme, Duschen, Toiletten, Rampen für Gehbehinderte und vieles mehr. Das Wasser ist trotz der Nähe zum Hafen für einen Stadtstrand relativ klar und sauber, kann sich bei Hochbetrieb aber etwas eintrüben. Die Platja d'en Repic nimmt die südwestliche Ecke der Bucht ein. Sie liegt links der Mündung des Torrent Major, folgt auf die weniger schöne Platja de Través und besteht aus einer Mischung aus Sand und feinen Kieselsteinen, die links in einen steinigen Untergrund an Land wie im Wasser übergeht und vor formidablen Felsen endet.

Das Sahnehäubchen gibt's in Port de Sóller und in der Badia am verlängerten Wochenende des 11. Mai. Im Jahr 1561 landete an diesem Tag eine aus Algerien kommende und von einem Haudegen namens Dragut Occhialis geführte Flotte von mehr als 20 Schiffen mit rund 1.700 Korsaren an Bord in der Badia de Sóller. Sie stürmten bis nach Sóller, plünderten, raubten und mordeten. Der noch größere Haudegen Capitá Joan Anglegat kommandierte die Sollerics, die mit wackeren Bürgern aus Bunyola, Santa María und Alaró sowie einigen furienwilden Frauen aus Sóller – die „Valentes Dones de Ca'n Tamany" – verstärkt wurden und den Piraten schließlich den Garaus machten. Beim höchst populären Volksfest „Es Firó" wird die blutige Schlacht zwischen Christen und Mauren, zwischen Rechtgläubigen und Heiden, in einem inszenierten Gemetzel mit 3000 Laiendarstellern, einem Zentner Schwarzpulver, Pyrotechnik und 12.000 Gewehrsalven nachgestellt, bei dem bald nicht nur die ganze Badia nach Ruß riecht. Nach Verkündigung des Sieges durch Capitá Angelats singen die Kämpfer die mallorquinische Hymne „La Balanguera". Wer rechtzeitig eines der 4000 farbigen Armbändchen der Veranstalter ergattert, kann beim Historienspektakel hautnah als Zuschauer dabei sein.

Blick auf die Platja des Caragol.

Platja des Caragol

Die Platja des Caragol ist Sonne, Sand und Meer – und nichts außerdem. Die kompromisslose Reduktion aufs Wesentliche. Mehr braucht es nicht, um die Urgewalten der Elemente in ihrer Reinform zu erleben. Dabei ist der „Schneckenstrand“ (was „Platja des Caragol“ bedeutet) gar nicht so gewaltig, sondern das genaue Gegenteil: ein Ort, an dem sich Strandleben in friedlicher, stressfreier und ruhiger Atmosphäre herrlich zelebrieren lässt.

Einzig der fehlende Schatten für die Strandpartie mit Familie ist ein Manko. Folglich tigern nicht nur mallorquinische Familien – die Väter voraus mit dem Sonnenschirm unterm Arm – den langen Weg vom Cap des Salines gut bepackt hinüber zum Strand. Um hierher zu kommen, bedarf es sowieso eines Autos, das man beim Leuchtturm an der Südspitze Mallorcas abstellt. Direkt an die Platja des Caragol gibt´s für Auswärtige kein Durchkommen, denn das Land unmittelbar hinter den Dünen ist Privatbesitz, gehört zum Landgut S'Avall, ist eingezäunt, bewacht und nicht durchquerbar. Nur die Einwohner der Gemeinden Santanyí und Ses Salines dürfen passieren.

Für manch einen ist der unvermeidbare und nicht zu verfehlende Fußweg vom Leuchtturm entlang der Küste und halbhohen Sträuchern zum Strand Schikane, aber er ist auch der Grund, weshalb man an der Platja des Caragol Ruhe und Erholung vorfindet und sich selbst in der Hochsaison nicht mit wütenden Strandnachbarn um ein freies Plätzchen für sein Handtuch streiten muss. Zudem ist der Fußweg von knapp eineinhalb Kilometern Länge in zwanzig Minuten zurückzulegen, was sich auf eine halbe Stunde ausdehnen

Platja des Caragol

kann, wenn Kinder entlang des Weges Steinmännchen und -türmchen entdecken oder auf die Idee kommen, selbst welche bauen zu müssen.

Am Ende des Weges wird man mit einem traumhaft weißen Sandstrand und einem wahren Paradies für Naturliebhaber und Ruhesuchende belohnt. Felszungen begrenzen den Strand an beiden Enden. Ostwärts kommt man zu kleinen Buchten, in denen man tauchen und schnorcheln kann, im Westen schließt sich eine kleine Felseninsel an.

Vor Ort gibt es weder Sonnenschirme noch Strandliegen zu mieten. Es gibt keine Duschen, Toiletten und auch keinen Chiringuito mit Imbiss- und Getränkeverkauf. Ein puristisches Paradies und die einzige Versuchung ist eben die, einige herrlich ausgelassene und entspannte Stunden am Strand zu verbringen und die Zeit zu vergessen.

Für Kinder ist das breite und langgezogene Terrain der Platja des Caragol eine hervorragende Spielwiese mit herrlich viel Platz zum Ballspielen und Sandburgen bauen.

HINKOMMEN

Beim Cap de Ses Salines gibt es keinen offiziellen Parkplatz, aber das Auto kann am Straßenrand in der Nähe des Leuchtturms abgestellt werden. Ein Nachteil des unbewachten Gratisparkens und der Abgeschiedenheit des Ortes ist die hier relativ größere Gefahr eines Autoeinbruchs.

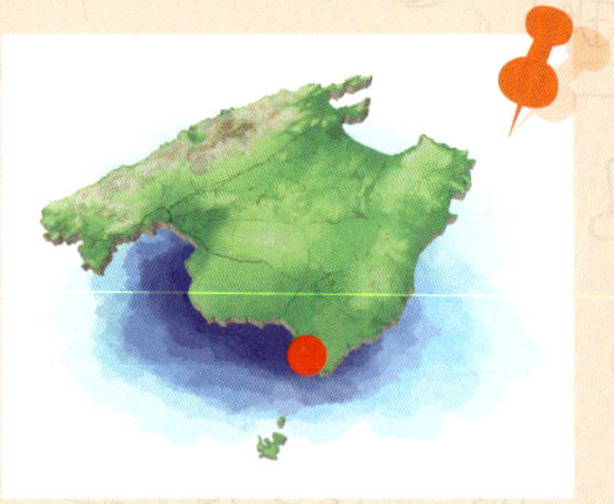

Die Platja de Tora bietet sowohl im als auch außerhalb des Wassers ein breites Sportangebot.

Platja de Tora – Peguera Tora

Peguera boomt – und ist bei deutschen Urlaubern so beliebt wie nie, dass für den rapide gewachsenen Ort längst der Name „Little Germany“ kursiert. Ohne mit Attitüden wie Port d'Andratx oder Santa Ponça behaftet zu sein, ist Peguera im Westen der Südküste Mallorcas ein perfektes Feriendomizil, an dem Erholung suchende Familien einen gediegenen Strandurlaub verbringen können. Ob in der ersten oder zweiten Reihe untergebracht, sind die Wege vom Hotel an den Strand kurz, meist ist nur die von Palmen gesäumte Strandpromenade zu überqueren, an der sich Geschäfte, Bars und Restaurants entlangziehen.

Und jenseits der Straße erwarten die Badegäste gleich drei Strände, einer wie der andere mit einer kompletten Infrastruktur und allen erforderlichen Annehmlichkeiten und Kriterien ausgestattet, um ihnen das Attribut familiengeeignet zu attestieren: Es sind die Platja Palmira, die Platja de Tora und die Platja La Romana, die sich von Westen nach Osten, nur durch Felsvorsprünge oder Landzungen getrennt, in der weitgeschwungenen Bucht von Peguera direkt aneinanderreihen.

Die Platja Palmira hat die dichteste Atmosphäre, wird von den meisten Restaurants gesäumt und ist der Strand, auf den man, vom Hotel hinausgehend, fast unweigerlich hinstolpert. Sie ist groß, vielleicht für die Anzahl der Badegäste nicht groß genug, so dass sich das Wasser manchmal trüb und grünlich präsentiert. Wie an den anderen Stränden Pegueras gibt's hier eine Erste-Hilfe-Station, öffentliche Duschen, Toiletten und sogar einen Behindertenzugang.

Auch die Platja de Tora ist groß, wird auf der Landseite von Hotelbauten dominiert, hat jedoch neben Beton und Stein auch saftiges Grün und einen üppigen Baumbestand, so dass genügend schattige Bereiche vorhanden sind, um von den drei Stränden die Platja de Tora zum Favoriten der Familiengäste zu machen. Schließlich wurde Peguera nach dem Ofen, mit dem man Harz aus Pinien extrahiert, benannt, und Pinien sind hier hauptsächlich am Tora-Strand vertreten. Einiges an Strandfläche ist an der Platja de Tora vor den in Reih und Glied stehenden Sonnenschirmen und Liegen freigehalten, so dass die Kleinen genügend Platz zum Herumtoben, Ballspielen oder Sandburgenbauen haben. Trotz der zahlreichen Badegäste wirkt die Platja de Tora nicht überlaufen. Feiner Sand, der sich über mehrere hundert Meter hinzieht, ein sauber-gepflegtes Ambiente und die Präsenz von Rettungsschwimmern sind für Familien mit kleinen Kindern genauso wichtig wie das flach abfallende Gelände ins saubere Wasser der Uferzone, in der mit keinen scharfkantigen Steinen gerechnet werden muss. Das ruhige und flache Wasser ist ein ideales Revier für Schwimmanfänger. Obwohl die Bucht von Peguera gegen Winde aus Südwest offen ist, sind ihre Gewässer ruhig und gefahrlos. Die blaue Flagge ist für die Platja de Tora obligatorisch, viele Strandeinrichtungen sind kinderorientiert. Für diese gibt's hier sowohl einen großen Spielplatz im Sand und einen im Wasser, dazu für alle ein umfangreiches Freizeit- und Sportangebot. Aktive Zerstreuung bieten Beachvolley-, Basket- und Fußball, dazu Tischtennis oder Minigolf. Auf dem Wasser gibt's die Möglichkeit zum Tretbootfahren, Kajak, Stand-Up-Paddeln oder Surfen, dies jedoch nur außerhalb der Saison, um keine Badegäste zu gefährden. Quadtouren, Tauchkurse, Schnorcheln, Segeln und besonders für Kinder interessante Glasbodenboote lassen die Zeit an der Platja de Tora wie im Flug vergehen. In der Saison legen mehrmals täglich von der Anlegestelle an der Platja de Tora kleine Schiffe zu den vorgelagerten Inseln ab, zum Beispiel nach Sa Dragonera oder zu den Islas Malgrats vor Santa Ponça. Die unbewohnte, naturgeschützte „Dracheninsel" Sa Dragonera ist Habitat einer Echsenart, die es nur dort gibt. Im Juli und August machen die Ausflugsboote sogar einen Badestopp vor den felsigen Islas Malgrats. Am Strand werden Melonen, Ananas und Kokosnüsse verkauft. Wer eine kulinarische Exkursion an Land vorzieht, findet etwas oberhalb der Uferpromenade genügend Restaurants und Cafés in der Hauptflaniermeile von Peguera, dem Bulevar de Peguera.

HINKOMMEN

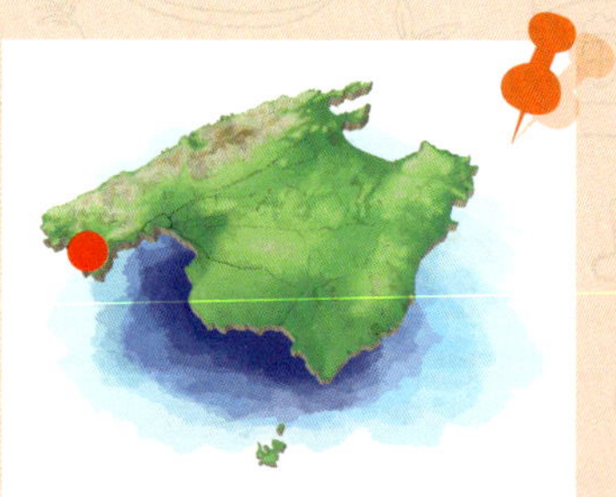

Von der MA-1 Palma–Andratx kommend, folgt man der ersten Autobahnabfahrt nach Peguera, den Beschilderungen und Abzweigungen Richtung Meer, dann geradeaus bis zur Hauptstraße, biegt dort links ab und nach ein paar hundert Metern rechts in den Carrer de Mar ein. Dort und in den Seitenstraßen kann man gratis parken. Auch die Bushaltestelle der Linienbusse befindet sich in unmittelbarer Umgebung.

Torrent de Pareis – Sa Calobra – Cala Tuent

Schwindelfrei sollte man sein und absolut keine Höhenangst haben, wenn man mit dem Auto zu dieser spektakulären Fahrt aufbricht, die die Mutigen zur Schlucht des Torrent de Pareis, einem phänomenalen Wunder der Natur, und zu den herrlich erfrischenden Stränden von Sa Calobra und der Cala Tuent bringt. Beide sind keine prädestinierten Familienstrände, doch auch mit Kindern machbar, und dies ohne unwägbare Gefahren.

Die „Calobra", auf Deutsch „Natter", ist auch der Name der verwegenen Serpentinenabfahrt, die von der Straße von Sóller nach Pollença (C-710) abzweigt und im Schatten des Puig Major den Abhang der Tramuntana hinunterbraust. Kaum vorzustellen, dass nach den Plänen des italienischen Ingenieurs Antonio Paretti bereits im Jahr 1932 die Calobra in mühseliger Handarbeit in das Gebirge hineingebaut wurde.

Bei der Abzweigung kurz hinter dem Stausee Gorg Blau beginnt eines der beliebtesten Abenteuer für Mietwagenfahrer, weshalb man auch manchen Seat oder Panda links und rechts der Straße im Graben sieht. Gut vierzehn Kilometer windet sich die schmale Straße schwindelerregend zwischen Felsen und Abgrund zur Küste hinunter und überwindet dabei gut 800 Höhenmeter. Nach einem Viertel der Strecke passiert man „Nus de Sa Corbata", den „Krawattenknoten", die berühmte Stelle, wo die Straße in einem engen Bogen von über 270 Grad sich selbst unterquert. Die Calobra ist zwar

Hier zeigt sich Mallorca von seiner wilden Seite.

den Verhältnissen entsprechend gut ausgebaut, kennt aber dennoch zahlreiche Engstellen und bizarre Felsenaufsprünge, die plötzlich den Fahrer überraschen.
Unten angekommen, ist's höchste Zeit, für einen Moment kräftig durchzuschnaufen und das Auto auf dem gebührenpflichtigen Parkplatz der Bucht von Sa Calobra abzustellen. Die Ansammlung von zwischen Hang und Wasser hingeworfenen Häusern, die sich selbst „Dorf" nennt, birgt nur als Restaurants getarnte Kantinen, die fade Kost zu gepfefferten Preisen unisono für Selbstabholer auf den Tresen stellen. Ein Grund mehr, für den sehr kurzen, aber teilweise holprigen Weg zur Schlucht keine Zeit zu verlieren, zumal ab zehn Uhr selbst Reisebusse die Calobra bezwungen haben und spätestens bis Mittag den Torrent de Pareis in einen Rummelplatz verwandeln. Der Dramaturgie entsprechend wartet am Schluss eine in die Felswand gehauene Passage, die nur schummrig beleuchtet und nichts für klaustrophobische Wesen ist. Doch was auf das Ende des Tunnels folgt, lässt selbst hartgesottenen Gipfelstürmern kurz den Atem stocken.

TORRENT DE PAREIS

Die Kulisse ist purer Bombast! Welch Blödsinn, hier von Erosion, von einer schmalen Bruchstelle in den Felsklippen oder dem reißenden Sturzbach Torrent de Pareis zu sprechen, der sich in Jahrtausenden oder gar Jahrmillionen durch das Gestein geschliffen hat, die diesen atemberaubenden Canyon kreierten. Ein Canyon, der kurz vor der Meeresmündung zu einem Tal von beeindruckender Größe heranwächst und direkt am Meer mit der schroff geteilten, himmelwärts hoch ragenden Felswand seinen Höhepunkt findet. Eine Urgewalt biblischen Ausmaßes kommt einem unvermittelt in den Sinn, eine, die Berge und Meere teilen kann, wie im 2. Buch Mose Kapitel 14, 16–22 beschrieben steht, als Mose beim Auszug der Israeliten aus Ägypten mit himmlischer Unterstützung das Schilfmeer teilte. Die Magie des Ortes wird besonders am ersten Sonntag im Juli spürbar, wenn beim jährlichen Open-air-Konzert die phantastische Akustik in dem einem Amphitheater ähnelnden Gelände mit einer sphärischen Musik die Naturszenerie erfüllt.
Doch nicht nur dieses Ereignis hat Kultcharakter. Auch an anderen Tagen ist es für zur Mystik neigende oder naturempfindende Seelen ernüchternd. Denn wenn immer es Jahreszeit oder Wetter erlauben, ist die Mündung des Torrent de Pareis von aberwitzig vielen Touristen, die vorwiegend in Gruppen mit dem Bus unterwegs sind, bevölkert. Schließlich ist dieser Ort neben der Kathedrale von Palma das am meisten fotografierte Motiv Mallorcas.

PLATJA DE SA CALOBRA

Wer hierher kommt, merkt's sogleich: Der Strand ist eher ein Hingucker denn ein Hinlieger. Außer einem gewundenen, schmalen, aberwinzigen Sandstreifen gibt's direkt am Torrent de Pareis nur viele harte Kieselsteine, Schotter und hier und da ein zartes Pflänzchen. Auch der Einstieg ins Wasser ist kein Vergnügen. Der steinige Untergrund fällt steil ins Meer ab, das bei starkem Westwind in gefährlich hohen Wellen zum Ufer rollt.

Auch direkt beim Weiler Sa Calobra ist der Strand ein grauer Wurf von ockergrauem, grobkörnigem Sand, der sich zwischen Kieseln und Geröll verliert. Den Skippern der Segelyachten, die in der Bucht ankern, ist dies egal. Auch den Leuten von Sa Calobra. Lange Zeit gab es überhaupt keinen Service am Strand. Wozu auch! Fast alle, die hierher kommen, kommen genau einmal – und dann nicht mehr. Um das Naturwunder Torrent de Pareis zu sehen und nicht, um im Kies zu baden! Und auch denjenigen, die auf Mallorcas touristischer „Königstour" (Palma – Sóller – Port de Sóller – Sa Calobra – Palma mit dem „Roten Blitz" (Zug), Straßenbahn, Schiff und Bus) hier anlanden, ist die Zeit eng getaktet und ein Bad an der Platja de sa Calobra höchstens Pausenfüller. Für diese wurde jetzt das Centre Sanitari installiert mit kostenpflichtigen Duschen und Toiletten. Sogar Handtücher, Duschgels, Bürsten und Haargummis werden zum Kauf angeboten, falls jemand diese nicht dabei haben sollte.

Nicht gerade der geeignete Badeort, aber definitiv ein Hingucker – die Platja de sa Calobra.

WANDERUNG DURCH DEN CANYON DES TORRENT DE PAREIS:

Wer sich aufmachen will, zu Fuß auf einer teilweise Kopf- und Kragen riskierenden Wanderung ab dem Ort Escora durch die vier Kilometer lange Schlucht des Torrent de Pareis deren Geröllmündung zu erobern, sollte bedenken, dass dies nur ein in trockenen Monaten und auch nur für trainierte Wanderer machbares Abenteuer ist, dass gut und gerne fünf Stunden in Anspruch nimmt. Diese Wanderung bzw. Kletterpartie ist definitiv keine Familienroute!

Der Torrent de Pareis ist der tiefste Canyon Mallorcas.

Hier genießt man die fast unberührte Natur.

CALA TUENT

Kein Grund also, länger in Sa Calobra zu bleiben! Wenn man genug gesehen hat und resigniert konstatieren muss, dass die Ausflugsschiffe von Port de Sóller auch nur unseresgleichen auswerfen, wartet gerade mal eine Handvoll Kilometer weiter westlich eine Badebucht, die von keinem Besucheransturm heimgesucht wird, dafür Natur pur und ein entspanntes Badeerlebnis für die ganze Familie offeriert. Zwei Kilometer vor Sa Calobra zweigt gut sichtbar ausgeschildert nach links eine vier Kilometer lange Straße zur Cala Tuent ab. Und weil alle den stieren Blick nur auf Sa Calobra und Torrent de Pareis richten, wählt kein Reisebus – und auch sonst kaum jemand – die Abzweigung zur abgelegenen Cala Tuent. Die kleine Landstraße endet nahe der Bucht an einem kleinen Parkplatz.

Zwischen den von bewaldeten Felsen überzogenen Landspitzen Morro des Forat und Penyal Foradat, die nach all dem kargen Gestein überraschend viel Grün zu bieten haben, ist die Cala Tuent in eine fast liebliche, arkadische Landschaft eingebettet. Hinter dem Strand werden in einer zur Strandbar getrimmten Fischerhütte Getränke verkauft, einige Häuschen kleben verstreut am sanft ansteigenden Hang – hier und da einige Olivenbäume, Pferde und Esel, viel mehr gibt es hier nicht. Auch kaum Sand, denn das Terrain wird von groben Kieselsteinen dominiert. Der Einstieg ins Wasser ist über einen Steg möglich, doch Badeschuhe sind unverzichtbar. Dafür ist das Wasser von bestechender Qualität, zum Ufer hin türkis und weiter draußen azur, kristallklar und für Schnorchler mit Taucherbrille die

pure Freude. Innerhalb der markierten Schwimmzone gibt es kaum Wellen, nur weiter draußen gibt es kältere, zum Teil starke Strömungen.
Keine knatternde Wasseraction, kein Trubel oder Lärm stören Stimmung oder Ruhe, höchstens, dass sich irgendwann der Hunger breit macht. Gut, dass auf dem linken Hügel das Restaurant „Es Vergeret“ nur einige hundert Meter vom Strand entfernt auf seiner schattigen Terrasse eine herrliche Aussicht über die Bucht sowie eine leckere mallorquinische, auf Fisch und Meeresfrüchte spezialisierte Küche serviert: Tel. +34 971 517 105, info@esvergeret.com, www.esvergeret.com
Das Restaurant „Es Vergeret“ hat nur bis nachmittags um fünf geöffnet (März–Okt.), schließlich fährt das letzte Schiff der Linie Barco Azules von der Cala Tuent um 16.55 Uhr nach Port de Sóller zurück.

HINKOMMEN

Wenn man auf einer Tour den Torrent de Pareis besichtigen und in der Cala de Tuent baden will, ist die einzig realistische Anreise die mit dem Mietwagen. Wer die Variante „Mallorca total“ wählt – also ab Palma die Hinfahrt mit dem „Roten Blitz“, dem Nostalgiezug bis Sóller, der Straßenbahn bis Port de Sóller und dem Schiff entlang der Küste der Tramuntana bis Sa Calobra sowie die Rückfahrt nach Palma mit dem Bus – muss beim Wechsel der Verkehrsmittel längere Wartezeiten in Kauf nehmen, die jedoch nicht so lange sind, dass sie weder in Sóller noch in Port de Sóller für eine Besichtigung ausreichen. Es gibt auch Schiffe ab Port de Sóller zur Cala Tuent (und zurück), doch keine Weiterfahrt nach Sa Calobra. Den aktuellen Fahrplan gibt´s auf www.trendesoller.com und www.barcosazules.com

Sa Calobra – die „Schlangenstraße“

Platja de Palma

Man muss die Platja de Palma nicht erst von einem bis zum anderen Ende durchlaufen, um zu realisieren, wie endlos lang sich der breite Sandstreifen durch die weit geschwungene Badia de Palma zieht. In der Perspektive von S'Arenal im Osten des Strandes hinüber nach Can Pastilla im Westen verschwindet die sonst riesige Silhouette der Kathedrale im diesigen Flimmern und wird zum kaum noch wahrnehmbaren Punkt. Über sechs Kilometer sind es, über die sich die Platja de Palma hinzieht, die sich damit in Dimensionen bewegt, wo partielle Auswüchse der Reputation des großen Ganzen eigentlich nichts anhaben dürften.

Und doch bestimmten über Jahre Begriffe wie „Ballermann", „Arenal", „Eimersaufen", „Schinken- und Bierstraße" die Gazetten und TV-Berichte, die der Platja de Palma das Image der größten Partymeile weit und breit bescherten, die fortan als Inbegriff für billigen Sauf- und Massentourismus stand, wo sich vor allem Jugendliche und Kegelvereine hemmungslos die Kante gaben, wo nichts exzessiv und schmuddelig genug sein konnte und die dezibelgepushte Beschallung in einer Textur volkstümlicher Schlager und Kirmesdisco heterogene Grüppchen im wippenden Rhythmus vereinte.

Ungeachtet all dessen kann die Platja de Palma mit Ausmaßen protzen, die im Mittelmeerraum ihresgleichen su-

Die Platja de Palma zieht sich über 6 Kilometer hinweg.

chen. Genug Platz also für alle und für das pure Meer- und Sandvergnügen, so dass an diesem Strand seit jeher auch viele Familien mit Kindern baden und buddeln: in einer hellgelben, feinsandigen Pracht vom Feinsten, die am Ufer flach und seicht ins Meer hinein abfällt, das fast entlang der gesamten Platja kaum Wellen aufweist – perfekt für kleine Kinder!, die hier nach Herzenslust spielen können, allein oder mit Gleichgesinnten. Und weil die elterliche Aufsicht entlang des gesamten Strandes kräftig von Strandwächtern, Rettungsschwimmern und dem Roten Kreuz unterstützt wird, sind die größten Gefahren auch für die allerjüngsten Besucher gebannt.

Gebannt werden soll auch das Segment des Sauf- und Party-Tourismus mit seinen grölenden Alkoholexzessen, wie er im Bereich zwischen den Balnearios 5 und 9 grassierte mit dem völlig enthemmten Epizentrum am Balneario 6. Erste Maßnahmen beschloss der Stadtrat von Palma bereits 2014. Die „Verordnung für zivilisiertes Zusammenleben“, ein detaillierter Verbotskanon mit Alkohol- und Lärmlimitierungen, sollte die Oberhoheit über Strand, Ordnung und Sauberkeit wieder herstellen. Seit Februar 2017 ist der offizielle Name des berühmt-berüchtigten Ballermanns respektive Balneario 6 „Beach Club Six“, der im Rahmen einer Imagekampagne zur modernen Chillout-Lounge umgestaltet werden soll.

DAS »BRANDING« VON »PALMA BEACH«

In Zusammenarbeit mit der Stadtregierung hat sich eine liquiditätsstarke Privatinitiative gebildet, die ihre Vision einer Luxus und Glamour verströmenden Stranddestination unter dem Namen „Palma Beach" zielstrebig in die Tat umsetzen will. Vorbilder sind Orte wie Barcelona, Little Venice, Cancún oder Miami Beach. Es mag eine Ironie der Geschichte sein, dass ausgerechnet der Sohn von Antonio Ferrer, jener Gastronom, der vor fast 50 Jahren als erster in seinem Lokal „Köpi" deutsches Fassbier ausschenkte, was zum Anfang des Siegeszugs zahlloser teutonischer Musik- und Trink-Tempel wurde, Mika Ferrer, nun derjenige ist, unter dessen Federführung die Marke „Palma Beach" installiert werden soll, mit der man ausschließlich die Platja de Palma identifizieren wird.

Ob die kilometerlange Uferpromenade, an der die Aufwertungs- und Attraktivitätskampagne startete, zum Weg von der Platja de Palma zum Palma Beach werden wird, ist offen. Es fällt auf, dass am und um den Strandboulevard Geschäfte und Boutiquen hochwertiger und teurer geworden sind, die Bars und Restaurants stylischer, vieles moderner, schicker und einiges einfach nur neu ist – wie die erste Starbucks-Filiale in Spanien direkt am Strand auf Höhe des Balneario 9. Dass sich der Initiative „Palma Beach" neben fünf mallorquinischen Hotelketten wie Riu und Iberostar die Golfplätze Puntiro und Son Gual sowie der Yachtclub Arenal angeschlossen haben, mag ein Indiz dafür sein, wohin die Reise gehen soll.

Gut, dass die Platja de Palma groß genug ist, dass zwischen Billigtourismus und Luxusambitionen für Familien noch Nischen vorhanden sind, in denen sie qualitativ Ordentliches zu bezahlbaren Preisen finden können. Für einen Tag am Strand ist die Umgebung des Balneario 12 besonders familiengeeignet, wo es für Kinder mit großem Bewegungsdrang eine extra breite Sandfläche zum Spielen gibt und der Einstieg ins Wasser sehr angenehm ist. Auch mit dem von vielen Familien und ihren Youngstern bzw. potentiellen Spielkameraden für Kinder präferierten Balneario 10 und in der ruhigen, gemütlichen Atmosphäre des Balneario 13 treffen die Eltern eine gute Standortwahl.

An der Platja de Palma gibt's völlig konträre Facetten zu entdecken, die Möglichkeiten, (kurzweilig) die Zeit zu verbringen, sind fast grenzenlos: entspanntes Sonnenbaden, Sandburgen bauen, Herumtollen und im Wasser spielen, gepaart mit allen erdenklichen Sport- und Freizeitaktivitäten und rasanter Action wie Wasserski, Paragliding, Windsurfen oder Jet Ski – und dazu die große Wasserrutsche, die von den Rabauken heiß umkämpft wird. Die Platja de Palma bietet das kompletteste Dienstleistungs- und Serviceangebot aller Strände Mallorcas. Sonnenschirme, Liegestühle, Duschen und WCs und die Rettungswacht sind an der Platja de Palma auf ihrer ganzen Länge vorhanden. Neben Tauchen, Schnorcheln oder Beachvolleyball am Strand für die Großen, kommt der „Dino Minigolfplatz" der Nova Beach Lounge mit einer 54 Löcher zählenden Anlage, der in einigen All-inklusive-Angeboten der lokalen Hotels inklusive ist, zwischen den Balnearios 4 und 5 bei Kindern ganz gut an.

Und nicht zuletzt ist am gesamten Strand eine stattliche Anzahl von Reinigungsteams unterwegs, um zurückgelassene Müllreste zu beseitigen. Nachts wird die Platja de Palma von Reinigungskräften mit speziellen Säuberungsmaschinen durchkämmt, die den Sand von kleinsten Schmutzpartikeln befreien. Mit einer höheren Polizeipräsenz und regelmäßigen Streifengängen sollen Drogendealer, Taschendiebe, fliegende afrikanische Händler und Prostituierte inhaftiert oder vertrieben werden.

HINKOMMEN

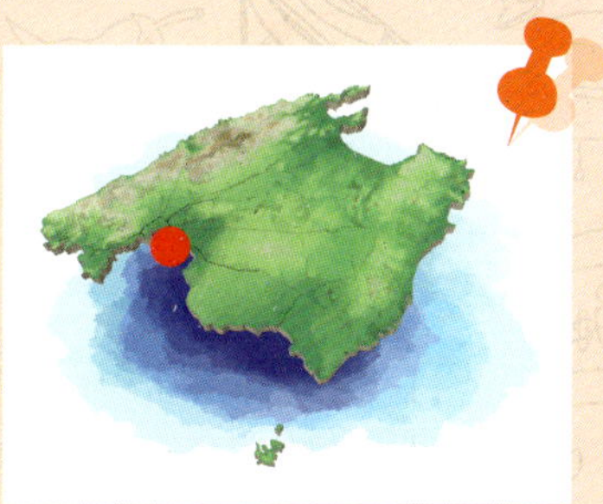

Die Nähe zum Flughafen macht's möglich. Einige hartgesottene Badegäste kommen sogar nur für ein verlängertes Wochenende aus dem Ausland an die Platja de Palma. Für Autofahrer gibt's noch gratis oder kostengünstige Parkplätze in den Seitenstraßen der Urbanización von Platja de Palma. Alternativ bieten sich öffentliche Verkehrsmittel oder ein gemütlicher Spaziergang ab El Molinar oder Can Pastilla an. Mallorcas größter Strand ist in 15 Abschnitte bzw. Balnearios eingeteilt, die jeweils eine nummerierte Strandbar und Servicestation besitzen. Zum eigentlichen Verwaltungsgebiet der Stadt Palma gehören nur die Balnearios 5 bis 9, worauf sich im engeren Sinn also die Platja de Palma reduziert. 1 bis 4 sind Teil der Ortschaft S'Arenal und 10 bis 15 gehören zum Ortsteil Can Pastilla.

Ohne Nervenkitzel mit strammen Waden

Wenn der Winter geht, die Mandelbäume blühen, die Landschaft im vorweggenommenen Frühlingserwachen den honigsüßen Duft von Zedern versprüht, zeigt Mallorca sich von seiner zartrosa Seite. Herrlich ist´s dann durch das hügelige Land des Llevant zu radeln oder meeresnah an der Ostküste die milde Brise vom Meer zu genießen. Doch es braucht nicht viel, reicht, dass ein Regenschauer den Asphalt abduscht, ihn mit einer hauchdünnen Schicht aus Staub und Pollen überzieht, dass bald die griffigste Piste feucht schimmernd zur schmierigen Rutschpartie wird.

Und das Zartrosa wird zum Dunkelrot, als blutiger Fleck auf dem Asphalt, fast schwarz, tellergroß, in dem das Blaulicht von Polizei und Krankenwagen sich gegenspiegelt. Männer in Uniformen winken wild gestikulierend: „Zügig weiterfahren!" Die Szenerie geriert Bilder, die nicht einfach zu vergessen sind und wie Teerreste auf dem Fahrradreifen im Gedächtnis kleben bleiben. Egal, ob jemand nur einfach weggerutscht ist, über die Trockensteinmauer gesegelt oder auf schnurgerader Strecke von einem viel zu schnellen Auto weggemäht wurde.

Mallorca ist zartrosa und dunkelrot zugleich. Das Radfahren boomt, vom frühen Herbst bis ins späte Frühjahr gehört die Insel den Radfahrern, und spätestens Ende Januar kommen die Profiteams, strampeln die Berge hinauf und donnern die Abfahrten hinunter. Nichts ist vor ihnen sicher, nicht mal sie selbst. Denn auch die Unfallstatistiken haussieren, Jahr für Jahr steigt die Zahl der mehr oder weniger schlimm Verletzten. Immerhin wartet auf Mallorca ein ordentliches, gut ausgeschildertes Radwegenetz mit einer Länge von 1.280 Kilometern auf die Ritter der Landstraße. Ein Fünftel der Straßen sind

Gebirgsstrecken, weit über die Hälfte verkehrsarme Neben- und Seitenstraßen.

Diese sicheren Routen sind das Terrain der Familienstrampler und E-Bike-Gleiter. Eine gute Auswahl von Mietfahrrad und Helm vorausgesetzt, wozu auch ein prüfender Blick auf das Fahrradschloss gehört, denn ein abhanden gekommenes Leihrad sorgt für viel Stress und Ärger, steht dem familiären Pläsier in teils unberührter und ländlicher Natur nichts im Wege. Ob man sich bei Kleinkindern für einen Kindersitz oder Fahrradanhänger entscheidet, hängt von Alter und Bedürfnissen der Kleinen und der Familie ab. Gute Fahrradanhänger bieten einen bequemeren Zustieg, sind ein optimaler Sonnenschutz für die jungen Passagiere und bieten zudem Stauraum, in dem man Erfrischungen, Badesachen, aber auch Jacke und Regenschutz mitführen kann.

Mallorca bietet ein 1.280 Kilometer langes Radwegenetz.

Mit dem Rad von der Marina Port de Mallorca nach S'Arenal

Die Optik des Terrains passt zum Thema „Einrollen für Mallorca“: Wie eine ziegelfarbige Tartanbahn windet sich der Radweg als nicht enden wollender, zweispuriger Bandwurm zwischen Stadt und Meer. Nur ab und an muss er sich um Hindernisse urbaner Architektur zwängen, dem „Druck der Straße“ durch die den Autos vorbehaltene sechsspurige Avinguda de Gabriel Roca nachgeben oder sich der Priorität der Reichen am Real Club Náutico im Yachthafen unterordnen. Weshalb der Radweg auch hier beginnt oder enden muss. Denn er kann – durch einen gestrichelten Mittelstreifen und mit Richtungspfeilen markiert – vom Yachthafen bis nach S'Arenal in West-Ost-Richtung oder von Osten nach Westen ab S´Arenal befahren werden, womit der kleine rote Kreisel am Yachthafen sowohl Anfang als auch Ende ist.
Zwischen der Marina Port de Mallorca und S'Arenal sind es 16 auto- und stressfreie Kilometer auf hervorragendem Asphalt, ohne Steigung und Gefälle. Auf keiner anderen Route kann sich die radfahrbegeisterte Familie besser auf ihren Mallorca-Urlaub mit Rad einrollen. Inklusive der Kinder, denn auf der langen Passage entlang der Platja de Palma warten viele kleine Cafés und Restaurants, in denen man sich gemütlich erholen und erfrischen kann. Oder man springt gleich ins Wasser und legt am Strand eine Badepause ein. Durch die „leicht drehende“ Streckenführung entlang der weitgeschwungenen Bucht von Palma reizt der ständige Perspektivenwechsel mit immer neuen Impressionen. Was aber auch zur Gefahr werden kann. Hinaus aufs Meer geschaut oder bergauf, um einen kurzen Blick auf das Bellver-Schloss zu erhaschen, von der Sonne oder dem Schein spleeniger Yachten geblendet, laufen Fußgänger oder Inline-Skater, die möglichst schnell vom Hotel zum Strand huschen wollen, schon mal unachtsam direkt vors Rad.

PORTIXOL, ES MOLINAR & CAN PASTILLA

Mit ausgiebig viel Zeit kann man sich zu Beginn zu einem Abstecher durch die Bezirke Santa Catalina und Son Espanyolet aufmachen. Um die „andere Seite der Stadt“ kennenzulernen, bietet sich vor allem Portixol am südöstlichen Ende von Palma an, durch das sich der Radweg direkt hindurchschlängelt und dann, durch Metallpoller abgetrennt, sich entlang dem Carrer del Vicari Joaquim Fuster weiterzieht. Der ehemalige Fischerort Portixol hat sich um seinen schnuckeligen Hafen zum stylischen und coolen In- und Szenetreff gemausert, in dessen Promenadencafés und -bars sich die lokalen Größen von Palmas Kunst- und Musikszene treffen. Die schicken, kleinen Häuschen sind bei Newcomern wie bei Etablierten heiß begehrt, so dass viel Geld und etwas Glück die unverzichtbare Voraussetzung sind, um hier mit eigenem Domizil dazuzugehören. Natürlich pulsiert Portixols Streetlife vornehmlich zu späteren Stunden, wird an lauen Sommerabenden in den Gassen gegessen und getanzt, doch der Radweg ist immerhin durchgehend beleuchtet.

Mit dem Übergang von der Stadt- zur Strandpromenade wechselt der Straßenbelag von Teer in ebenfalls gut befahrbare Betonplatten und Pflastersteine. Obwohl von der Seilerei und den 28 namensgebenden Mühlen von Es Molinar nur zwei erhalten sind, stößt man in dem langgezogenen Ort auf das Flair einer spanischen Kleinstadt am Meer. Viele kleine Bars und Cafés haben nur zwei winzige Tische vor der Türe, doch ausreichend Platz, um die hitzigsten Kontroversen zu führen. Und die meisten Molinarer sind sich einig, dass der Name Portixol im neiderfüllten Nachbardistrikt – „der eigentlich ein Teil von Es Molinar ist“ – eine Erfindung der Relaciones Públicas des gleichnamigen Hotels war, das bereits seit den 1950er Jahren existiert und als erste Adresse vor Ort in Portixol sich werbewirksamer vermarkten ließ.

Der folgende, optisch sehr reizvolle Strandabschnitt bietet unter schattenspendenden Bäumen genügend Parkbänke für eine Pause und führt direkt zu einer kleinen Sandbucht mit der köstlichen Strandbar „El Peñón 1957“ am Beginn einer extrem schmalen, langgezogenen Landzunge. Danach verengt sich der Weg spürbar, Vor- und Rücksicht sind angesagt, in der Gruppe fährt man besser hinter- als nebeneinander. Vor der Cala Gamba kann man der Kurve nach links folgen oder geradeaus einen Holzsteg überqueren und bei einem famosen Aussichtspunkt stoppen. Danach stößt man auf eine pittoreske Felsenküste, ein herausforderndes Terrain für Mountainbiker, schließlich die „grüne Zone“ in Palmas Osten, die unter dem Namen „Ciutat Jardín“ fungiert, und das Naturschutzgebiet von Es Carnatge. Die fehlende Bebauung hat hier jedoch nichts mit Umweltschutz zu tun, denn es ist die Einflugschneise von Palmas Flughafen, auf dem die riesigen Blechvögel mit dröhnenden Turbinen im Landeanflug vom Meer her erstaunlich niedrig sich über die Köpfe der Leute senken – für Kinder ein imposantes Schauspiel.

Can Pastilla ist schließlich der Ort, wo das Urlaubsparadies der Platja de Palma beginnt und Tradition und Gegenwart sich in einem Sammelsurium an zusammengewürfelten Läden verquickt haben. Noch gibt es einige urige Bars, gute Fischrestaurants, den quirligen Hafen von Can Pastilla und den Strand der Cala Estancia, doch an allen Ecken und Enden haben sich mit reißerischen Plakaten und Werbeschildern Tour-, Charter- und Reiseveranstalter breit gemacht. Von Can Pastilla sind es noch sechs Kilometer auf der großen, jetzt durchgehend breiten Strandpromenade bis S'Arenal und dem Balneario 1. Auf der rechten Seite liegen das Meer und der Strand, an dessen Balnearios bzw. ihrer absteigenden Nummerierung man sich orientieren kann (von Can Pastilla bis S'Arenal 15 bis 1). Links reihen sich Nippesläden, Bars, Cafeterias, Diskotheken, (Wasser-)Sportanbieter sowie Spaß- und Freizeitclubs aneinander.

FAHRRADVERLEIH

Es gibt so viele Fahrradvermietungen direkt entlang dieses Radwegs, die außer Standardrädern Mountainbikes, E-Bikes, Rennräder und Fahrradanhänger vermieten. Ein Fahrrad- und Preisvergleich vor dem Mieten ist sinnvoll.

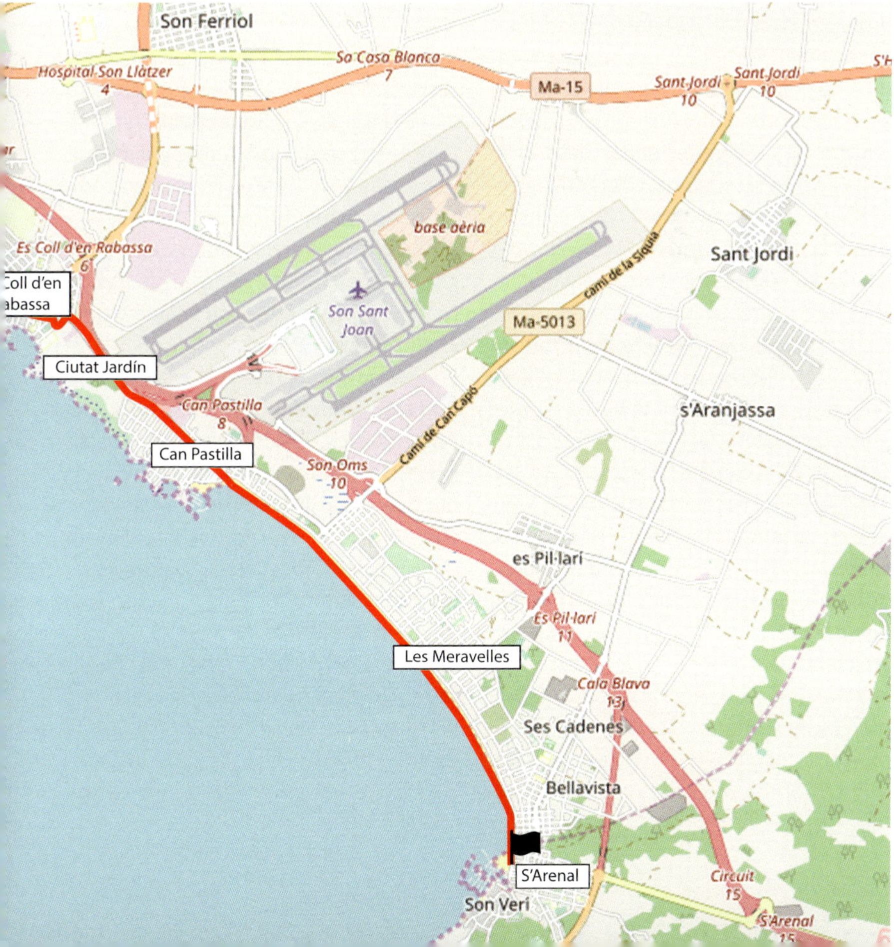

Radweg Via Verde

Unterwegs mit Kindern, sind viele Straßen Mallorcas für Radfahrer der reinste Stresstest und eine adrenalingeladene Mutprobe. Welche Wohltat verspricht daher der Vía Verde zwischen Artà und Manacor, für den eine 1977 stillgelegte und langsam verfallende Bahntrasse als Rad- und Wanderweg reanimiert und begrünt wurde. Den im November 2014 eröffneten „Grünen Weg" wird man nie ganz für sich allein haben, sondern teilt ihn mit anderen Radlern, Wanderern und Joggern, doch Kameraüberwachung und diverse Poller und Gatter – die zwar die schnelleren Pedaltreter immer wieder einbremsen – sorgen dafür, dass motorisierte Fahrzeuge und Verkehrslärm hier keinen Zugang haben. Wer nicht in den Start- bzw. Zielorten Artà und Manacor die komplette Route bewältigen will, kann unterwegs auf der Strecke in den Orten Son Servera, Son Carrio und Sant Llorenç bei den ehemaligen Bahnhofsgebäuden in den Via Verde einsteigen.

Die gut 29 Kilometer lange Route ist großteils eine mit feinem Schotter, Kies und Sand aufgeschüttete Piste – also keine Strecke für schmalbereifte Tempobolzer, sondern für den gemütlich entspannten Familienausflug, bei dem Trekkingräder oder Mountainbikes von Vorteil sind. Hauptsächlich fährt man durch ebenes Terrain, aufgrund einiger langgezogener Hügelanstiege und temporärem Gegenwind erwartet einen ein mittlerer Schwierigkeitsgrad (Höhendifferenz ca. 90 m, Gesamtanstieg knapp 300 m). Auf beiden Seiten von Holzzäunen eingefasst und von vielen (noch sehr kleinen) Bäumen und zigtausend Sträuchern und Stauden flankiert, fährt man durch Tunnels, überquert Brücken und kann bei sechs Picknickplätzen eine nette Rast einlegen (Proviant und vor allem etwas zum Trinken mitbringen, denn schattige Abschnitte sind rar). An wolkenlosen Tagen ist besonders für Kinder eine ausreichende Kopfbedeckung obligatorisch, denn sie werden für Stunden einer intensiven Sonneneinstrahlung ausgesetzt sein. Ein Manko sind die auf der gesamten Strecke fehlenden sanitären Anlagen.

Infotafeln erläutern unterwegs einiges zur heimischen Flora und Fauna. Man wird Mandel- und Olivenhaine, Zitrusbäume, Rapsfelder und Wildkräuter sehen, Schafen, Pferden, Eseln und freilaufenden Hühnern begegnen. Am eindrucksvollsten sind die Ausblicke auf die Küstenlinie, das Meer und die Serres de Llevant, Mallorcas östliche Bergkette. Weniger schön sind im Bahnhof von Son Carrió ausrangierte, graffitiverschmierte Waggons der TSB, die dem Areal die Aura eines Geisterbahnhofs verleihen. Wie die Bahnhöfe in Son Servera und Sant Llorenç wurde auch diese Bahnhofshalle in ihren ursprünglichen Zustand instandgesetzt, doch sie gleicht einer archi-

Artà
Alcúdia
Ma-12
Ma-3330
Ma-3322
Ma-3333
Ma-4042
Ma-4041
Ma-3334
Ma-15
Ma-4031
Ma-4040
Son Servera
Ma-3323
Sant Llorenç
des Cardassar
Ma-4030
Ma-15F
Ma-4022
Ma-4023
Son Carrió
Ma-15C
Ma-4021
Manacor
Fartàritx
Ma-4020
Ma-4024
Ma-4015
Portocristo
sa Coma
cala Moreia
s'Illot
cala Morlanda
Carretera Manacor-Porto Cristo

Mediterrane Landschaft außerhalb von Manacor.

tektonischen Brache, ist verriegelt und öffentlich nicht zugänglich. Immerhin kursieren Gerüchte, dass inzwischen Lizenzen zur Bewirtschaftung vergeben wurden.

Für die komplette Route (hin und zurück) sind fünf Stunden einzukalkulieren, die sich entsprechend den Aufenthalten bei den Raststellen, Aussichtspunkten und Abstechern, z.B. in Son Carrió zur neoromanischen Kirche Sant Miquel, in die Länge ziehen. Der Via Verde ist zudem Tummelplatz für Geocacher und „Dosensammler". Beginn/Ende des Via Verde: in Artà direkt am Bahnhof, in Manacor folgt man vom Bahnhof dem Passeig del Ferrocarril gen Osten bis zum Supermercado „Eroski".

FAHRRADVERLEIH AM ROUTENBEGINN BZW. -ENDE:

Ordentliche Mountainbikes bekommt man für eine Tagesmiete ab E 25, Kinderfahrräder (günstiger), Fahrräder mit Kindersitz, Helme und E-Bikes sind bei rechtzeitiger Reservierung verfügbar. Eine vorherige eindeutige Abklärung der Tarif-Modalitäten ist allerdings vonnöten, es kam schon vor, dass bei Rückgabe noch Zusatzgebühren für Fahrradversicherung etc. eingefordert wurden. Kleinere Mankos wie eine holprig wechselnde Kettenschaltung sind bei der Radübernahme kaum einsehbar.

FAHRRADVERLEIH IN ARTÀ:

ArtàMOVE

Av. de Costa i Llobera 6 (direkt am Bahnhof und Routenstart)
Tel. +34 654 399 262
jcallarisa@artamove.com
Mo.–Sa. 9–20 Uhr, in der Wintersaison 10–18 Uhr

ArtaBikes

Carrer d'Amadeo 2
Tel. +34 644 362 664
info@artabikes.com
www.artabikes.com

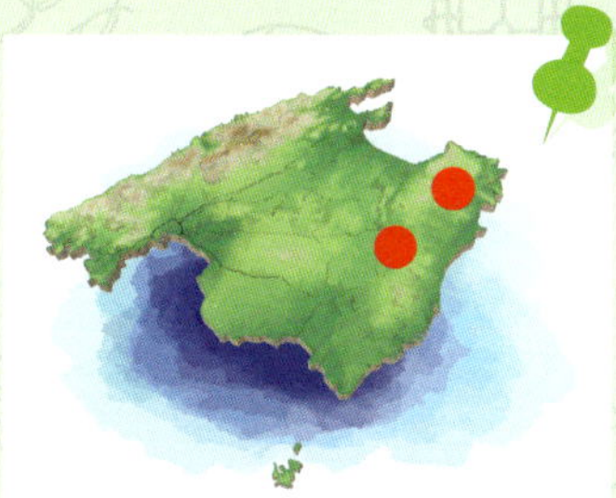

FAHRRADVERLEIH IN MANACOR:

Bicis Verdes

Passeig del Ferrocarril 61 (östlich vom Bahnhof an der Zufahrt zum Via Verde)
Tel. +34 971 843 358
Mo.–Sa. 9.30–13.30, 16–20 Uhr

In Cala Millor

(der Via Verde nächstgelegene Touristendestination):
Bicis Sancho
Carrer Molins 30
Tel. +34 971 813 760
info@bicis-sancho.com

ÖFFNUNGSZEITEN
Mo. - Fr. 9:30 - 13:30, 16 - 20 Uhr
Sa. 9:30 - 13 Uhr

Santa Ponça - Calvià: die Panoramatour

BERGGIPFEL UND MEERESBLICK

Eingedeckt mit Erfrischungsgetränken und Haferflockenriegel vom Eroski-Supermarkt um die Ecke, ist der Kreisel der Plaça Jardi in Santa Ponça ein geeigneter Startpunkt dieser gemütlichen, aber auch anspruchsvollen Radroute. Deren Ouvertüre auf der Avinguda del Rei Jaume I., auf der man die Autobahn Palma–Andratx überquert und anschließend zum Industriegebiet Son Bugadelles kommt, ist auf den ersten Minuten etwas trist, doch ab dem Holzwegweiser am Anfang von Son Bugadelles zur alten Straße nach Calvià beginnt mit der Abzweigung nach links ein verkehrsberuhigter Streckenabschnitt, der den hierzulande gängigen asphaltierten Landwirtschaftswegen gleicht. Passiert man bald darauf ein weiteres Holzschild mit der Aufschrift „Es Capdellà", ist man auf dem richtigen Weg. Für mallorquinische Verhältnisse fährt man jetzt durch eine lieblich anmutende, hügelige Landschaft mit Feldern und Wiesen, wo Schafsherden weiden und man die kahlen Bergspitzen der Ausläufer des Tramuntana-Gebirges erblickt. Die höchste Erhebung unter ihnen ist der Puig de Galatzó, das mächtigste Gebirgsmassiv im Südwesten Mallorcas.

Kennt man bisher nur die touristischen Boom-Orte Magaluf, Palma Nova, Peguera oder Santa Ponça, die alle zur Gemeindeverwaltung von Calvià gehören, fährt man über den Camí de Son Pillo in den kleinen Kernort in eine andere Welt, in der die Zeit stehen geblieben zu sein scheint. Zwischen Johannesbrot-

und Mandelbäumen ducken sich die traditionellen, ockerfarbenen Häuschen um die Pfarrkirche von Sant Joan Baptista. Wer in Calvià einen kurzen Stopp einlegen möchte, hält sich rechts und gelangt zum kleinen Dorfplatz mit der Pfarrkirche. Folgt man hingegen dem eingeschlagenen Weg – oder wählt sogar die kürzeste Variante nach Es Capdellà, die links vom Camí de Son Pillo verläuft –, stößt man am westlichen Ortsausgang von Calvià auf die Landstraße und, direkt daneben, auf den Radweg in Richtung Es Capdellà.

DURCHS »GRÜNE TAL«" HINUNTER ZUM STRAND

Wer nur eine gemütliche Runde zurücklegen will oder mit Kleinkindern unterwegs ist, kann im kleinen Dorf Es Capdellà an der Durchgangsstraße im urigen Restaurant „Bar Nou" (Carrer Major 7) einkehren, das eine ordentliche mallorquinische Küche und eine vielgelobte Seezunge serviert. Gestärkt, biegt man bei der nächsten Kreuzung nach links in den Carrer de les Platges ein, dessen Verlängerung nach dem Ortsausgang hinunter ins „Grüne Tal" bis nach Peguera führt. Nach der Überquerung der Autobahn und einem Kreisverkehr hält man nach dem links abzweigenden, rötlich asphaltierten Radweg Ausschau, auf dem man zuerst kräftig bergauf entlang der Costa de la Calma zurück nach Santa Ponça fährt. Mit Badesachen im Gepäck, kann man die Kinder mit einem Badestopp an

Vor Tourbeginn lohnt sich ein Abstecher zur Bucht von Santa Ponça.

den prädestinierten Familienstränden Platja de Tora oder Tora in Peguera begeistern (blauer Weg auf der Karte).
Hat man jedoch nach der kurzen Strecke bis Es Capdellà erst richtig Appetit auf Landschaft und Rad bekommen, schon etwas größere, abenteuerlustige Kinder und Lust, etwas kräftiger in die Pedale zu treten, nimmt man die Herausforderung des Anstiegs zum Coll de n'Esteve hinauf an. Im kühlen Schatten der Berge, der Felsen und Pinien ist die Steigung erträglich, unmerklich geht es aufwärts. Ohne jedoch den Sinn des Lebens zu hinterfragen, denn alles, was man zuerst bergauf strampelt, saust man nach dem „Felsentor", einem Durchbruch im rötlichen Berggestein, auf einer bewaldeten Serpentinenstraße wieder abwärts bis hinunter nach Andratx. Doch dies ist der visuell reizvollste Abschnitt der Route. Auf der Abfahrt eröffnen sich ständig Ausblicke bis weit hinaus aufs Meer. Als Familie auf Urlaub ohne Siegzwang, ohne verbissenen Ehrgeiz und Drang zum Nervenkitzel, fährt man die Bergab-Passage vor allem ohne Leichtsinn, vorsichtig und mit kräftigem Bremseneinsatz. Und sollten die Blicke doch mal in die Ferne schweifen, hält man dafür rechtzeitig an.

»LA VILLA«: RASTPLATZ MIT AUSSICHT

„La Villa" – wie Andratx kurz von den Mallorquinern genannt wird, auch um den ursprünglichen, schmucklos erdfarbenen und von Landwirtschaft und Handwerk geprägten Ort von seinem mondänen Hafen Port d'Andratx, wo vor allem ausländisches Kapital und Prominenz ihren Urlaub machen, zu unterscheiden – liegt eingebettet in hügeliges Land mit Zitronen-, Orangen- und Olivenhainen. Besonders schön ist das dichte Häusergewirr mit viel bröckelndem Ocker wirklich nicht anzusehen. Umso herrlicher ist die Aussicht von dort oben auf das Meer, vor allem, wenn bei den spektakulären Sonnenuntergängen die Sonne langsam über dem Meer verglüht. Weiter oben befindet sich das alte Dorf, in dem sich historische Architektur und kleine Restaurants, Bars und Cafés in den engen Gassen verstecken. Das Unterdorf ist der modernere Teil mit vielen Neuansiedlungen. Irgendwo dazwischen hat sich über die Jahre eine Flut von handfesten Bau- und Korruptionsskandalen angesiedelt.
Längst haben die bisher von ihren Schutzengeln gut behüteten kleinen Rabauken eine ausgiebige Pause und eine leckere Mahlzeit verdient. Vor dem Ortseingang von Andratx ist das Restaurante „Can Paco" auf der linken Straßenseite im Carrer Pere Seriol 8 eine wohlsituierte Adresse mit ambitionierten Köchen, die zudem mit einer superben Terrasse mit einem herrlichen Blick über die Berge glänzen kann. Im Ortszentrum ist das umtriebsame „Sa Societat de Ca Na Fornera" in der Avinguda de Joan Carlos I. 19 ein populärer Treff der Einheimischen und eine preiswerte, aber leckere Vesperstube.
Saust man ungestärkt durch Andratx hindurch, folgt man ab dem ersten

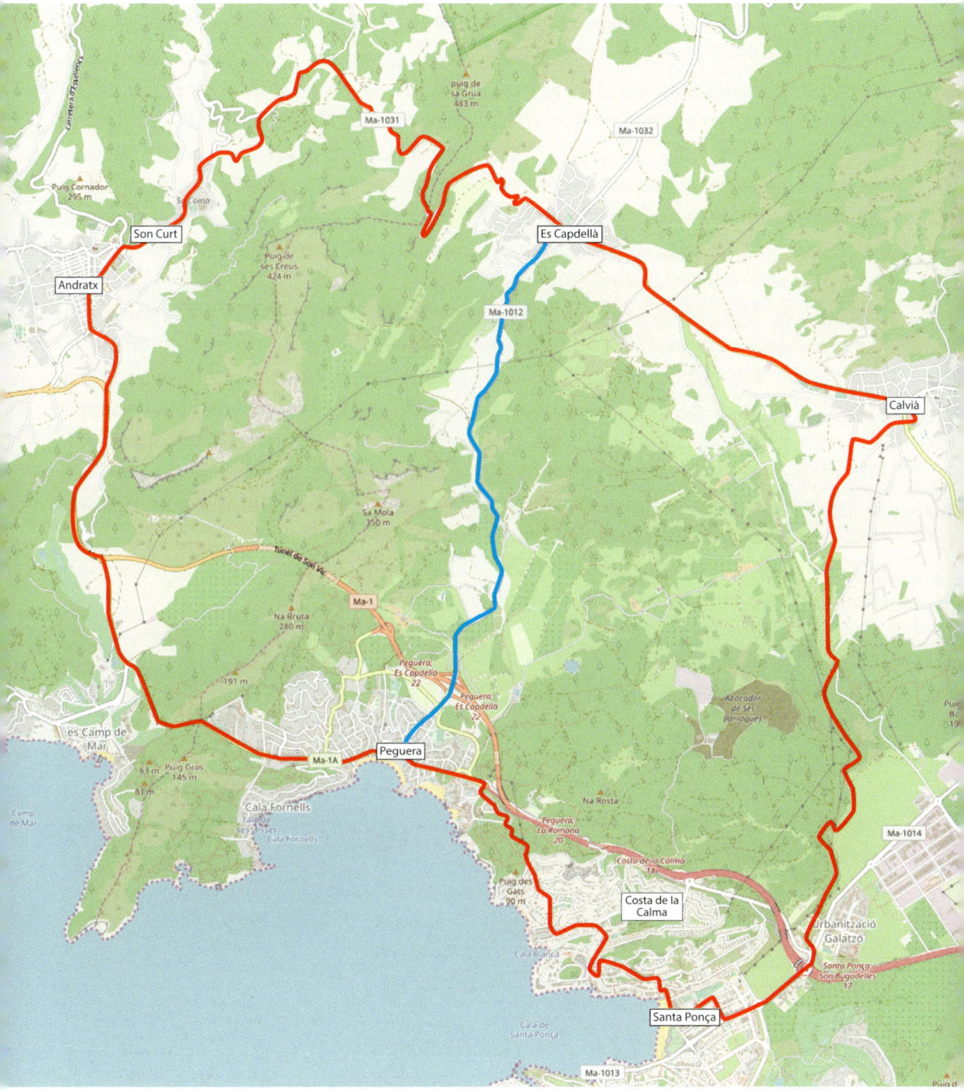

Kreisverkehr bei der Ortsdurchfahrt den Hinweisschildern in Richtung Palma und ab dem Kreisel am Ortsausgang den Wegweisern nach Es Camp de Mar und Peguera mit einer Abbiegung nach rechts. Bald wird man von einer weiteren Steigung gebremst, die gefühlt sich nicht enden wollend lang hinzieht und auf der man die inzwischen doch etwas schwer gewordenen

Beine und den jetzt unbequemen Sattel spürt. Ist diese konkret zwei Kilometer lange Passage gemeistert, eröffnet sich eine Traumaussicht über die Bucht von Peguera. Danach kann man es fast bis Es Camp de Mar leicht bergab rollen lassen. Den Schwung mitnehmend, hält man sich an die Hinweisschilder nach Peguera und lässt den Küstenort Es Camp de Mar rechts liegen.

Wer bisher – zielstrebig, wie Eltern manchmal sind – bis jetzt der Versuchung widerstanden hat, in einem der kleinen Cafés in den durchquerten Orten eine Rast einzulegen, sollte dies spätestens in Peguera tun, vielleicht direkt an den beiden Ortsstränden Platja de Tora oder Tora in Peguera, wo Cafeterien und Strandbars zuhauf vertreten sind. Um auf den gleichen Radweg über die Costa de la Calma zurück nach Santa Ponça – wie bei der verkürzten Route und direkten Anfahrt ab Es Capdellà – zu kommen, nähert man sich dessen Abzweigung diesmal nicht ortsein-, sondern ortsauswärts und folgt schließlich dem Hinweisschild nach rechts.

ROUTENCHARAKTERISTIK

Für die knapp 40 Kilometer lange, in Santa Ponça beginnende und endende Route braucht man ohne Pausen knapp drei Stunden. Es ist eine anspruchsvolle, aber nicht überfordernde, für fast alle geeignete Route mit einem wohldosierten Kraftakt bei einigen Steigungen und Abfahrten, die man mit Vorsicht angeht.

FAHRRADVERLEIH IN SANTA PONÇA:

Yes We Bike

Carrer Valencia 33
Polígono Son Bugadelles
Tel. +34 971 696 051
hola@yeswe.bike
www.yeswe.bike

Fahrradwerkstatt, -verleih – Tramuntbike

Avinguda del Rei Jaume I. 54, Local 5
Tel. +34 683 320 074
www.tramuntbike.com

Sie beginnt bei Capocorb Vell: die »Radarena« von Llucmajor

Die „Radarena" von Llucmajor liegt unmittelbar links neben dem Besucherparkplatz der prähistorischen Ausgrabungsstätte der talaiotischen Siedlung Capocorb Vell bei S'Aguila im Süden von Llucmajor. Dank riesiger Schilder und Fahnen direkt an der MA-6014 ist Capocorb Vell bei der Anfahrt definitiv nicht zu übersehen.

Viele Besucher kommen nicht hierher, obwohl Capocorb Vell als bedeutendste megalithische Talaiot-Siedlung der Balearen gilt. Bevor man aufs Rad steigt, kann man die archäologische Stätte besichtigen, die Ruinen von fünf Talaiot-Türmen, wuchtige Fundamente und dicke Mauern von 28 Gebäuden aus der Bronze- und Eisenzeit bestaunen und wird ob all der aufgeschichteten Steinmauern und -türme sofort erkennen, wo der Ursprung der heutigen für Mallorca so typischen Trockensteinmauern liegt. Wichtiger für die radfahrbegeisterte Familie ist: An der Besuchertheke werden Pa amb Oli und Bier verkauft – und Eis für die Kinder gibt es auch.

Die „Radarena" besteht aus einem Straßennetz mit einer Gesamtlänge von 40 Kilometern. Der Belag ist ein ausgezeichneter, glatter und – weil fast neuer – super befahrbarer Asphalt ohne Schlaglöcher. Warnschilder weisen darauf hin, dass es sich um ein ausgewiesenes Gebiet für Radfahrer handelt. Dass sie hier aufgestellt wurden, bedeutet aber auch, dass grundsätzlich zugleich ein regulärer motorisierter Verkehr auf diesen Wegen zugelassen ist. Die „unter Schutz stehenden" Radfahrer haben jedoch Vorrang. Geschwindigkeitsblocker und -beschränkungen sorgen dafür, dass Autofahrer ihr Tempo anpassen müssen und eingebremst werden. In Kurven und Passagen, wo der entgegenkommende Verkehr nicht vorhersehbar ist, ist trotzdem Vorsicht angesagt und dass man akkurat auf der rechten Seite fährt. Auch wenn es am späten Nachmittag auch hier zu einem formidablen Verkehrsaufkommen kommen kann, ist die Radarena von Llucmajor nach der „Ruta Verde" und dem Uferradweg von Palma Mallorcas sicherste Radfahrstrecke.

MALLORQUINISCHE IMPRESSIONEN

Die Wege säumen knorrige Olivenbäume, niedrig aufgeschichtete Trockensteinmauern und ab und an eine Windmühle oder herausgeputzte Finca, die modernen Agroturismo für Feriengäste praktiziert. Die Routenplaner haben sich alle Mühe gegeben, die Radfahrer durch eine pittoreske Landschaft und durch ein Stück Mallorca zu leiten, wie man es sich immer vorgestellt hat.

Capocorb Vell
Ma-6014
Carretera dels Presos
Es Camp Vell
Sa Tanca des Arbres Joves
Es Ametlers Vells
Capocorb
Carretera dels Presos
Sa Pleta
Es Pinar
Ses Puntes
sa Bassa Plana
Pleta des Ases
S'Aljub Destapat
Ses Esparregueres
Ses Ferrades
Camp de sa Bassa
Camp d'en Flauta
Possessió de Cala Pi
Camp des Pou
Sa Quintana
Es Serral
Camp de sa Sínia
Es Clot de Cala Pi
Torrent de Cala Pi
Carrer de Garonda
Carrer de les Penyes
Cala Pi

Nimmt man relativ kurze Überbrückungsstrecken auf klassischen Landstraßen mit nicht „gedrosselten“ Autos in Kauf, auf denen Radfahrer per se nicht unter Naturschutz stehen, kann man die Streckenführung der Radarena von Llucmajor ab S'Arenal mit dem Uferradweg der Platja de Palma bis zum Hafen von Palma verknüpfen, eventuell sogar bis nach Santa Ponça im Westen, wo der Radweg mit dem fantastischen roten Rollbelag endet, so dass die Strecke sogar einen Fernradwegcharakter erhält, was für eine Fahrt mit kleinen Kindern jedoch viel zu weit sein wird.
Kürzer und kinderfreundlicher ist der Abstecher zur Cala Pi, die fast direkt im Süden von Capocorb Vell liegt. Bis dorthin sind es von der Talaiot-Siedlung nicht einmal fünf fast komplett flache Kilometer, die Kinder, mit der Voraussicht, dass es zuerst an den Strand geht und dann Pommes und Eis gibt, mit Bravour zurücklegen. Im Ort Cala Pi ist die Zufahrt zur „Platja“ ausgeschildert. Zuerst sollte man jedoch über eine kleine Stichstraße durch die Siedlung zum ehemaligen Wachturm fahren, der bereits seit Jahrhunderten Wind und Wetter trotzt. Auch ohne ihn zu besteigen, ist der Blick aufs Meer von hier einfach nur ergreifend. Um auf dem kürzesten Weg zum Strand zu gelangen, fährt man die Stichstraße etwas zurück, bis links eine sehr steile Steintreppe hinunter zum Strand führt. Auf dem Rückweg steigt man die Treppe wieder hinauf und stößt im alten Ortskern auf einige heimelige Esslokale.

ROUTENCHARAKTERISTIK

Kinderleichte und erholsame Einroll- oder Anfängertour, die durch verschiedene Teilstücke, die variabel miteinander verknüpfbar sind, unterschiedlich lang ist. Je nach Motivation und Energiepotential der Kleinen kann eine kleine Rundfahrt von 1 ½ bis zwei Stunden oder eine 3- bis über 4-stündiger Route plus (Bade-) Aufenthalten in Cala Pi oder an der Platja de Palma geplant werden.

Port d'Alcúdia - Muro - Sa Pobla:

ZU WINDRÄDERN UND INS KARTOFFELDORF

Es sind zwei Welten, deren Kontrast nicht heftiger sein könnte, die man auf dieser Radtour durchquert. Zum einen Mallorcas bunte Ferienwelt, die an der Küste mit goldenem Sand, tiefblauem Meer und wie hier – am Startpunkt der Route –, direkt an der Mole des Yachthafens von Port d'Alcúdia, mit mondänen Yachten und spleenigen Booten wuchern kann, und andererseits das erdverbundene, fruchtbare Bauernland, auf das man schon kurz nach Verlassen der Küste stößt.

Vom sehr kurzen Passeig Maritim vor Port d'Alcúdias Hafenmole biegt man nach links in die Carretera d'Artà ein, die, dann als Avinguda de S'Albufera, über das Ortsende hinaus in Richtung Ca'n Picafort verläuft. Auf der knapp zehn Kilometer langen Küstenstraße passiert man bald rechter Hand den kleinen See Es Llac Gran und die Sumpflandschaft des Feuchtbiotops S'Albufera. Nach dem Campingplatz verlässt man die Küstenstraße nach rechts und nimmt danach gleich die nächste Abzweigung wieder nach rechts.

Die schmale Verbindungsstraße Muro–Ca'n Picafort schlängelt sich durch Mandel- und Orangenhaine, die zur Zeit des „Azahars", der Orangenblüte, zwischen März und Mai einen intensiven süßlichen Duft verströmen. Hier und da sieht man neben den kreuzenden Feldwegen einen alteingesessenen Bauernhof, wo hinter dem Zaun nervös bellende Wachhunde die Stille zerreißen, oder Fincas, die für Gäste, die die nahen Strände mit einem erholsamen Landurlaub verbinden wollen, auf Agroturismo umgestellt haben. Vereinzelte alte oder gar verfallene Windmühlen, über deren Flügel sich löchrige Segel spannen, samt urigem Schöpfrad, sind Relikte aus vergangenen Zeiten, die zumeist durch Dieselaggregate oder Elektro- und Benzinpumpen ersetzt wurden, teilweise aber immer noch in Betrieb sind. Kurz vor der zweiten Windmühle hält man sich links und befindet sich bereits auf der zum Schluss etwas steil ansteigenden Anfahrt zum Dorf Muro.

MURO – VERSCHLOSSENES DORFIDYLL

Seit dem 13. Jh., als Muro zur Residenz von Geldverleihern wurde, die patriotische Kriege finanzierten, gilt Muro als „reiche" Stadt. Heute fährt man zumeist durch ein verlassen wirkendes Dorf, wo nur wenige Leute sich in den verwinkelten Gassen verlieren und viele Türen und Fensterläden verschlossen sind, wie auch Muros „Kolosseum" oder „Plaça de Toros" am südlichen Ortsende, die als kleinste Stierkampfarena Spaniens gilt. Nur mit viel Enthusiasmus lohnt eine Stippvisite im Museu Etnològic im Carrer Major 15, drei Häuserblöcke hin-

Viele Windmühlen wurden durch Dieselaggregate oder Elektro- und Benzinpumpen ersetzt.

ter der Kirche, dessen völkerkundliche Ausstellung mit alten Möbeln, einer Schmuckwerkstatt und einem Wasserrad, Olivenpresse und Ziehbrunnen im Patio ausgestattet ist, zumal man auf der Suche nach dem Museum wohl erst einmal gegen die Verkehrsrichtung der Einbahnstraße sein Rad schieben darf. Wer eine Rast einlegen will, kann dies im Restaurant „Sa Fonda" direkt an der Rückseite der wuchtigen Pfarrkirche Sant Joan Baptista oder einige Schritte weiter hinten in der Café-Bar „Los Arcos" tun.

Um nicht wegen der Wege und Zufahrten versperrenden Einbahnstraßenschilder zu verzweifeln, verlässt man die Plaça Comte d'Empúries, den Platz mit den vielen noch niedrigen Bäumen vor der Pfarrkirche, auf der rechten Seite und biegt an der nächsten Kreuzung nach rechts in den Carrer Sant Joan ein, der in den Carrer Joan Massanet mündet, dem man bis zum Kreisverkehr und dort dem Schild nach Sa Pobla an der zweiten Ausfahrt aus dem Kreisverkehr folgt.

SA POBLA – KARTOFFELBASTION IM ACKERLAND

Auf einer kerzengeraden Strecke sind es fünf Kilometer bis Sa Pobla, auf denen man schnurstracks in die „Huerta" von Es Plà, Mallorcas fruchtbare Gemüsestube im Norden, fährt. Je nach Saison sind es in endlosen Reihen sprießendes Kartoffelkraut oder mannshohe Maisstecken im Spalier, die neben der Straße wuchern, sich Feld an Feld reihen, bis sich Grün und Braun am Horizont vermischen. Oder es dominieren an allen Ecken und Enden umbrabraune Schollen, wenn die Felder brach liegen, um mit neuem Saft und Kraft die nächste Saisonfrucht aus dem Boden in die Höhe zu treiben. Was Wunder!, dass Sa Pobla auch „das Kartoffeldorf" heißt, und was Wunder!, dass man im Marjals de Sa Pobla auf so viele Türme mit Windrädern stößt wie an keinem anderen Ort der Insel – und etliche drehen nach wie vor ihre Flügel. Einzig in den beiden letzten Jahren regten sich bei der orthodoxen Landbevölkerung leise Zweifel, als plötzlich immer mehr Baukräne im Kartoffeldorf den Windmühlen die optische Vormachtstellung streitig zu machen begannen. Längst gibt es sogar in Sa Poba Dorfbewohner, die glauben, dass mit für Touristen renovierten, umgebauten oder neuen Fremdenzimmern mehr Profit zu erwirtschaften ist als aus dem Saft der mürben Erdäpfel. Dies auch, weil in den jüngeren Generationen vor Ort immer weniger bereit sind, die harte bäuerliche Arbeit zu verrichten. Deswegen haben sich inzwischen in Sa Pobla viele marokkanische Saisonarbeiter angesiedelt.

Dessen ungeachtet ist für die Familie auf ihrer Tagesroute das Dorfzentrum von Sa Pobla, die Plaça Major oder Plaça de la Constitució, mit ihren herrlichen alten Pappeln und schattigen Sitzgelegenheiten ein toller Rastplatz, an dem auch das ruhig-beschauliche Leben der Gemeinde etwas aus seiner Lethargie aufwacht. Einige Tapas-Bars und zwei Restaurants scharen sich um die Plaça Major.

Doch das Wunderland für kleine Naschkatzen ist das schlichte weiße Holzhäuschen an der Nordseite des Rathauses gleich neben dem Platz. Wo in grauen Vorzeiten schon sein Schwiegervater seine süßen Jahre verbrachte, verkauft Senyor Bartolomé nun bereits seit 30 Jahren im Kiosk „Ca'n Calent" Süßes oder Saures an kleine (und große) Schleckermäuler. Seine Früchte heißen Schaumzucker-Bananen, Fruchtgummi-Erdbeeren, Gelee-Bohnen im Drageemantel, Jelly Belly, dazu im Sommer selbstgerührtes Zitronen-Sorbet. Zum Knabbern gibt´s Kürbiskerne, Pistazien und Erdnüsse.

Man verlässt Sa Pobla ostwärts über die Plaça Es Tren und den Carrer Engyner Mister Green und gelangt bald in das Einzugsgebiet des Feuchtgebietes S'Albufera, wo kilometerweit die wackeren Bauern dem Sumpf- und Moorland fruchtbare Böden abgerungen haben. Wenn die Kinder trotz des Enthusiasmus der naturverbundenen Eltern ob all der Fruchtbarkeit, Landidylle und Windräder langsam zu meutern beginnen und trotzig damit drohen, sich abends im Hotel neue Eltern zu suchen, ist's Zeit, die Huertas von Sa Pobla und ihre alten Windräder zu verlassen und auf der geradeaus weiter verlaufenden Straße bei Las Gaviotas zur Abzweigung nach links und zurück nach Port d´Alcúdia und dem Ausgangspunkt der Radroute zu gelangen. Wenn es noch nicht zu spät ist, kann die geruhsame Radtour mit einem Badestopp am Stadtstrand von Port d'Alcúdia ihr erfrischendes Finale bekommen.

ROUTENCHARAKTERISTIK

einfache Flachetappe mit zwei kürzeren Steigungen, weil die Bauerndörfer von Es Plà leicht erhöht über der sich endlos hinziehenden Ebene liegen. Für die 36 Kilometer Fahrstrecke ist man, gemütlich durchs Land rollend, knapp drei Stunden plus Pausen unterwegs.

Ma-2202
Bonaire
Alcúdia
Ma-13
Ma-3460
Port d'Alcúdia
Alcanada
es Vermell
127 m
248 m
154 m
Puig de
Can Moi
140 m
Ma-3470
Puig de
Son Fe
264 m
Puig de
sa Galera
119 m
Son Toni
Puig de
ca na Bassera
228 m
Platja de Muro
Crestatx
S'Obac
Ma-12
pujol de
Son Sabater
58 m
Ma-3433
Sa Pobla;
Pollença
40
Parc Natural
de s'Albufera
Ma-3420
Ses Salinetes
Sa Pobla
Ca'n Picafort
Ma-3431
Ma-3501
Ma-3432
Ma-3413
Ma-3410
Muro
Ma-3430
Ma-3411
Ma-3441

Pferdeland

Wer kennt sie nicht, Mallorcas Strände, und die Mandelblüte der Insel ist längst Legende. Doch wenige wissen: Mallorca ist auch Pferdeland! Nirgendwo in Europa – in Bezug auf seine Ausdehnung – gibt es mehr Pferde als hier. Viele Mallorquiner sind Pferde-Junkies (und Wett-Junkies), was man beim „Trot Balear" im Hipòdrom de Manacor, der Pferderennbahn von Manacor, eindrücklich gewahr wird, wenn das hysterisch-tosende Gekreisch auf den Rängen das trampelnde Aufschlagen der Pferdehufe übertönt. Es gibt zahlreiche Reitclubs, -höfe und Pferdeställe auf Mallorca, die hier „Rancho" oder „Club Hípico" heißen und meistens das ganze Jahr über geöffnet sind.

Ein Reitausflug durch schattige Pinienwälder, pittoreske Oliven- und Mandelhaine, die mediterrane Naturlandschaft oder direkt am Meer, am Strand und seinen Dünen ist für viele Urlauber eine willkommene Abwechslung zum stationär-monotonen Strandleben. Reitsaison ist auf Mallorca das ganze Jahr über. Insbesondere ab Ende Oktober, wenn die Ferieninsel in ihren temperatur- und sonnenabhängigen Dornröschenschlaf fällt, vermag man ein Gefühl von Freiheit und Abenteuer an den dann menschenleeren Ständen auf dem Rücken eines Pferdes erleben.

Die Inselregierung erlaubt Strandaus-

ritte nur in der Zeit vom 15. Oktober (Nachsaison) bis zum 15. April (Vorsaison) – mit Ausnahme eines kleinen Streckenabschnitts bei Son Serra de Marina. Für das Reiten am Strand werden fortgeschrittene Reitkenntnisse und -erfahrungen vorausgesetzt. Verantwortungsvolle Reiterhöfe führen zum Schutz der Pferde im Hochsommer von Juni bis August und bei sehr hoher Sonneneinstrahlung und gleißender Hitze keine Tagesritte durch. Für Anfänger und all diejenigen, die noch nie auf einem Pferd gesessen haben, haben die meisten Reitställe den alters- und niveaugerechten Reitunterricht mit im Programm.

URLAUB AUF EINEM MALLORQUINISCHEN REITERHOF

Viele Reiterhöfe bieten komplette Urlaubspakete an, die Unterkunft und Verpflegung, meist Halbpension, beinhalten und bei denen der Umgang mit Pferden im Mittelpunkt steht. Die Gästezimmer entsprechen dem Level einer Finca und sind schlicht mit landestypischer Ausstattung. Oft liegen die Reiterhöfe abseits, entfernt von den touristischen Schwerpunkten, so dass trotz Transferoptionen ein Mietwagen unverzichtbar ist, um auch während eines pferdedeterminierten Urlaubs flexibel zu bleiben. Bei Pauschalangeboten werden meistens die Anzahl der Tage mit ein- bis mehrstündigen Ausritten und Reitunterrichtstage im Vornherein festgelegt. Werden dann vor Ort zusätzliche Ausritte etc. gewünscht, werden diese dann direkt bei den Gastgebern gebucht.

REITEN LERNEN AUF MALLORCA

Während es für versierte Reiter im sicheren Schritt, Trab oder Galopp auf einem Leihpferd durchs Gelände geht, stehen für Anfänger, weniger Geübte und die Jüngsten zunächst der Reitunterricht auf dem Sandplatz und der Longierzirkel auf dem Plan. Reitunterricht wird auf Mallorca für Kinder ab vier Jahren erteilt, wobei diese zunächst auf einem Pony beginnen und ein Gefühl für die Bewegungen eines Pferdes bekommen sollen. Ab einem Alter von sechs Jahren können sie mit der Grundausbildung anfangen, die hier „Escuela básica“ heißt und zudem Kenntnisse in Pferdepflege, -betreuung und -haltung vermittelt. In Einzelunterricht erlernen sie die korrekte Haltung im Sattel, Reittechniken und das Einwirken auf das Tier. Die Betreuung der Pferde schließt Striegeln und Satteln eines Pferdes (Ponys) und die Stallarbeit mit ein. Für die Dauer eines Urlaubs sollten aber diese Obligatorien dem kindlichen Schwärmen und Begeisterung für etwas aufregendes Neues keineswegs etwas anhaben können.

PFERDE UND PFERDEHALTUNG AUF MALLORCA

Bei den besseren mallorquinischen Reiterhöfen kann davon ausgegangen werden, dass deren Betreiber auf eine artgerechte Haltung der Pferde Wert legen. Die meisten Tiere sind gewissenhaft ausgebildet, verbringen die meiste Zeit draußen in kleinen Gruppen auf dem Feld und werden nur im Einzelfall in einer engen Box kaserniert. An das „Leben draußen“ gewöhnt, scheuen die Pferde fast nie, selbst wenn man unterwegs entlang einer Straße mit regem Verkehr und hektischem Lärm reitet oder diese überqueren muss. Verbreitet sind „Festland“rassen wie die aus allen Regionen Spaniens stammenden Andalusier (Pura Raza Española), western-taugliche Appaloosas oder kräftig gebaute Camargue-Pferde. Menorquiner stammen aus Pferdezuchten Menorcas (Pura Raza Menorquina).

Welches Pferd mit welchen qualitativen Eigenschaften einem vom Reiterhof zugeteilt wurde/wird, wird man erst vor Ort bzw. beim Ausritt feststellen. Ein Austausch bzw. Pferdewechsel ist allerdings bei Verfügbarkeit und nach Absprache mit den Betreibern möglich. Welche Ausritte man sich und vor allem den Pferden und der Natur zumuten will, liegt auch in der Verantwortung der Gäste eines Rancho oder Club Hìpico, z.B. ob man trotz eines bis dato noch nicht erfolgten behördlichen Verbots für Ritte durch die Dünen von Sa Canova (Son Serra de Marin) unbedingt dorthin reiten muss und das Dünensystem mehr oder weniger schädigen wird.

Bei Naturacavall lernen Kinder spielerisch alles rund ums Pferd.

Naturacavall

Im Norden von Manacor strotzt dieser Reiterhof wahrlich nicht mit dem Ambiente eines standesgemäß luxuriösen Gehöfts – wirkt eher etwas vernachlässigt und mitgenommen –, doch das Familienunternehmen Naturacavall bietet Reiterferien par excellence – naturverbunden und pferdefreundlich. Die Umgebung ist eben, die Wege sind sandig, ab und an passiert man kaum befahrene Straßen und im weiten Hintergrund lockt die Silhouette des Tramuntana-Gebirges, wohin die spektakulärsten Reitexkursionen von Naturacavall führen.

Joan Ferrer, seit vielen Jahren Chef des Reiterhofs, mag seine Gäste, vor allem mag er aber seine Pferde. Manch Pferd, das zuvor an anderem Ort üblen Haltungsbedingungen ausgesetzt war oder als ausgemustertes Rennpferd in Manacors „Hípodroma“ nicht mehr siegfähig war, wurde von Senyor Ferrer auf seinem Hof aufgenommen. Ihre „Freizeit“ verbringen die 22 Pferde und fünf Ponys als kleinere(r) Herde(nverband), meist unter freiem Himmel mit möglichst artgerechten Bedingungen.

„Rutas rurales“ führen zu so hübschen

wie unbekannten Orten wie Santuari de Bonany, dem Kloster von San Salvador, zur „Ritterburg“ von Alaró am Fuße der Serra de Tramuntana. Mehrtägige Exkursionen gibt´s u.a mit Übernachten in Hängematten unterm Moskitonetz und glitzerndem Sternenhimmel oder – für Kinder besonders aufregend – im Tipi Camp in Sa Murtera im Indianerzelt mit viel, viel Lagerfeuerromantik.

Neben dem Reiten/-unterricht dreht sich von Pferdepflege bis zu -spielen alles ums Pferd. Nicht wenige haben dabei eine „innige“ Liebe zum Pferd entwickelt, die lange über den Ferienaufenthalt andauert(e). Ausritte in kleinen Gruppen gibt es für Versierte durch unterschiedliches Terrain und in variabler Dauer von einer, zwei bis vier Stunden, als Halbtages- und Tagesritte sowie mehrtägige Wanderritte ins Tramuntana-Gebirge. Bei den teilweise steil ansteigenden Höhenwegen wird man erstaunt feststellen, wie trittsicher die Pferde sind, und sich bei all den fantastischen Ausblicken auf hohem Ross zwar nicht on top of the world, aber mindestens on top of Mallorca fühlen. Und wenn dann noch kreisende Mönchsgeier im majestätischen Gleitflug ...

Eltern mit Kindern bis zu sechs Jahren können zusehen, wie ihre Liebsten lernen, ein Pferd zu striegeln, zu satteln und sie beim „Mini Ride“ voller Stolz (die Kleinen und die Großen) begleiten. Bei der Routenauswahl werden Erfahrung und Fitness der Gruppe berücksichtigt, sodass sich alle beim Ausritt wohlfühlen, in einer Atmosphäre, die fernab der Heimat schlichtweg als familiär bezeichnet werden kann.

Naturacavall

Diseminado Poligón 66
Manacor
Tel. & WhatsApp: +34 617 107 532
info@naturacavall.com
www.naturacavall.com

INFO

Silvia ist die deutschsprachige Kontaktperson von Naturacavall und „gute Seele“ im Unternehmen für alle deutschen Reitgäste.

Rancho Grande

Einmal im Leben Cowboy sein oder einen Hauch von Wildem Westen erleben! Wenn man zum puren Reit- und Naturerlebnis außerdem ein kurzweiliges Rahmenprogramm braucht – dann ist man bei Rancho Grande in der Bucht von Alcúdia richtig. Zur Begrüßung Sangria, für die Kleinen ein Streichelzoo (Bergziegen, Lamas, Esel etc.), wobei diese Bezeichnung mehr verspricht, als schließlich geboten wird, Planwagenfahrten mit Gitarrenbegleitung und abends Pferde-, Flamenco- und Line Dance Shows, dazu auf dem Grillrost geschmortes Spanferkel – gut, die Kleinen müssen ja nicht wissen, dass für diese Leckerei ein Porc Negre Mallorquí herhalten musste, dessen Brüder und Schwestern auf der Ranch nichts ahnend grunzend und faul in der Sonne liegen.

Gut ist der Vorabcheck des reiterlichen Vermögens der Reitgäste, die Einteilung, ob man eher zum Kutschenfahrer prädestiniert ist, ob es für Schritt, für Trab oder anspruchsvollen Galopp ausreicht. Entsprechend bekommt man ein bestimmtes Pferd zugeteilt. Drängt sich beim „Eingangstest" eine Modifikation auf, werden die Reitergrup-

Auf der Rancho Grande wird dem Gast aus ca. 100 Pferden das passende Pferd zugeteilt.

pen „umsortiert“, bis man definitiv eines der ca. hundert Pferde und Ponys für die Dauer des Ausritts sein eigen nennen kann. Auch gut ist der Parque infantil, wo Kinder sich austoben können und trotzdem durch die Nähe zum angrenzenden Restaurant nicht dem besorgten Blick der Eltern entschwunden sind. Rancho Grande empfiehlt sich für Familienfeiern, Geburtstage, Junggesellenabschiede und Hochzeiten. Und welch Familienvater will es sich nehmen lassen, auf dem Toro mecánico, der „wilden“ Rodeo-Maschine, seine Wildwestqualitäten unter Beweis zu stellen?

Im krassen Kontrast zur Begeisterung vieler Partylöwen und Strandreiter stehen kursierende tierschutzmotivierte Beschwerden über Rancho Grandes Umgang mit den Tieren im Allgemeinen und den Zustand der Pferde im Speziellen, denen zum Teil Apathie, eine ausgemergelte und vernachlässigte Erscheinung mit aufgescheuertem Fell und Fesseln nachgesagt wird – und häufig wird moniert, dass sie der gleißenden Sonneneinstrahlung ausgesetzt sind. Doch auch Reitgäste sollten bedenken, dass man nicht im strahlenden Sonnenschein am Strand und durch die Dünen reiten sollte.

Rancho Grande

(Son Serra De Marina)
Carretera Alcúdia–Artà km 13,7
Santa Margalida
Tel. +34 971 854 121
info@ranchograndemallorca.com
www.ranchograndemallorca.com

HINKOMMEN

Man gelangt von Ca'n Picafort auf dem Weg nach Artà über die MA-12 mit dem Auto zu Rancho Grande. Ansonsten shutteln sie Gäste von ihrem Hotel (sofern es im Nordosten und nicht am anderen Ende Mallorcas liegt) zur Ranch und wieder zurück.

Can Paulino (Bio-Finca)

In der ländlichen Umgebung von Llucmajor am Fuße des Galdent-Hügels ist die seit 2012 zertifizierte Bio-Finca Can Paulino eine nahezu perfekte Anlaufstelle für alle Pferdefans. Zwar nicht unbedingt für Draufgänger und lärmende Kids, doch allemal für beauty- und wellnessbewusste Muttis. Man sieht es der Finca – und den Tieren – an, wieviel Arbeit und Herzblut die Besitzerin Roswitha Demirdizen in das Anwesen steckte.

Für den stationären Aufenthalt auf Can Paulino gilt ein Mindestalter von zehn Jahren, doch externe Besucher können hier ab einem Alter von drei Jahren einen wundervollen Tag verbringen. Dies liegt auch an den heimlichen Stars der Finca, den kauzigen Eseln, die gestreichelt werden können und mit denen man durch Mandel- und Zitrusplantagen, Weinberge und Pinienwald auf Wanderschaft gehen kann. Ein Glanzlicht ist die stimmungsvolle Vollmondwanderung mit den Eseln durch die Salinen bis zum Strand mit Picknick. Außer Reitunterricht werden zahlreiche, landschaftlich sehr unterschiedliche Reitausflüge angeboten, wobei Ausritte am Strand Es Trenc sattelfesten Reitern in der Zeit von November bis Ende März vorbehalten sind. Und sollte Mutti sich entschleunigen wollen, kann sie dies in Can Paulino mit Yoga, Massage- und Schönheitsbehandlungen.

Die Preise liegen im oberen Segment, doch man bekommt Außergewöhnliches geboten und überschüssiger Profit kommt bedürftigen Tieren zugute. Für all die, die den Weg nach Can Paulino nicht von sich aus finden – wie einst der Esel Hubert, der hier eines Tages herrenlos vor dem Tor stand und „Asyl begehrte", das ihm selbstverständlich auch gewährt wurde –, gibt es auf der Homepage eine Anfahrtsbeschreibung.

Can Paulino

Camí Vell d´Algaida s/n, Apt.Cor. 298,
Llucmajor
Tel. +34 664 384 924
info@canpaulino.com
www.canpaulino.com

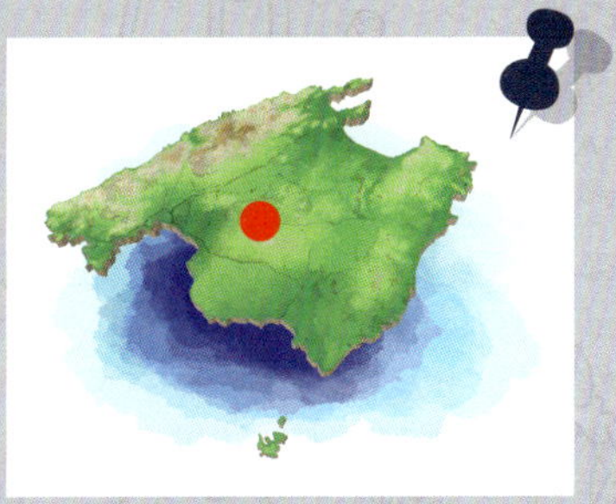

Rancho Jaume

Rancho Jaume ist ein kleiner Reiterhof bei Porto Petro an der Ostküste Mallorcas. Er ist klein genug, dass die Betreiber es sich leisten können, mit den Pferden aufmerksam und gut umzugehen. Die Pferde sehen gut versorgt aus, sind nicht im Dauereinsatz und nicht den ganzen Tag der prallen Sonne ausgesetzt. Vor und nach ihrem Einsatz können sie „frei“ in der Koppel weiden, statt im Stall – welcher stets „aufgeräumt“ erscheint – eingesperrt zu sein. Und der Reiterhof ist klein genug, damit die Gäste sehr persönlich und ihren Reitkenntnissen entsprechend in kleine Gruppen zum Ausritt eingeteilt werden können. Am meisten kommen Jaume Bauzas Reitgäste bei Exkursionen durch den Parc Natural de Mondragó ins Schwärmen, in dem sie die herrliche Landschaft und Natur hautnah erleben können.

Weniger entspannt und ruhig geht´s auf Rancho Jaume zu, wenn für Kinder Action und Spiele angesagt sind, wenn sie Reiten und Voltigieren lernen und sogar ausreiten oder – wie immer samstags, dem „Kindertag“ – von zehn Uhr morgens bis abends um sechs (mit Essen und Getränken) einfach nur Spaß haben. Oder sie können samt Freunden beim Kindergeburtstag zur turbulenten Planwagenfahrt aufbrechen, während der die Eltern in Jaumes Bar sich entspannt einen Kaffee gönnen.

Rancho Jaume

Camí de sa Torre, Ma-19
Carr. Porto Petro–Cala Mondragó
Porto Petro
Tel. +34 629 627 063
+34 606 795 784
info@ranchojaume.com
www.ranchojaume.com

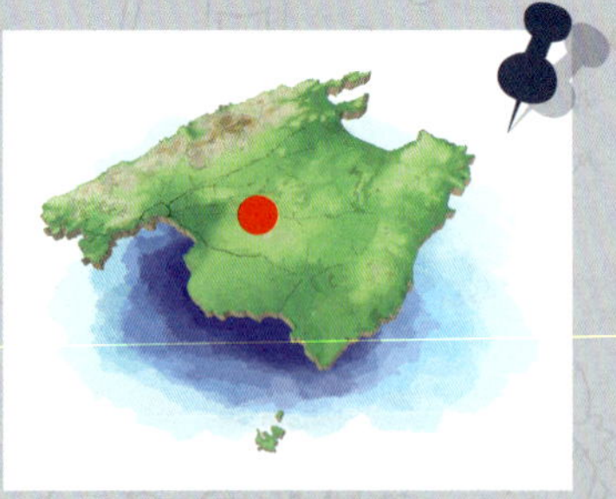

Finca Son Menut

Auf Son Menut gibt man sich sportlich. Der Club d'Equitació widmet sich ambitioniert der Ausbildung von Ross und Reiter für Turnier- und Dressurreiten. Und man versucht, einen möglichst kompletten Service „rund ums Pferd" anzubieten. So ist Son Menut einer der wenigen Orte Mallorcas, die Hippotherapie, also therapeutisches Reiten, im Programm haben, das Patienten mit Erkrankungen des zentralen Nervensystems, des Stütz- und Bewegungsapparats in allen Altersgruppen zu Linderung oder Heilung verhelfen soll.

Die Geschichte von Son Menut begann, als vor knapp 30 Jahren Antonio Barceló sich entschied, in einer ehemaligen Rinderfarm im Hinterland von Felanitx seine Pferdezucht zu beginnen. Bald kamen Ausritte, Reitunterricht, 1995 ein Restaurant und Hotel mit acht Doppelzimmern und vier Apartments hinzu. Ein Pool, Fitness- und Wellnesseinrichtungen folgten, so dass heute in und um das Pferdesportzentrum alles vorhanden ist, so dass Gäste für einen gelungenen Urlaub, bei dem kein Familien-

Auf der Finca Son Menut widmet man sich der Ausbildung für Turnier- und Dressurreiten.

mitglied zu kurz kommt, das Areal gar nicht verlassen müssen. Über 90 Pferde und Ponys sind auf Son Menut zuhause. Neulingen mag ob all des großen Angebots leicht die Orientierung verloren gehen. Während Gäste am Pool liegen oder es sich im Spa, den Jacuzzi- und Massageräumen gut gehen lassen, wird andernorts gezäumt, gesattelt und gestriegelt, kommen und gehen Reitergruppen, werden Pferde abgesattelt, abgeduscht und in die Box gebracht, hört man Anweisungen aus der Reithallen ...

Kinder gehen oft unkomplizierter an eine Sache ran. Für die Jüngsten gibt's hier Ponyreiten mit den Eltern, beliebt sind die mehrtägigen Reitcamps für Kinder. Diese lernen schnell, mit „ihren" Ponys alles selbst zu machen, und wenn sie sich etwas noch nicht trauen, bekommen sie es vom Reitlehrer erklärt, wie man das Pony führt, das Halfter abnimmt, Sattel und Trense auflegt, um es dann eigenständig auszuprobieren. Mit den „Großen" ausreiten dürfen Kinder hier ab sechs Jahren, „wenn ihre Beine lang genug sind und sie ihre Pferde selbstständig anweisen und lenken können".

Ob all des regen Betriebs kommt es ab und an zu Missverständnissen und Diskrepanzen bei der Einstufung der Fähigkeiten eines Gastreiters und Zuteilung eines Pferdes. Diese sind immerhin im passablen bis guten Zustand, der Unterricht ist ordentlich und vom Lehrprogramm für Anfänger bis zu anspruchsvollen Ausritten für Könner scheint das meiste in ein „pferdegerechtes Gesamtkonzept" integriert. Also durchaus guten Mutes von der Landstraße Campos–Felanitx abzweigen und etwa vier Kilometer lang dem Holperweg und den Wegweisern zum Gestüt folgen ...

Son Menut Club d'Equitació

Camí de Son Negre
3ª Volta, 3040, Felanitx
Tel. +34 971 582 920
sonmenut@sonmenut.com
www.sonmenut.com
www.ranchojaume.com

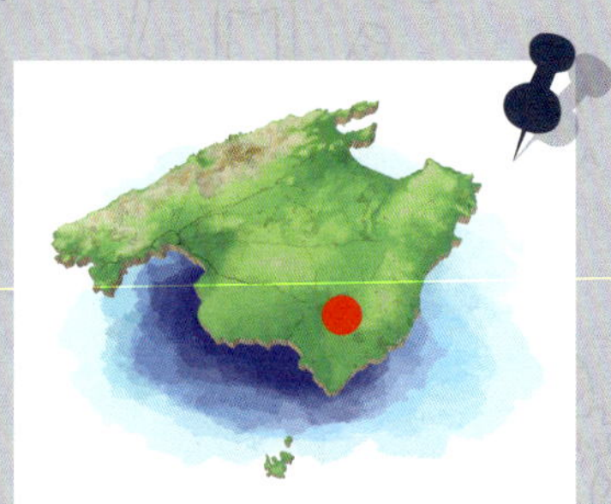

Im Reitclub Es Pas können Kinder bereits ab vier Jahren am Reitunterricht teilnehmen.

Club d'equitació

Umgeben von den Ausläufern der Serra de Na Burguesa, ist der Reiterhof auf einem reizvollen Terrain im Parque Natural von Calvià angesiedelt. Bei entspannten Ausritten auf historisch alten, von Trockensteinmauern und Mandelbäumen gesäumten Wegen eröffnet sich den Reitern hoch zu Ross immer wieder eine herrliche Panoramaaussicht über die Südwestküste Mallorcas. Exkursionsgruppen werden unter Berücksichtigung des Teilnehmerniveaus zusammengestellt, wobei es kaum zu vermeiden ist, dass beim Ausritt in größeren Gruppen weniger Versierte die verwegenen Rittmeister in ihrem Drang zum Galopp einbremsen.

Für die pferdevernarrte Familie im Urlaub stehen der Reitunterricht und das Ausreiten für Kinder im Fokus. Obwohl nur ein winziger Teil des Gestüts aus Ponys besteht, können im Reitclub Kinder bereits ab einem Alter von vier Jahren am Unterricht teilnehmen. Die erfahrenen Ausbildungspferde sind an Kiddies gewöhnt, geduldig und aufmerksam. Erste Sporen verdienen diese sich an der Longe, erlernen die korrekte Haltung, Gleichgewichtsfähigkeit und die kontrollierte Einwirkung auf das Pferd, dazu Pferdepflege, -betreuung, Sattel- und Zaumzeugpflege. Fortgeschrittene dürfen nach Wunsch zur individuellen Ausbildung ins Dressurviereck und auf den „harmlos“ gesteckten Sprungparcours.

In einem zwischen pädagogischen und fantasievollen Aspekten ausgewogenen Programm, ergänzt mit Spielen, Geschichten und Geschicklichkeitsturnieren, lernen Kinder beim jeweils 5-tägigen Ostercamp („Escuela de Pascua") oder Sommercamp („Escuela de Verano") spielerisch den Umgang mit Pferden, ihre Wesensart und deren Betreuung bzw. Pflege bis hin zum Ausmisten und Füttern. Eine bequeme lange Hose und Turnschuhe sollte man dabeihaben, Reithelme, -westen und Stiefel werden gestellt.

Neben den populären Strandausritten steht bei Feriengästen das Reiten in den Höhenzügen der Tramuntana ganz oben auf der Wunschliste. Der Ort Bunyola auf der geschützten Ostseite der Tramuntana wird als Ferienregion mit außerordentlichen Ausflugszielen immer beliebter. Um und in Bunyola gibt es Reiterhöfe und Gestüte mit hoher Reputation wie den Real Club „Escuela Equitación de Mallorca", den ältesten Reiterclub Mallorcas, oder das „Centre d'equitació Son Molina". Doch deren Ausrichtung gilt vor allem dem Springreiten und Dressur als Turniersport, so dass sich für Familien ohne Reitsportambitionen ein Ausweichen in die südlichen Ausläufer der Tramuntana empfiehlt, z.B. zum Club d'equitació Es Pas in Calvià. Im „Club Hípico La Gubia" in Bunyola ist der Unterricht direkt vor Ort passabel, die Routen für die Reitausflüge führen jedoch meist auf sehr schmalen Pfaden in die Berge oder unwegsames Gelände, so dass notgedrungen nur ein gemächliches Schritttempo eingeschlagen wird und statt eines interessanteren Rundweges der Rückweg mit dem Hinweg identisch ist. Der lange Zeit wie der Reitclub Es Mas in Calvià ansässige „Ponyclub Calvià" ist nach Palma in den Son Magraner umgezogen und in „Riding Academy Mallorca" umbenannt worden. Obwohl dort jetzt viele Pferde die Ponys abgelöst haben, können samstags in den Minireitstunden Kinder ab drei Jahren mit dem Reiten beginnen.

Club d'equitació Es Pas

Carretera Calvià a Puigpunyent
km 1, Calvià
Tel. +34 616 61 36 49
clubespas@hotmail.com
Facebook: Club d'Equitacio Es Pas

Panoramasicht auf die Berge der Serra de Tramuntana.

Wandern auf Mallorca

Mallorca ist keine klassische Wanderdestination. Dafür sorgen im Sommer schon Hitze und Sonneneinstrahlung, so dass Wandern die Schweißperlen treibt und Mallorca in erster Linie als Badeinsel bekannt ist. Zudem heißen die bekanntesten Routen hier Bier- und Schinkenstraße und versprechen ein ganz anderes, sangria- und bierseliges Pläsier. Auch der Touristenkorridor von Inca verströmt das Aroma von Lederfett und nicht den Duft von Rosmarin oder Zitronen- und Orangenblüten. Mandel- und Olivenhaine kennen viele nur vom Hörensagen her oder en passant, wenn sie im Mietwagen in rasanter Fahrt an ihnen vorbeibrausen – oder werden sie nicht mal zu unterscheiden wissen, sofern nicht gerade die Zeit der Mandelblüte oder Olivenernte ist.

Und doch bietet Mallorca alles, was das Wanderherz höher schlagen lässt: eine wildromantische Natur, die in den Höhen des Tramuntana-Gebirges sich spektakulär und erhaben gibt und von denen sich kontrastreiche Ausblicke aufs tiefe Blau des Meeres eröffnen, eine endlos scheinende Küste mit schroffen Klippen und sanft ins Meer übergehenden Buchten, der Geruch von wilden Kräutern, und man wird – nicht zuletzt – immer wieder auf Unerwartetes und Neues stoßen – mögen es

oft auch nur Kleinigkeiten sein –, sofern man nur aufmerksam und mit offenen Augen seine Schritte lenkt.
Mallorcas berühmteste Wanderroute, La Ruta de Pedra en Sec – die Route der Trockensteinmauern, unter Wanderprofis auch als „GR-221" bekannt –, folgt in acht Etappen von Port d'Andratx bis Pollença der gesamten Westflanke der Serra de Tramuntana. Sie ist ausdauerintensiv und – mit Ausnahme einiger Passagen – keine Familienroute, sondern für passionierte Wanderer und ausgiebige Wanderferien prädestiniert.

WANDERN MIT KIND UND KEGEL

Beste Wanderzeiten sind Frühjahr und Herbst, doch auch im Sommer lässt´s sich trefflich wandern, sofern man an sonnigen Tagen schon früh morgens oder erst am späten Nachmittag aufbricht. Bei Wanderungen mit Kindern ist unbedingt zu beachten, dass sie nicht zu viel – am besten gar nicht – der prallen Mittagssonne ausgesetzt sind. Dies schadet den Kindern weit mehr als den Eltern, die bald mit dem Quengeln ihrer Liebsten konfrontiert sein werden, die, sollten sie noch kleiner sein, nachfolgend schlapp machen, streiken und getragen werden müssen. Besser läuft's sich, wenn man genügend zum Trinken mitnimmt, was allerdings zur lästigen Schlepperei werden kann. Deswegen ist es noch besser, etwas Geld dabei zu haben, um die kleinen Helden am Zielort oder unterwegs mit Getränken und einer kleinen Nascherei zu belohnen.
Die eingeschränkte Ausdauer der Kinder darf nicht überstrapaziert werden (max. 2 ½–3 Std), die nicht nur physisch, sondern auch mental viel früher an ihre Grenzen stoßen – und sonst einfach nicht mehr weiter wollen. Herausfordernde oder gar gefährliche Wanderrouten und -passagen sind nie Teil einer Familienwanderung. Hingegen fesseln „ungefährliche" Kraxelpfade die Aufmerksamkeit der jungen Helden und stimulieren ihren Tatendrang, so dass sie weit mehr bei Laune bleiben und nicht so schnell wie auf einer monotonen, schnurgeraden Strecke ermüden.
Auch kleine Entdeckungen wie Muscheln am Strand oder skurril geformte Steine und Holz im Wald pushen die Motivation. Das Manko, dass man auf Mallorca kaum professionelle oder akkurate Wegmarkierungen und Beschilderungen vorfindet, wie man sie z.B. von Wanderwegen in den Alpen kennt, kann einen zusätzlichen Energieschub bei den Kleinen auslösen, wenn sie in einem anregenden Suchspiel nach bunten Farbmarkierungen Ausschau halten – die oft nur Kleckse auf Felsen, Steinmännchen und -aufhäufungen oder Holzpfosten sind – und eine Führungsrolle im Familientross einnehmen können.
Eltern mit Phantasie und Erzähltalent sind deutlich im Vorteil. Mag doch ob all der blühenden Schilderungen und kindlichen Imagination rund um die historischen Wachtürme Mallorcas die Familie sich bald vereint fühlen, um auf ihrem Weg die Insel vor gefürchteten Piraten zu verteidigen ...

Von Port de Pollença zur Bucht von Vall de Bóquer

Die Route von Port de Pollença zur Bucht im Vall de Bóquer ist eine der klassischen Familienwanderungen Mallorcas, denn auf dem einfach begehbaren Weg ohne große Höhenunterschiede gibt's in relativ kurzer Zeit viel zu sehen und zu erleben. Ausgangspunkt sind Port de Pollença oder am nördlichen Ortsende der Parkplatz der Umgehungsstraße MA-2200 in Richtung Formentor beim Kreisverkehr (mit „Camí de Cala Bóquer" ausgeschildert).

Bereits nach etwa 200 Metern gelangt man zum Eingangstor des Possessió Cases de Bóquer, wo für Fahrzeuge und Hunde der Weg zu Ende ist. Fußgänger können das Tor zum Landgut derer zu Bóquer passieren, das aus dem 17. Jh. stammt und Passanten heute vergegenwärtigt, wie haushoch Gummibäume doch zu wachsen vermögen. Imposanter als der Park ist der Ausblick auf die Bucht von Pollença und die sie umgebenden Berggipfel.

Hinter dem Anwesen geht's durch ein weiteres Eisentor auf einem kurzen, geteerten Abschnitt leicht bergan, dann zwängt sich der Bergpfad durchs Portell des Sementer, das sind bizarr geformte Felsblöcke, die schon die Ouvertüre zum kräftig erodierten Bóquer-Tal sind. An dessen Flanken präsentiert sich Mallorcas Küstengebirge par excellence mit steilen Felswänden, die, teils sanft geschwungen, in spitze Zinnen und Zacken übergehen und einen verwegenen Kontrast zum Preußisch-Blau des Meeres in der Bucht bilden. Mit Blick aufs Detail erkennt man mediterrane Gewächse wie Rosmarin, Johanniskraut, Zwergpalmen, die seltsam stachligen Polsterbüsche des Balearen-Dorntragants und himmelwärts Mönchsgeier, Wanderfalken und Habichtsadler – die im Frühjahr und Herbst ihre Kreise drehen. Doch auch im Sommer vermögen Kundige im ausgewiesenen Vogelschutzgebiet allerlei Vögel und Nistplätze auszumachen.

Nach einer halben Stunde kann man vor dem Coll del Moro – mit herrlichem Blick auf die Felseninsel Es Colomer mit der mächtigen Steilwand des El Pal – bei einer Steinpyramide den Weg nach links nehmen und einige Schritte später, bei einem weiteren Steinhaufen, zwischen zwei mit Steinmännchen und roten Punkten markierten Wegen hinab zur bereits sichtbaren Cala de Bóquer und deren Strand aus groben Kieselsteinen wählen, den man in knapp zehn Minuten erreicht. Mit Badesachen im Gepäck achtet man beim erfrischenden Bad im kristallklaren Wasser auf gelegentlich sich tummelnde Quallen und schwimmt nicht allzu weit hinaus, da dort an windigen Tagen mit nicht einsehbaren Strömungen zu rechnen ist. Auf dem Rückweg auf dem gleichen Pfad bieten sich mehrere Felsen und Steinblöcke als Sitzgelegenheit für ein Picknick an.

Die gesamte Wegstrecke von etwas über sechs Kilometern (hin und zurück) kann auch mit kleineren Kindern in etwas über 1 ½ Stunden zurückgelegt werden.

Rund um Lluc: Das »Kamel« lässt grüßen

Eine leichte Wandertour, die Kindern einiges an Abwechslung bietet, beginnt im Santuari de Lluc beim Souvenirladen des Klosters. Dort gelangt man rechts durch ein Holztor auf einem breiten Weg in 200 Metern zur Weggabelung mit der Tafel „Paratge natural de la Serra de Tramuntana", einer Übersichtskarte mit Wegen um das Kloster Lluc, bei der man dem linken Weg folgt, der bald einen vernachlässigten Bolzplatz quert, hinter dem es links zu einer kleinen Holzbrücke und der Beschilderung zu fünf Rundwegen geht, wobei es der Nr. 4, „Sa Cometa des Morts", zu folgen gilt.
Auf einem gestuften Weg nach oben ist es nicht mehr weit bis zu einem Köhlerplatz und dem Schild „Es Camell", das Wanderer nach rechts zu den bizarren Felsformationen weist, die sich in Jahrmillionen aus verkarstetem Kalkstein gebildet haben. Unter all diesen sticht das „Kamel" heraus, denn zu verblüffend scheint die mächtige Steinwand mit Kopf, langem Hals und Höckern dem allbekannten Wüstenschiff zu gleichen. Und wenn einige Rabauken meinen, es sei eher ein Mammut, auch recht, wenn's denn der Wanderlust zuträglich ist.
Zurück beim alten Köhlermeiler, erzählt man wissbegierigen Kindern, wie früher Holzkohle hergestellt wurde – Schaulustige wählen zudem den Abstecher zum Mirador (Aussichtspunkt) über das Tal von Lluc –, um dann bei den folgenden Abzweigen zweimal den rechten Pfad zu wählen, der durch einen Steineichenwald bald den Hinweis zur „Totenhöhle" erreicht. Teilweise helfen nur mit roten 4ern bemalte Holzpfähle und Steinmännchen zur Orientierung, was nicht weiter schwer ist, denn alsbald steht man vor dem hohen Grotteneingang der „Cova de Sa Cometa des Morts".
Beim Einstieg in die gerade mal 36 Meter große Höhle ist der meist glitschige Untergrund zu berücksichtigen und dass man für den hinteren Teil eine Taschenlampe benötigt. Ganz hinten gelangt man – am besten auf allen Vieren – durch ein breites, nicht allzu hohes Felsenloch zur früheren (heute natürlich leeren) Grabkammer. Kleine und große Höhlenforscher können sich – je nach Schauderempfindlichkeit – nun Gruselgeschichten zum Besten geben. Die Grabfunde aus vorchristlichen Zeiten befinden sich heute im Klostermuseum von Lluc.
Zurück auf dem Rundweg, geht's in Kehren zunächst steil aufwärts, dann auf ebenem Terrain zur Landstraße MA-10 in Richtung Pollença. Dort sind es keine fünf Gehminuten bis zu einem offenen Holztor, bei dem man auf dem Camí Vell (Pollença–Lluc) nach einer Viertelstunde zum Picknickplatz Es Pixarells gelangt

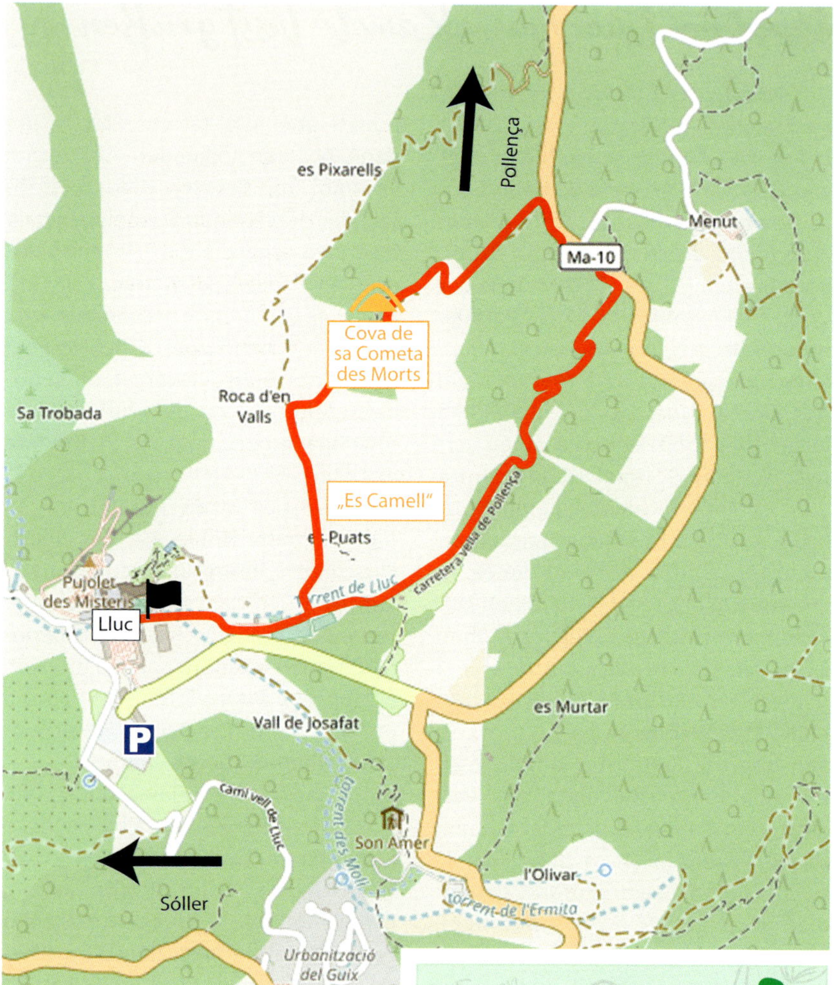

mit Toiletten und fließendem Wasser. Weiter geradeaus erreicht man schließlich wieder den bereits bekannten Bolzplatz.

Der „kinder“leichte Rundweg erfordert beim Abstieg in die Höhle festes Schuhwerk, Trittsicherheit und ist in weniger als 2 Stunden zu bewältigen.

Von Port d'Andratx nach Sant Elm

Um nicht zu schnell die Energien zu verbrauchen, startet man nicht unten bei der Hafenpromenade von Port d'Andratx, sondern fährt mit dem Auto auf die Nordseite der Bucht (Yachthafen) beim Restaurant Media Luna nach rechts in den Carrer Aldea Blanca, der beim zweiten Abzweig in den Carrer Cala d'Egos (in Richtung Hotel MonPort) mündet. Kurvenreich geht´s bergauf, am asphaltierten Ende der Straße parkt man das Gefährt und beginnt die Wanderung.

Rechts biegt man in den teilweise

etwas steilen, durch Steinmännchen markierten Wanderweg zum Coll des Vent („Sattel des Windes") ab, bei dem man sich wundern wird, dass man sich jetzt gerade mal auf 163 Höhenmetern über Meeresplateau befindet, auf die zerklüftete Schlucht der Cala d'Egos herabblickt und am Horizont die Südspitze der Insel Sa Dragonera entdeckt. Direkt zu Füßen sind rechts zwei alte Kalköfen ein Indiz, wie früher auf Mallorca aus kalkhaltigem Gestein Kalk gewonnen wurde.

Apropos entdecken: Mallorcas Wegmarkierungen entsprechen nicht dem alpinen Standard. Deswegen heißt es während des gesamten Weges gut auf die Steinmännchen und Farbmarkierungen aufzupassen, die die Wanderer leiten. Der breite Schotterweg passiert den Höhenzug des Comellar de Cala d´Egos, bald wird man links das in der Tiefe glänzende Meer, rechts das Tal von Andratx überblicken und sollte darauf achten, nicht den zwischen einigen Gesteinsbrocken (Marienaltärchen) versteckten Abzweig rechts hoch zum – nicht nur wenn die Baumheide blüht – rötlich schimmernden Pas Vermell (295 m) zu verpassen. Oben heißt es innezuhalten, denn es eröffnet sich ein herrlicher Blick weit hinunter über Sant Elm und die „Drachen"insel.

Der Abstieg nach der Passhöhe führt mit teilweise steilen Passagen durch lichten Wald und nach zehn Minuten zu einem Schotterweg, in den man nach links einbiegt und bald, bereits wieder küstennah, eine Zeitlang Sa Dragonera im Blick hat. An der Weggabelung mit einem Pfeil aus Steinen ist die Option nach rechts der leichtere Weg bis zum Schloss von Sant Elm (13. Jh.). Das türkise Blau der Cala es Conills vor Augen, sind es keine zehn Minuten mehr bis zum Ortszentrum von Sant Elm, an dessen Sandstrand ein erfrischendes Bad die Mühen belohnt. Cafés und Restaurants sind an der Uferpromenade ausreichend vorhanden.

Das häufige Auf und Ab und die aussichtsträchtigen Pausen können die einfache Strecke auf 2 Stunden Gehzeit ausdehnen.

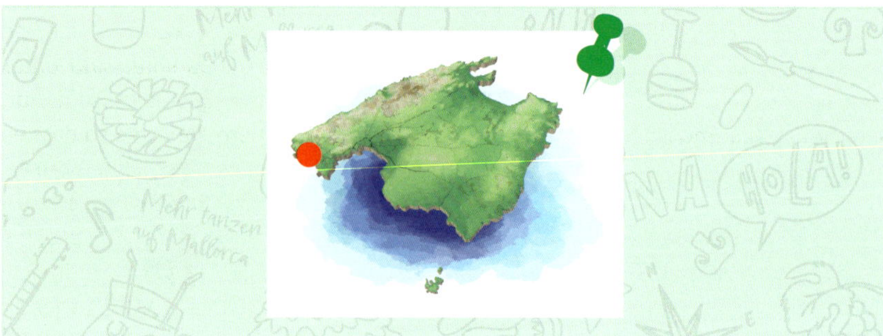

„Sa Foradada" bedeutet übersetzt „Die Gelöcherte".

Vom Landgut Son Marroig nach Sa Foradada

Diese Wanderung auf einem alten Forstwirtschaftsweg bietet spektakuläre Ausblicke, ist mit etwa drei Kilometern (sowohl hin als auch zurück) nicht allzu lang und auch mit Kindern und festem Schuhwerk problemlos machbar. Allerdings gibt's eine Crux! Die doppelte Belohnung wartet am Ziel des Hinweges. Danach geht's auf dem gleichen Weg zurück, aber diesmal bergauf.

Ausgangspunkt ist das Landgut Son Marroig an der Küstenstraße C-710 zwischen Valldemossa und Deià. Die Einfahrt zum Parkplatz erreicht man bei km 65,5. Offiziell ist der Zugang zur Punta de Sa Foradada nur bei Erwerb eines Eintrittstickets für das Herrenhaus Son Marroig, das ehemalige Landgut des österreichischen Erzherzogs Ludwig Salvator, erlaubt. Ansonsten wird geparkt und zumarschiert, denn auch sonntags, wenn Son Marroig geschlossen ist, gibt's keinen Eintrittskartenverkauf.

Der asphaltierte, leicht ansteigende Weg hinter dem Herrenhaus führt nach einigen Schritten rechts direkt zur Hinweistafel „Sa Foradada" und zu einem verschlossenen Eisengatter, das den Weg versperrt, aber über eine Leiter einfach zu überwinden ist. Dahinter sind unter den ungewohnt neugierigen Eseln einige putzige Jungtiere darunter, so dass es etwas an Überredung erfordern könnte, die Kleinen von den Steiff´schen Kreaturen loszureißen. Die Schotterpiste führt zunächst zwischen Olivenhainen in Serpentinen abwärts, dann geht die Vegetation in Kiefernwald über.

Auf dieser Wanderroute gibt es nur wenige Wegweiser, kaum Schatten. Bei der folgenden ausgeschilderten Weggabelung hält man sich rechts, beim nächsten Gatter links und folgt der talwärts teils felsgestützten, teils hochgemauerten Trasse, die im weiteren Verlauf immer steiler wird. Auf der anderen Seite verleihen zwischen den teils überhängenden Felswänden „abgestürztes" Geröll und rote Erde dem Berghang eine archaische Aura.

Treppenstufen führen zu Aussichtspunkten, von denen man hinunter zur „Gelöcherten" – was „Sa Foradada" bedeutet – blickt. Es gibt einige Felsblöcke auf Mallorca, die wie ein Schweizer Käse gelöchert sind. Doch dieser hier – 82 Meter hoch mit einem 14 Meter großen Loch – ist der berühmteste und ein bekanntes Postkartenmotiv.

Unten angekommen, führt links ein Camí pérdut („verlorener Weg") zu einem Rastplatz und zur schönsten Nahansicht von Sa Foradada, wo man nach ausgiebigem Staunen umkehrt, denn danach wird der Untergrund des Weges zu gefährlich. Wählt man bei der Abzweigung den rechten breiten Weg, gelangt man direkt am Meer entlang zum Routenziel – und zum ersten Teil der Überraschung: ein kleiner Badeplatz direkt unterhalb der löchrigen Felswand von Sa Foradada. Herrlich ist´s, hier im Sommer nach dem etwa dreiviertelstündigen Abstieg ein erfrischendes Bad zu nehmen.

Wenn es beim Anblick der Mole und Bootsanlegestelle heftige Proteste hagelt, dass man nicht nur zu Fuß, sondern auch mit dem Boot hierher hätte kommen können, ist's höchste Zeit, die zweite Überraschung anzukündigen, auf die auch ein kleines Wegschild verweist: Einige Schritte weiter serviert das rustikale Freiluftrestaurant „Sa Foradada" seine vielgepriesene Paella.

Die äußerst freundliche Chefin und das Personal werden bestätigen, dass zwar schon Bruce Springsteen, Tom Hanks und andere Hollywoodgrößen mit ihrer Yacht an der Mole andockten und ihre Gäste waren, aber alle anderen tapferen, kleinen Krieger selbstverständlich zu Fuß hierher kommen. Gut gestärkt, kehrt man auf dem gleichen Weg nach Son Marroig zurück.

Hin- und Rückweg sind gemütlich in 2 ½ Stunden zu bewältigen. Nur der Rückweg erfordert von den Kleinen etwas Kondition und Einsatzwillen. Im Sommer nimmt man Badesachen mit. Das Restaurant Sa Foradada hat vom 1. April bis 31. Oktober Saison. Im Juli und August ist eine Reservierung empfehlenswert:
Tel. +34 616 087 499

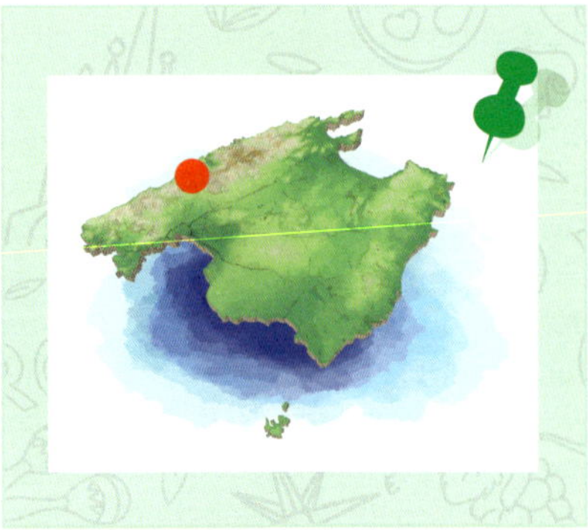

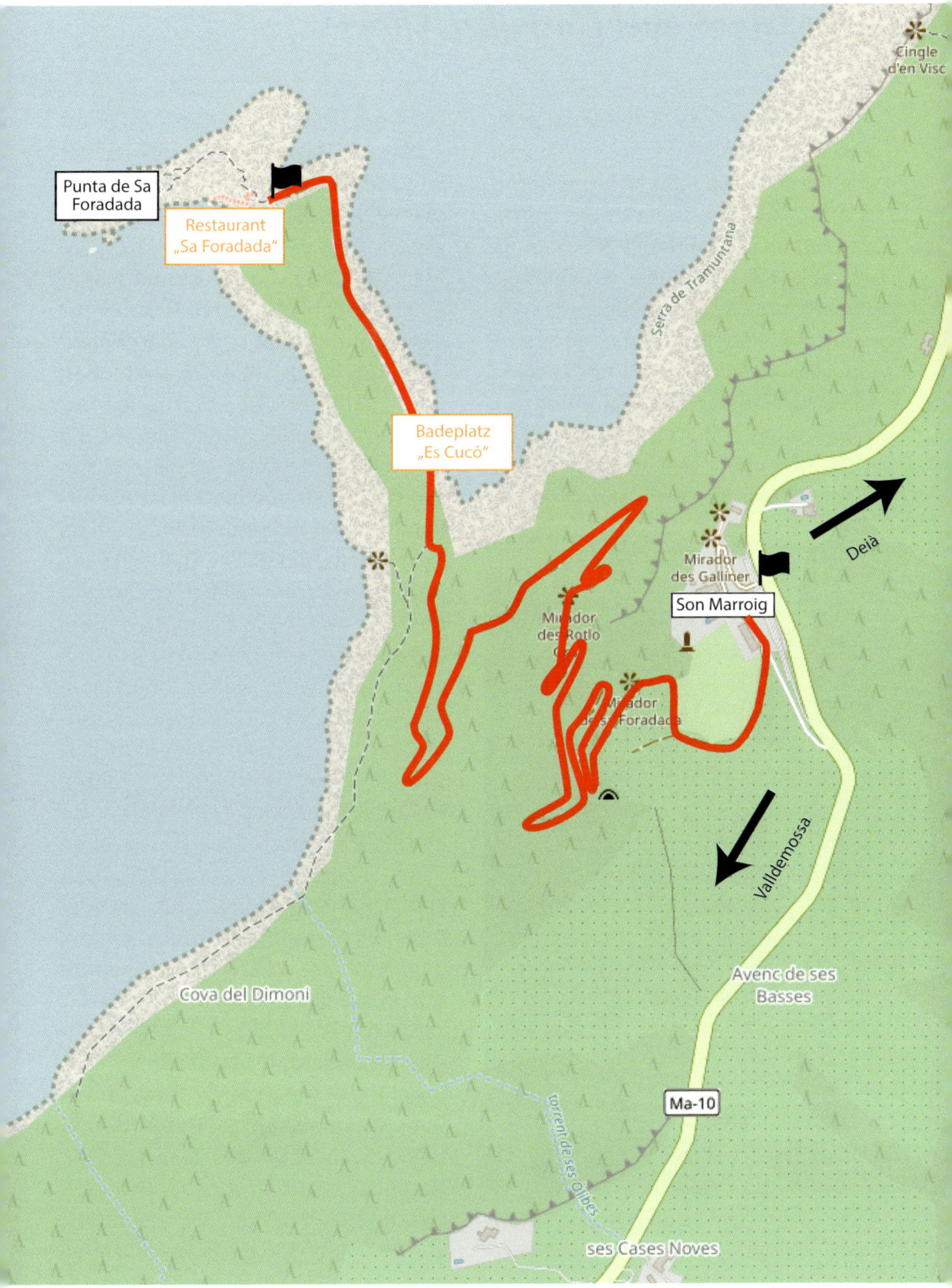
Cingle d'en Visc
Punta de Sa Foradada
Restaurant „Sa Foradada"
Serra de Tramuntana
Badeplatz „Es Cucó"
Mirador des Galliner
Son Marroig
Deià
Mirador des Rotlo
Mirador de sa Foradada
Valldemossa
Avenc de ses Basses
Cova del Dimoni
Ma-10
torrent de ses Olibes
ses Cases Noves

Von Alaró zum Castell d'Alaró

Während andere Wanderstrecken liebliche bis spektakuläre Szenarien en détail bieten, gibt sich das Castell d´Alaro nur mit Superlativen zufrieden. Denn dort oben liegt einem die ganze Insel zu Füßen, schweift der Blick von den Gebirgszügen der Tramuntana über die Ebenen des Es Plà und das weite Land bis nach Palma, die Schiffe in der Cala Major und aufs Meer hinaus. Zudem befindet man sich an einem geschichtsträchtigen Ort, wo über das Wohl und Wehe der Insel entschieden wurde – oder zumindest darüber, wer die Herrschaft im Land hatte.

Vom Castell d'Alaró hat man eine spektakuläre Sicht über die ganze Insel.

Die Wanderrouten zum Kastell beginnen in Orient oder in Alaró. Der Weg ab Orient ist anspruchsvoller und landschaftlich reizvoller, aber für Kinder und ungeübte Wanderer nicht geeignet. Bei der in Alaró startenden Route kann man den Startpunkt der Wanderung und damit Dauer und Schwierigkeit selbst wählen. Denn sie ist bis zum Waldparkplatz Plà des Pouet, einige Höhenmeter unterhalb des Kastells, befahrbar. Die Fahrbahn ist jedoch extrem schmal, so dass oft nur bei den Ausweichplätzen dem Gegenverkehr ausgewichen werden kann, und wird weiter oben zum Abenteuer und zur holprigen Schotterpiste. Es ist also mehr eine Entscheidung, was man sich als Fahrer, seinen Nerven und dem Gefährt zumutet. Die meisten parkieren oben beim Schäferei-Restaurant „Es Verger". Dies ist auch bei einer Wanderung mit Kindern die beste Option, denn von hier schafft man es gemütlich in weniger als einer Stunde bis zum Kastell.

Die Orientierung ist einfach. Man folgt dem historischen Zugang zur Burg, einem uralten Steinpfad, der für Wanderer allemal breit genug und gut begehbar ist. Oben wird der Schotterweg in engen Kehren steiler und die Stufen aus behauenem Stein zahlreicher. Spätestens hier ist selbst für robuste Kinderwagen Schluss. Gelegentlich stößt man auf vollbepackte Esel, die als Lasttiere zur Herberge hinauftrotten. Auf der sich zwischen Felsen hindurchzwängenden Steintreppe mögen sich die kleinen „Eroberer" in die Ritterszeit zurückversetzt fühlen.

Durch den gut erhaltenen Torbogen der Burg gelangt man auf ein Areal mit schattigen Picknickplätzen und einem Ausblick auf das Tal von Orient. Am besten geht man nach rechts noch ein gutes Stück weiter bergauf bis zum großen ruinenbestückten Plateau. Dort befinden sich das Ora-

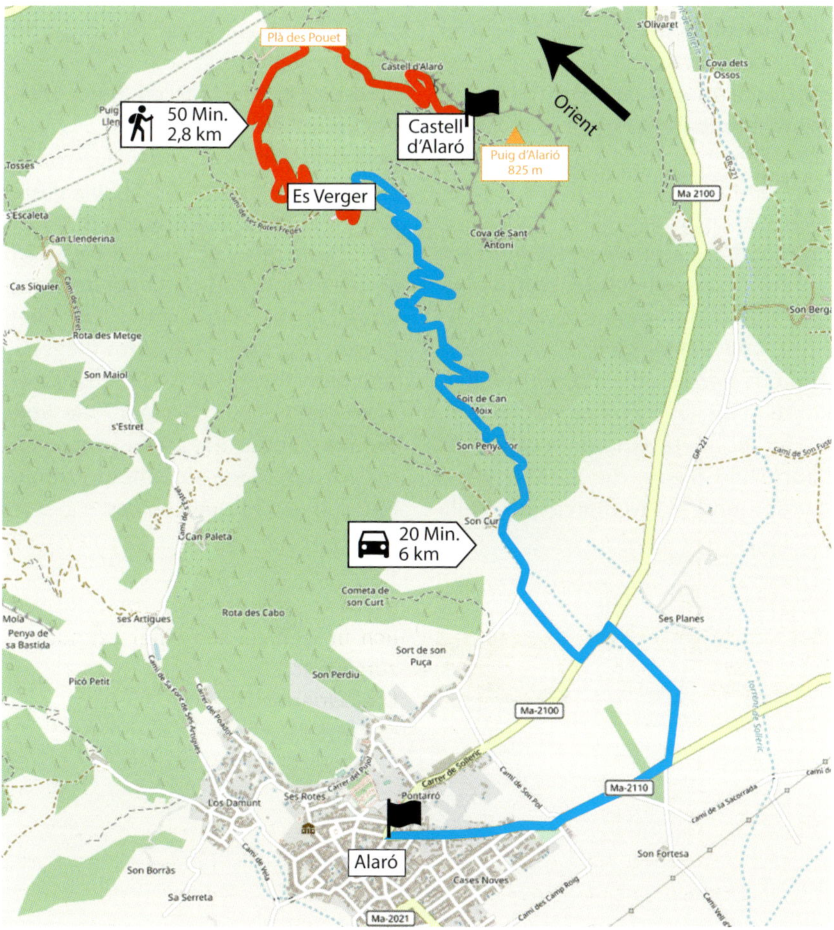

torium Mare de Déu del Refugi, die (einfachst bewirtete) Herberge Hospederia del Castell d'Alaró, idyllische Sitzecken und Spielmöglichkeiten für Kinder. Doch nicht nur, wenn diese noch sehr klein oder ungestüm sind, sind Auf- und Vorsicht geboten! Die Abhänge sind nicht gesichert, und am Rand des Plateaus lauern hinter kleinen Mäuerchen fast senkrecht abstürzende Steilwände.

Gewaltig und erhaben ist der Blick von hier oben, dass es nicht schwer fällt, sich vorzustellen, wie die Byzantiner im Jahr 911 von der einst uneinnehmbaren Festung auf heranrückende, waffenstarrende Mauren herabblickten, die das Kastell zwar nicht stürmen, aber nach neun Jahren die Verteidiger aushungern konnten. Dasselbe Schicksal widerfuhr den Mauren selbst, als Kreuzritter und Söldner unter der Krone Aragóns sie geduldig mit der Hungerknute in die Knie zwangen. Unsterblichen Ruhm erlangten schließlich Cabrit und Bassa, die zu Märtyrern wurden und auf Mallorca wie Heilige verehrt werden. Die beiden wackeren Kommandanten verteidigten das Kastell 1285 gegen Alfons III. in aussichtsloser Lage und wurden von diesem schließlich lebendig am Spieß geröstet. Für heimatverbundene und heißblütige Mallorquiner ist das Kastell die wichtigste Wallfahrtstätte. Deswegen sollte man an keinem inselweiten Gedenk- oder Feiertag hierher kommen, sonst muss man sich bei Anfahrt und Aufstieg in eine gehetzte Völkerwanderung einreihen.

Sind´s der Geschichten noch nicht genug, erzählt man seinen Liebsten von den „Bruixes“, den Hexen, die zwischen den Spitzen des Puig d'Alaró und Puig de s'Alcadena (vom Kastell ist es der nächste, etwa gleich hohe, genau östlich liegende Berggipfel) in den Raunächten auf Seilen tanzen und durch die Lüfte fliegen.

Auf dem Rückweg ist im rustikalen Speisesaal des „Es Verger“ die über offenem Feuer gegarte Lammschulter zu Brot oder Kartoffeln krönender und leckerer Abschluss.

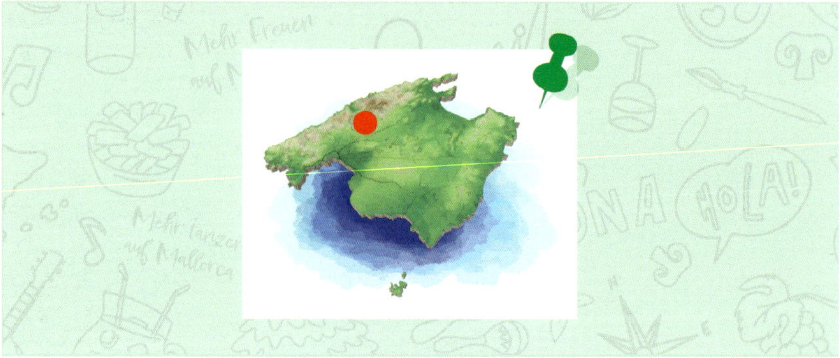

Eine frühere Höhle stürzte ein und bildet nun die Cova des Pont.

Von der Cala Romàntica zur Cova des Pont

Für das Gros der Wanderer hat die Route zur Cova des Pont den Charakter eines Spaziergangs. Das ist sie, aber einer, der es in sich hat, der auch für Familien mit Tatendrang machbar ist, sofern das Unterfangen überlegt und ohne Leichtsinn angegangen wird. Dann wird's zu einer spannenden Tour, bei der man unterwegs in einer wunderschönen Bucht ein erfrischendes Bad im Meer nehmen und sich von einem landschaftlichen Bonmot am Ziel der Wanderung überraschen lassen kann.

An feuchten oder Regentagen ist dieser Wanderpfad zu gefährlich. Kinder sollten mindestens acht oder neun Jahre alt sein, über genügend Disziplin und Einsicht verfügen, sich in der Nähe von Abbruchkanten der Klippen an den vorgegebenen sicheren Wanderweg zu halten, und bereit sein, eine lange Hose und festes Schuhwerk anzuziehen, um sich vor dem scharfen Dissgras oder dornigem Gestrüpp der Macchia zu schützen, dieser wild wuchernden, Mallorca-typischen Vegetation, die vielerorts am Wegrand wächst. Und beim Gang über teils verwittertes, scharfkantiges Gestein sollte man trotz herrlicher Aussichten über die Küste aufpassen, wohin man seine Füße setzt.

Die Wanderung beginnt im Süden von Porto Cristo in der Cala Romàntica, die an der Nordseite wenig romantisch komplett mit Retortenhäusern des Ferienortes S'Estany d'en Mas überbaut ist. Man folgt rechts der südlichen Felsenwand bis zu einem etwas versteckten, ausgetretenen Pfad, der direkt in eine über drei Meter hohe Kletterpassage mündet. Hier sind Trittsicherheit und Schwindelfreiheit gefragt, doch dank der in den Stein geschlagenen Steighilfen für Hände und Füße ist der Weg nach oben auch für jüngere Klettermaxe nicht allzu schwer.

Ein steiler Kletterauftakt, ein Anstieg bis zum Felsplateau, auf dem der Trampelpfad der Küstenlinie folgt, damit war´s dann fast schon mit der Kletterei auf dieser Route. Der ausgetretene Weg führt dicht entlang der Klippen, mit prachtvollen Aussichten auf die felsige Landschaft und das Meer. Ab und an stößt man auf eine Bergziege, die sich an der widerspenstigen Macchia labt: Mallorca, wie es ursprünglicher kaum sein könnte!

Nach etwa vierzig Minuten erreicht man die Cala Falcó. Das bedeutet für Wanderer en passant: steiniger Abstieg, die Bucht durchlaufen, steiniger Aufstieg! Auf dem Rückweg kann hier eine wundervoll erfrischende Badepause eingelegt werden. Die in den Fels gewaschenen Brandungshöhlen sollten Hinweis genug sein, dass man in Ufernähe bleibt. Von der Cala Falcó ist es eine weitere Viertelstunde bis zum Kodak-Point der Wanderung: die Cova des Pont.

Auch wer sich bis dahin zurückgehalten hat, jetzt ist´s damit vorbei. Nun wird fotografiert, was die Kamera hergibt. Mit Glück genießt man das traumhafte Motiv für sich allein. Die frühere Höhle ist in die tosende Bucht eingestürzt und hat von ihrem Gewölbe nur diese beeindruckende, wunderschöne Felsenbrücke übrig gelassen: „Brückenhöhle". Jetzt versteht man auch, was mit dem sonderbaren Namen Cova des Pont gemeint und was ein Einbruchskessel ist. Wahre Helden lassen es sich natürlich nicht nehmen, sich auf dem betretbaren Felsbogen über dem Caló Blanc ablichten zu lassen. Sind die Helden noch klein, posieren sie an Papas sicherer Hand. Introvertierte begnügen sich, staunend zu beobachten, wie sich die bei starkem Wind heftigen Wellen innerhalb des Kessels nach oben brechen – bis es Zeit für den Rückweg ist, der mit dem kühlenden Nass in der Cala Falcó aufgefrischt werden kann.

Wer mit dem Auto kommt, sucht einen Parkplatz direkt vor dem Strand der Cala Romàntica oder in den Seitengassen des Ortes. Die Buslinien L441 von Porto Christo bis Cala Mendia oder L412 von Palma nach Porto Cristo sind aufgrund ihrer spärlichen Frequenz kaum eine Alternative. Die ca. 7 km lange Wanderung (hin und zurück) kann ohne Badepause in gut 2 Stunden absolviert werden.

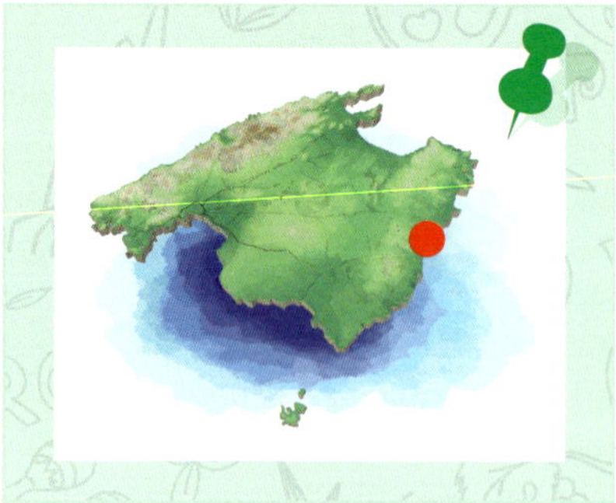

S'Estany d'en Mas
Avinguda dels Geranis
Passeig de Cala Mendia
Carrer de son Moro
Carrer de la Punta Reu
Avinguda de les Violetes
Cala Romàntica
Cala de s'Estany d'en Mas
Cova des Pirata
Cova des Pont
Cala Falcó
Punta d'en Barrafau

Von der Finca Son Real zur Necropólis

Die Wanderung zur Necropólis von Son Real ist ein durstiges Pflaster. Nur auf winzigen Teilstrecken geht man im Schatten der Bäume und ist ansonsten der prallen Sonne ausgesetzt. Trotzdem ist sie eine der reizvollsten Wanderrouten im Nordosten Mallorcas, bei der man innerhalb einer guten Stunde das Baden im Meer mit dem Rumturnen zwischen antiken Mauern und dem Besuch einer authentischen mallorquinischen Finca verbinden kann. Die Wege sind kurz, flach, stellen keine besonderen Anforderungen und können – ganz nach Motivation der Kinder – zu einem unterschiedlich langen Rundweg verlängert oder abgekürzt werden. So ist ein Besuch der Necropólis auch für Familien, die sonst nie die Wanderstiefel schnüren, eine gute Wahl.

Ausgangspunkt der Wanderung ist die Finca Son Real im Süden von Ca'n Picafort. Von der Straße (MA-12) nach Artà biegt man 3,5 km nach San Bauló beim großen Hinweisschild nach links auf den Parkplatz ab. Sollte das Holztor verschlossen sein, kann es einfach geöffnet und wieder zugeschoben werden. Im Informationszentrum liegen Prospekte mit den eingezeichneten Wegen aus.

Vorbei am herrschaftlichen Haus, folgen Gehege mit heimischen Nutztieren wie Schafe, Esel oder Gänse, zwischen denen manch ein Pfau stolziert, und gut gemästete Exemplare des Schwarzen Schweins, Porc Negre, die ihr mit Früchten der Mandel-, Johannisbrot- und Feigenbäume angereichertes Futter büßen, wenn sie bei der Matanca, der Winterschlachtung, für die Streichwurst Sobrasada mit Leib und Leben herhalten müssen.

Es folgen ein weiteres Holztor, eine vierstufige Holzleiter, schon ist man auf dem Wanderweg zur Necropólis. Bei der Kreuzung kann man links auf die lange, auch mit dem Velo abzufahrende Route „4“ (Son Bauló, 6,2 km) abzweigen. Entspannter ist der Weg „3“ (El camí de l'Illa des Porros – Refugi, 4,5 km) in Richtung Meer durch eine typische mediterrane Landschaft mit etwas Pinien- und Kiefernwald (Pinar) und viel Macchie (Matorral). Viele gekrümmte Bäume und das Rauschen des Meeres sind eindeutiges Indiz, woher hier oft kräftig der Wind bläst.

Vor einer einfach zu übersteigenden Holzleiter kurz vor dem Strand stoßen beide Wege wieder aufeinander (Route „4“ verläuft links weiter nach San Bauló). Gleich dahinter befindet sich auf der kleinen Landzunge, Punta des Fenicis, (Spitze der Phönizier) die Necropólis, die archäologische Ausgrabung einer Totenstadt aus dem 7.–4. Jh. v.Chr. Es ist ein verträumtes Labyrinth aus

Passeig Mallorca
Carrer dels Tords
Ronda del Torrent
Torrent de Son Baulo
Cala s'Arralot
Punta des Fenicis
Necropólis
Punta des Patró
Sa Barraca
Refugi de Son Real
26 m
5 - Itinerari d'Es Cremat
4 - Itinerari de Son Bauló
s'Ametlerar
Ma-12
Casas de Son Real
es Figueral

runden, rechteckigen und hufeisenförmigen, aufgeschichteten Mauern und Türmchen. Die verbliebenen sterblichen Überreste samt Grabbeigaben der 109 erhaltenen Gräber wurden längst ins Museu monogràfic de Pollèntia in Alcúdia überführt, so dass dem Herumtollen, Klettern und Versteckspielen der Kleinen nichts Makabres anhaftet, schon gar nicht, wenn das glitzernde Sonnenlicht im Kontrast zum milchigen Blau des Himmels das Gelände zu einem pittoresken Fotomotiv macht.

Links führt der Weg am Strand entlang zu mehreren Badestellen, reizvoller sind Küstenverlauf, Dünenlandschaft und die einsamen Naturstrände, wenn man rechts weitergeht in Richtung „Refugi" (Schutzhütte), und nach einem Abstecher ins kühle Nass zu der mit Schlafsäcken und Lebensmitteln zum Übernachten (dafür ist eine Anmeldung im Informationszentrum erforderlich) eingerichteten Schutzhütte gelangt. Von dort ist der Weg „2" (El Cami de l'Illa des Porros – Refugi) der schnellste Weg zurück zum Parkplatz von Son Real. Vielleicht stößt man noch auf die ein oder andere scheue Mittelmeerschildkröte, die auf dem Anwesen der Finca leben.

Die reine Gehzeit dieses Rundweges beträgt 1 ¼ bis 1 ½ Stunden. Ablenkungen gibt's jedoch zuhauf. Ob nun Kinder am Strand flauschige Meerbälle einsammeln, meckernde Ziegen aufscheuchen und tief fliegenden Enten hinterherspringen oder die Altvorderen nach dem x-ten Ausruf, wo denn all die Schildkröten geblieben seien, stattdessen allerlei Hummeln, Käfer und herumkrabbelndes Getier beäugen – schnell wird man mindestens eine halbe Stunde mehr bis zurück zum Gutshof brauchen. Wer trotzdem noch Energie hat, kann abschließend das Herrenhaus, die Ställe und das Museum der Finca Son Real besichtigen. Sie bietet nichts Spektakuläres, doch sie ist mit Bedacht auf Authentizität und Liebe zum Detail als ein Ort der Öffentlichkeit ohne Profitorientierung hergerichtet worden und ein besserer Einstieg in die Tradition mallorquinischen Landlebens als die vielen privaten, kommerziell ausgerichteten Orte.

Finca pública de Son Real, Tel. +34 971 185 363. April–September 9–19 Uhr, Oktober bis März 9–17 Uhr, Museum: ganzjährig bis 16 Uhr. Außer der Filmvorführung freier Eintritt. Inhaber der Targeta Verde können in der Finca kostenlos ein Fahrrad leihen.

Die romantische Cala de Deià.

Vom Ort Deià zur Cala de Deià

Dieser einfach zu begehende Wanderweg ist ein Bonmot für Mallorca-Puristen und Paradebeispiel für das für die Küste der Tramuntana so charakteristische Landschaftsbild: ein Rendezvous von Gebirge und Meer, von archaischen Felsen, schroffem Gestein und tiefblauem Wasser und manchmal stürmischer Brandung. Auch Kindern wird die Route gefallen, denn sie müssen nicht zu lange marschieren, können in einem Abenteuer versprechenden, urigen Fischerhafen am Ufer spielen – und gleich vor Ort gibt es Gelegenheiten zur Einkehr und die Belohnung für die vollbrachte Großtat.

Eine größere Herausforderung ist die Parkplatzsuche. Zu viele parken direkt an der Durchgangsstraße von Deià. Neben den kostenpflichtigen, zeitlich limitierten Parkplätzen gibt es – bei früher Ankunft – in den höher oder tiefer liegenden Seitenstraßen auch einige kostenlose, doch ohne Zeitbegrenzung parkt man besser am Ortsausgang in Richtung Sóller.

Ausgangspunkt des Rundweges ist die an ihrer dreieckigen Überdachung einfach auszumachende Bushaltestelle, bei der ebenfalls ein gebührenpflichtiger Parkplatz vorhanden ist. Man biegt vom Carrer Arxiduc Lluís Salvador (Carretera de

els Còdols Blancs
Camí dels Pintors
Cala de Deià
Illes Balears
Es Vinyet
Son Beltran
Son Bujosa
Ca l'Abat
camí d'Es Vinyet
GR-221
pla des Llosar
Urbanització s'Empeltada
Ma-10
Gorg de l' Infern
Son Bauçà
Ribassos
Carrer de l'Arxiduc Lluís S.
Son Canals
Carrer de Son Fussimany
Camí de sa Costa
Deià
Carrer d'es Clot
es Clot
torrent des Salt
Can Boqueta
es Racó
torrent des Castell des Moro
Castell des Moro

Sóller) in den Carrer d'es Porxo ein, geht bis zur Kreuzung, bei der rechts in den Carrer Ramon Llull und zur fensterlosen Pfarrkirche Sant Joan, einer trutzigen Wehrkirche, abgebogen werden kann.

Der Rundweg folgt an dieser Kreuzung jedoch bergauf der gepflasterten Treppengasse Costa d'en Topa, um bald darauf wieder abwärts nach links zur kleinen Brücke über den Torrent Major zu gelangen. Rechts folgen im Carrer des Clot Hinweisschilder zur „Cala de Deià". Jetzt geht es hauptsächlich bergab, die Orientierung ist einfach und keine Eile geboten. Genügend Zeit also, um das zauberhafte Ambiente von Deià auf sich wirken zu lassen: ockerfarbene Natursteinhäuschen mit grünen Fensterläden und Terrakotta-Dächern, dazwischen grell aufleuchtende Bougainvilleen oder sich um Rankgerüste windende Triebe des Blauregens in spätsommerlicher Nachblüte. Man stößt am Rande des Wasserlaufs auf den Molí de Can Carindo, eine stillgelegte Mühle, und den öffentlichen Waschplatz Es Siquió, der dem Lauf der Zeit und versiegendem Wasser entsprechend aus der Mode gekommen ist.

Weiter unten folgen der Font d'es Molí samt Wasserkanal, ein weiterer Waschplatz und am Anfang des Camí d'es Ribassos der Rundbau einer Mühle. Mit Überquerung de Torrent Major auf der alten Schafsfurt Pont de sa Cala erreicht man die asphaltierte Straße und kurz darauf den

Parkplatz der Cala de Deià. Ein stimmungsvoller Auftakt zur Bucht ist ein kleiner Abstecher zum Aussichtspunkt, der hinter dem Parkplatz beim Schlagbaum mit ein paar Steinstufen nach oben beginnt. Dort hält man sich links und geht fünf Minuten weiter durch ein Waldstück entlang der Bucht. Bei einer Lichtung bietet sich ein herrliches Panorama über die Bucht und den Còdols Blancs, einen bizarren weißen Kalkfelsen mitten im türkisblauen Wasser, und den „surrealen", eiförmig auf der Wasseroberfläche „schwebenden" Felsen S'Ancolla.

Die Cala de Deià ist genau so, wie sie fast jeder Hollywood-Regisseur von seinen Kulissenbauern fordern würde, um einen in der Vergangenheit verhafteten Fischerfilm – vielleicht mit Anthony Quinn als Protagonisten und der Landschaft als zweitem Hauptdarsteller – zu drehen. Ohne Zweifel – die Bucht ist wunderschön, von Felswänden eingekreist und mit glasklarem Wasser gesegnet. Selbst der Strand ist nicht auf Badetauglichkeit, sondern

ganz auf optische Wirkung getrimmt: kein puderfeiner Sand, sondern Wacken und verwittertes Geröll, und das höchste Maß an Lieblichkeit sind die vom Meer über die Zeiten rundgewaschenen Kieselsteine. Auch alles Menschenwerk ist hier aus Stein und Holz gemacht, halb in den Fels gebaut oder mit diesem verwachsen wie die malerischen Bootsgaragen und Natursteinhäuschen, und die schiefen, rustikalen Treppenstufen sind mit knorrig-krummen Handläufen flankiert.
Es obliegt den Kleinen, den Erwachsenen zu demonstrieren, dass Steine gar nicht so hart und unbequem sind, wie die Großen immer meinen. Dennoch ist für die von den puderfeinen Sandstränden der Ost- und Südküste Mallorcas verwöhnten Urlauber die Cala de Deià kein geeigneter Badestrand, aber für die Kinder ein aufregender Tummelplatz, wo es sich für die ganze Familie eine Weile aushalten lässt. Die beiden in die Naturkulisse integrierten Restaurants Ca's Patro March und Can Lluc direkt am Eingang der Bucht leben von dem einzigartigem Ambiente und müssen keine Gourmetkost auftischen, um das Haus voll zu bekommen. Wer mit einem Platz, wo es sich herrlich eine Zeitlang sitzen lässt, zufrieden ist und keinen Gourmetgaumen hat, ist hier richtig, während Schlemmer sich bis zur Rück- und Einkehr oben in Deià vertrösten.
Auf dem Rückweg wählt man bei der Weggabelung die linke Abzweigung und stellt fest, dass der Weg nach oben noch weniger anstrengend ist als der nach unten ist. Sogar die Zaunüberstiege sind einfacher zu überwinden, weil die rückwärtige Stiege kürzer ist. Die gestuften Passagen bestehen aus Schotter oder Pflastersteinen und sind mit Gattern und Stützmauern gesäumt. In nur leicht geschlängelten Serpentinen durchquert man Olivenhaine, Gärten und Obstkulturen und ist bald wieder oben in Deià angelangt.
Die reine Gehzeit der Wanderung beträgt mit Abstecher zum Aussichtspunkt hin und zurück 1 ½ Stunden und ist für Kinder auch in dieser Zeit ohne Probleme zu absolvieren. Um das Parkplatzproblem von vornherein auszuschließen, ist eine Anfahrt mit dem Bus sinnvoll (z.B. Linie 210, Port de Sóller–Valldemossa–Palma).
Unbedingt vermeiden: Die Cala de Deià wird im Hochsommer in Horden von Badegästen überrannt. Wer ein relativ ungestörtes Landschaftsidyll erleben will, kommt frühestens im Spätsommer oder spätestens Ende Frühjahr nach Deià und Cala de Deià.

Wasserparks & Megarutschen

Herrliche Strände mit einer Gesamtlänge von über fünfzig Kilometern machen Mallorca zu Europas meistfrequentiertem Reiseziel für Strand- und Badeurlaub. Dem nicht genug ermöglichen riesige Wasserparks das Badevergnügen auch auf dem Land und scheinen extra für die speziellen Bedürfnisse der kleineren Badegäste und Familien mit Kindern geschaffen. Diesen bieten sie Action, Abenteuer-Feeling und Badespaß zuhauf, ohne dass die Eltern ein nicht kalkulierbares Risiko, wie dies am offenen Meer nie ganz auszuschließen ist, eingehen.

Im Mittelpunkt eines jeden Wasserparks stehen gewaltige Rutschen von schier endloser Länge, die zu nicht aus der Mode kommenden Dauerbrennern geworden sind. Es sind Rutschen, auf denen man im sprudelnden Wasser hinter- oder nebeneinander, mehr oder weniger jubilierend, talwärts braust, um sich dann, unten im Schwimm- oder Planschbecken angekommen, ausgiebig feiern zu lassen. Ein Dauerärgernis sind die hohen Eintrittspreise inkl. der spärlichen Ermäßigungen für Kinder im Alter von 4–10 Jahren. Zudem ist oft das Mitbringen von eigener Verpflegung verboten, so dass man vor Ort in einem überteuerten Restaurant oder bei einer der Essbuden landet und letztendlich für einen Tag im kreischenden Trubel und quirligen Vergnügen eine stattliche Summe zusammen kommt. Also, wieso es nicht den Mallorquinern gleichtun, die wie die meisten Spanier ihre Coupon-Hefte lieben. Ob LetsBonus, Groupon oder Coupalia, Rabattcoupons liegen bei Carrefour, in Eroski-Supermärkten, bei Decathlon, anderen Supermercados und Tiendas oder bereits am Flughafen aus, aufmerksame Coupon-Sammler entdecken immer wieder Preisnachlässe von bis zu 25 % u.a. für den Eintritt in die Freizeitparks.

Hidropark in Alcudia, Rutschenspaß für Groß und Klein.

Hidropark

Der Hidropark befindet sich in der Nähe des Hafens von Port d'Alcúdia inmitten eines ausufernden Tourismus-Komplexes. Von der Straße in Richtung Platja de Muro sind die Rutschen und Klettertürme bereits von Weitem zu sehen. Trotzdem sollte man sich hier nicht zu viel erwarten. Der Hidropark steht deutlich im Schatten von Aqualand und Western Park und hinterlässt bei denen, die den ultimativen Kick oder die neuesten, spektakulärsten Rutschen suchen, nur einen faden Nachgeschmack. Natürlich sind auch hier die obligatorischen Wasserrutschen und mit Fontänen oder Wellenmaschinen ausgestatteten Pools die Hauptattraktion, doch alles ist bescheidener, geradezu banal, und selbst die Hüter des Familienbudgets werden – für das, was letztendlich geboten wird – trotz niedriger Eintrittspreise als „im Süden" alles andere als begeistert sein. Dies ändern auch nicht der 54-Loch-Minigolfplatz, die Schaumrutschen, eine Bootsfahrt oder die großen Kletter-Röhren. Immerhin gibt's für Familien mit noch ganz kleinen Kindern spezielle Attraktionen und eine passable Kinderanimation für die Jüngsten unter den kleinen Wasserratten.

Letztendlich drängt sich der Hidropark als Action- und Vergnügungs-Spot allerhöchstens denjenigen auf, deren Feriendomizil nicht an der Action-Südflanke zwischen Andratx und S'Arenal liegt, sondern die es hoch in den Norden Mallorcas verschlagen hat und die nicht für eine „nasse Strandalternative" über die halbe Insel fahren möchten.

Hidropark

Avenida Tucán s/n
Port d'Alcúdia
(südwärts der Hafenpromenade bis zum „Hidropark"-Schild folgen)
Tel. 971 891 672
hidropark@hidroparkalcudia.com
www.hidroparkalcudia.com
Mai–Okt. tägl. 10.30–17 Uhr (Juli/Aug. 10–18 Uhr)

Aqualand Arenal

Ballermann & Co. einmal ausgenommen, gibt es kaum einen Ort auf Mallorca, der derart polarisiert wie das Aqualand Arenal. Für die einen ist es der pure Nepp und endloses Anstehen, ein Warten, Warten und noch mal Warten, für die anderen ist es der ultimative Adrenalinschub, eine Mordsgaudi, ein Heidenspaß und einfach schade, wenn der Tag hier viel zu schnell zu Ende geht. Für den klassischen Familienurlaub ist die zweite Meinung die entscheidende – denn haben die Kinder Spaß, freuen sich auch Mama und Papa. Selbst wenn die Urlaubsstimmung zu kippen droht, aufgrund notorischen Lamentierens und angestauter Beschwerden tiefer als auf Halbmast ist und die Kleinen keine Lust mehr auf gar nichts haben, dann ist ein Ausflug ins Aqualand Arenal die Rettung. Denn das tosende Wasserspektakel zieht immer. Sich austoben, kreischen und rutschen, was die Bahnen und die Badehose herhalten – dann ist die Welt (für alle) wieder in Ordnung!

Aqualand Arenal ist Mallorcas herausragender, größter und auch schönster Wasser- und Freizeitpark, der die längsten und spektakulärsten Rutschen und alles, was das Kinderherz in der Sommerhitze begehrt, bereithält. Das schaurig-bunte Flaggschiff des Parks ist „King Cobra", wo die Kids in den aufgerissenen Schlund einer feurig-roten Kobra gleiten. Deren Giftzähne versprühen allerdings nur lauwarmes Dusch-

wasser – auch vieles andere klingt hier weit dramatischer, als es letztendlich ist, z.B. die „Kamikaze"-Rutsche, auf der man nebeneinander zu Tal ins Wasser saust, „Black Hole" (eine verschlungene, umschlossene Röhrenrutsche), „Twisters" (Spiralrutsche), das achterbahnähnliche „Atomium", der „Grand Canyon" (diesen genießt die Familie vereint auf einem Floß) mit dem Teufelsschwanz (Cola del Diablo), die „Anaconda"-Rutsche oder das „Dragoland", wo die Jüngsten sich mit einem Plastikungeheuer im Planschbecken tummeln können.

Neben den 16 Wasserattraktionen lassen an Land eine Vogelschau (Minizoo und Papageien-Shows), eine Mini-Kartbahn, Spielwiesen, Restaurants, Pizzerien und diverse Eisstände im 25 Hektar großen Park keine Langeweile aufkommen. In der Hochsaison ist allerdings bei den populärsten Attraktionen des Wasserparks in den Stoß- bzw. Rutschzeiten mit längeren Wartezeiten zu rechnen, d.h. die Kinder müssen sich erst einmal fünfzehn bis gar dreißig Minuten im Schlange stehen üben, bevor sie ins kühle Nass hinunterbrausen können.

Der Erwerb eines teuren „Fast Passes", um wenigstens die Wartezeiten bei der Übergabe von Sitzringen, und -matten zu verkürzen, ist an Wochenenden in der Hochsaison – trotz der unvermeidlichen Erkenntnis, dass auch dies nicht reibungslos verlaufen wird – eine Empfehlung, an wolkenverhangenen, besucherschwächeren Tagen unnötig.

Aqualand Arenal

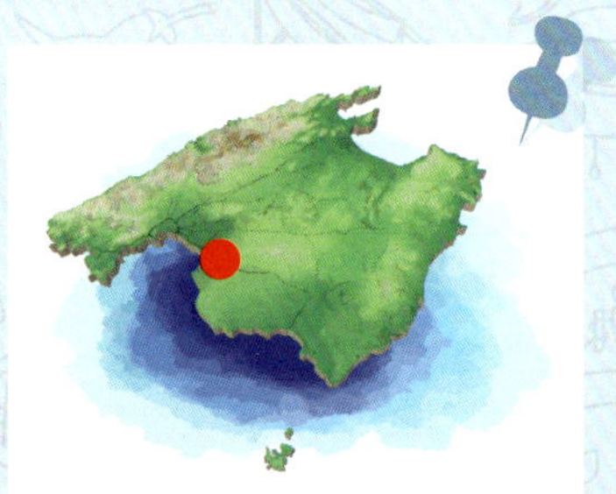

Autovia Palma–S'Arenal km 15
S´Arenal
Tel. +34 696 15 81 77
https://www.aqualand.es/elarenal/

ÖFFNUNGSZEITEN

5. Mai bis 30. Oktober: tägl. 10–17 Uhr, im Juli und August bis 18 Uhr (im Oktober samstags geschlossen)

HINKOMMEN

Nach der Autobahnausfahrt S'Arenal, Salida 13, zweigt man am Kreisverkehr nicht in den Ort S'Arenal nach rechts ab, sondern fährt geradeaus weiter, Aqualand folgt nach ca. 200 Metern auf der linken Straßenseite.

Neben Wasserattraktionen bietet der Western Park auch tolle Shows.

Western Park

„Der wilde, wilde Westen fängt gleich hinter Magaluf an ...", könnte man meinen, wenn man diesen etwas antiquierten, schon etwas in Mitleidenschaft geratenen Wasserpark betritt. Dies wirkt sich aber – passend zum nostalgischen Thema – keineswegs störend aus. Im Gegenteil, hier gibt's „Bonanza" oder „Jesse James get's wet" als Zugabe. In puncto purer Nervenkitzel und sensationellen Rutschen rangiert der Western Park eindeutig hinter dem Aqualand, doch er hat für die gesamte Familie etwas in petto, und sei's mehrere Whirlpools und Jacuzzis, die statt Thrill Entspannung generieren.

Für Dangerfreaks gilt's, „La Bestia", das Biest, zu bändigen und sich auf der Kamikaze-Rutsche mit mehr als 30 Meter (gefühlt) fast senkrechtem Gefälle hinunterzustürzen, durch „El Latigo", die Peitsche, zu sausen oder im „ Black Hole" in atemberaubender Geschwindigkeit und im Dunkeln ins Wasserbecken hinunterzurasen. Dazu gibt's Tornados, Twister und eine Menge andere abenteuerliche, doch weitaus zahmere Rutschen für große und kleine Wasserratten und mit Nippes ausgestattete Schwimm-, Plansch- und Spaßbecken für die Kleinsten.

Unterstützt durch galoppierende Rhythmen und Ennio-Morricone Melodien aus den Lautsprecherboxen, versuchen ein stilechter Saloon, eine Bank, eine Mine und ein Gefängnis das Ambiente einer Westernstadt zu kreieren. Totempfähle, Indianerzelte, Lassos, Bisons und Pferdekoppeln aus Holz und Plastik sind dekorativer Zierrat für Wildwest- und Country-Shows oder akrobatischen Stunts mit Pferden, die mindestens eine tempogeladene Alternative zum Retorten-Animationsprogramm der Hotels sind.

Wie in den anderen Wasserparks Mallorcas heißt es spätestens gegen sechs Uhr nachmittags, seinen Billy the Kid oder kleinen Django von den Rutschen loszureißen und zusammen gen Ausgang zu trotten.

Western Park

Carretera Cala Figuera
a Sa Porrassa 2–22, Magaluf
(nach der Autobahnabfahrt Magaluf fährt man nicht in den Ort hinein, sondern in Richtung Cala Figuera, der Western Park liegt rechter Hand)
Tel. +34 971 131 203
+34 626 362 859
www.westernpark.com

ÖFFNUNGSZEITEN

16. April bis 30. Oktober: tägl. 10–17 Uhr, im Juli und August bis 18 Uhr (im Oktober samstags geschlossen)

UNSERE BESTEN TIPPS FÜR **MALLORCA**

Hotel Rural Migjorn

Auf Eltern mit Kleinkindern fokussiertes, urgemütliches Landhotel, das für Minis einen Babysitterservice,Babywannen, viele Spielsachen und eine schattige Spielzone bereithält.

Polígono Industrial, 1
El Palmer, Campos
Tel. +34 634 326 772
info@hotel-migjorn.com
www.hotel-migjorn.com

Seaclub Mediterranean

Strandnahes Apartmentresort im Stil einer mediterranen Villensiedlung mit integriertem Kinderclub für die Kleinsten und entspanntem Serenity-Bereich.

Avenida de México s/n
Port d'Alcúdia
Tel. +34 971 890 177
Fax +34 971 891 016
reservas@seaclub.com
www.seaclub.com

VIVA Cala Mesquida

Direkt am Strand mit Kinderaktivitäten wie Miniclub, Piratenschiff und speziellen Bereichen für die Kleinen.

Calle Marina, 32,
Cala Mesquida
Tel: +34 971 56 56 99
resort@hotelsviva.com
www.hotelsviva.com/de/viva-cala-mesquida-resort

Marins Playa

Kinder freuen sich über einen Pool mit Piratenboot, einen Miniclub und mehrere Außenpools. Eltern freuen sich auf die Dachterrasse mit Whirpool und Meerblick.

Carrer na Llambies, 41,
Cala Millor
Tel.: +34 971 58 58 05
info@marinshotels.com
www.marinshotels.com/de/Marins-Playa

Iberostar Alcudia Park

In diversen Kategorien buchbare Iberostar-Destination. Als Familiendomizil längst etabliert, deswegen ist die Toleranz zu einem ausgelassenen Lärmpegel hier Pflicht.

Avenida Albufera, 30
Platja de Muro
Tel. +34 971 890 553
alcudia.park@iberostar.com
www.iberostar.com

Aparthotel Club Simó

Auch wenn es hier die Kinder-Fußballschule samt „Soccatours"-Trainingslager nicht mehr gibt, ob des speziellen Unterhaltungsprogramms für Kinder ein Familienort.

Carrer Los Almendros 24
Sant Llorenç des Cardassar
Cala Millor
Tel. +34 950 335 335
reservas@senatorhr.com
www.clubsimo.com

Zafiro Bahia

Direkt am Familienparadies Platja de Muro läuft der herrliche Strand der auf Spielwiese getrimmten Kulisse des Familien- und Kinderpools den Rang ab.

Avenida Platges de Muro s/n
Platja de Muro
Tel. +34 971 891 625
info@zafirohotels.com
www.zafirohotels.com

Fido Gardens

Der Splash Pool, PrimaKids-Club, Schwimmkurse für „Minis", dazu die Strände Mondragó und Cala d´Or für „große" Naturschwärmer machen viele Defizite wett.

Carrer de Sa Cova Blanca, 1
Santanyí
Tel. +34 971 657 510
info.gardens@fidohotels.es
www.fidohotels.es/en/fido-gardens/

Universal Romántica

Buntes Familienhotel, in dessen Mini-Club nach dem Frühstück die Schminksachen ausgepackt werden.
Für Freunde der Platja Es Trenc eine strandnahe Unterkunft.

Carrer Caravella, 4
Colònia de Sant Jordi
Tel. +34 971 081 485
reservas@universalhotels.es
www.universalhotels.es

Gran Meliá Victoria

Gediegene Familienbleibe für den Urlaub oder Zwischenstation in der Stadt. Zentral und mit phantastischer Aussicht auf die Kathedrale und den Yachthafen.

Avenida Joan Miró, 21
Palma de Mallorca
Tel. +34 971 73 25 42
gran.melia.victoria@melia.com
www.melia.com

Sa Gruta Vella

Die liebevolle Betreuung der kleinen Gäste durch die Gastgeberfamilie Sureda macht Gruta Vella zum idealen Einstiegsort für Finca-Novizen. 3 km vom Meer entfernt bei Porto Cristo.

Polígono 11, parcela 84
Camí de sa Gruta, Manacor
Tel. +34 699 337 299
info@sagrutavella.com
www.sagrutavella.com

S'Hort de Sa Begura

Strandnahes Apartmentresort im Stil einer mediterranen Villensiedlung mit integriertem Kinderclub für die Kleinsten und entspanntem Serenity-Bereich.

Camí de sa Begura s/n
Sant Llorenc des Cardassar
Tel. +34 971 843 138
sineuholidays@gmail.com
www.shortdesabegura.com/de

Ca's Xorc Boutique Hotel

Das Adult Only Hotel befindet sich in einer alten Olivenmühle. Mit Blick auf die Serra de Tramuntana und einem Mix aus mallorquinischem und marokkanischem Stil bietet es eine entspannte, romantische Atmosphäre.

Ctra. Deyà, Km. 56, 1, Sóller
Tel: +34 971 63 82 80
stay@casxorc.com
www.casxorc.com

Torrent Fals

Inmitten der kultivierten Rebenlandschaft mit viel Sinn für Aussicht und Perspektive stilsicher restauriertes Landgut, dessen optischer Clou das exponierte Bassin samt Palmen ist.

Ctra. Santa María–Sencelles,
km 4,5, Santa María del Camí
Tel. +34 971 144 191
info@torrentfals.com
www.torrentfals.com

Son Palou

Die Finca im Orient-Tal liegt idyllisch zwischen Bergen, Apfelplantagen und Gärten. Mit seinem Infinity-Pool ist es der perfekte Ort, um in einer ruhigen Umgebung zu entspannen.

Plaza de la Iglésia s/n 07349
Orient
Tel.+34 971 14 82 82
info@sonpalou.com
www.sonpalou.com/de

Can Pere Rei

Architektonisch keine Offenbarung, doch was María und Jaime für die Youngster zustande kriegen, ist nicht nur rührend, sondern macht Can Pere Rei zur Topadresse.

Camí de Son Marí s/n,
Carretera Artà–Can Picafort,
km 13,1, Son Serra de Marina
Tel. +34 660 897 755
canpererei@gmail.com
www.canpererei.com

Es Pla de Llodrà

Gartenfreunde werden ob der Blütenpracht während des von der Mandelblüte eingeläuteten Frühjahrs in Entzücken geraten und sich hier an allerlei lauschigen Ecken erfreuen.

Carretera Manacor–Felanitx,
km 4,5, Manacor
Tel. +34 660 799 971
info@espladellodra.com
www.espladellodra.com

Can Canals

An sich ist das modisch-trendige Spa ein Anachronismus zur Agrotourismo-Idee, doch für Mutti das pure Wohlfühlambiente, während die Kids sich draußen um die Plansche tummeln.

Carretera Campos–Sa Rapita,
km 7, Campos
Tel. +34 971 640 757
Mobil +34 699 096 688
reservas@cancanals.es
www.cancanals.es

Finca Binibona Parc Natural

In die Hügel der Tramuntana „designte" Luxuslogis, der von der Betreiberfamilie Vicens Leben eingehaucht wird. Einzig die Balibetten passen eher ans Setting einer Filmcrew.

Binibona, Caimari
Tel. +34 971 873 565
Fax +34 971 873 511
hotel@binibona.es
www.binibona.com

Fincahotel Sa Tanca

Nahe den Calas D'Or und Mondragó, ein Standort, um Mallorcas Südosten zu erobern. Neben Leihrädern können Gäste im Hafen von Porto Colom zwei Motorboote mieten.

Carretera Calonge–Cala D´Or,
km 2,8, Cala D´Or
Tel. +34 971 659 781
info@finca-satanca.de
www.finca-satanca.de

Balcón de Maria

Für die Großen eine lauschige Terrasse über Santa Ponças Bucht, für die Kleine(re)n ein Indoor-Spielebereich, dazu eine leckere Auswahl von Tapas bis zu opulenten Fleischgerichten.

Avinguda del Rei Jaume I, 97
Santa Ponça
Tel. +34 971 691 082
www.restaurantbalcondemaria.com/de/
comunicacion@unicum-group.com

Meson Ca'n Pedro

Traditioneller wie bodenständiger mallorquinischer Restaurantklassiker. Gut, dass es ob der lästigen Wartezeiten einen großzügigen Außenbereich für Kinder gibt.

Carrer Rector Vives, 14
Génova
Tel. +34 971 702 162
reservas@mesoncanpedro.es
www.canpedro.es

Mesón Son Ferrer

Das Mesón Son Ferrer ist ein gemütliches Lokal in Palma, das mit leckeren mallorquinischen Gerichten und entspannter Atmosphäre punktet. Perfekt für einen entspannten Abend.

Carrer Mussol 4, Son Ferrer
Tel: +34 971 230 978
https://mesonsonferrer.info/

Restaurant Quay

Die Integration in LoftOtel Canet-macht's möglich, dass Kinder nach dem Essen Spiele- und Zerstreuungsoptionen wahrnehmen können. Während also die Altvorderen …

Carretera d'Esporles, km 1
Tel. +34 971 611 777
info@weloftcanet.com
www.weloftcanet.com

Es Verger

Wer oben auf der Burg sich in wilde Ritterphantasien träumte, bekommt als Lohn für den Aufstieg im zum Restaurant umgebauten Ziegenstall Lammschulter kredenzt.

Camino del Castillo de Alaró,
s/n, Alaró
Tel. +34 971 182 126
Di.–So. 10–20 Uhr
Montags Ruhetag

Celler La Parra

Ursprünglicher, hübsch dekorierter Weinkeller, dessen Spanferkel, Lammschulter und Paella vielfach gelobt werden. Gut, reichlich, günstig – kinderfreundlich.

Carrer Joan XXIII, 84
Port de Pollença
Tel. +34 971 865 041
reservas@cellerlaparra.com
www.cellerlaparra.com

Cafeteria Can Arabi

Ein Ort, wie ihn mallorquinische Familien lieben: die Verbindung von Schwimmbad (Extragebühr) oder Poollandschaft, Spielplatz und preisgünstiger Restauration.

Finca Bellveures
Camino Bellveure, km 1,2
Binissalem
Tel. +34 971 512 211
canarabi@restaurantcanarabi.com
www.restaurantecanarabi.com

Perseverantia Beach Club

Beach Club am Strand von Santa Ponça mit Salzwasserpool, Spielezone, Strandzugang und quirliger bis sehr entspannter Atmosphäre. Ordentliche, preiswerte Küche.

Carrer Ramón de Moncada, 16
Santa Ponça
Tel. +34 871 946 389
perseverantia@unicum-group.com
www.unicum-group.com

Iceberg Palau Real

Wann macht eine Eisdiele mehr Sinn als nach Besichtigung der Kathedrale, zumal Mama Teresas Eis aus besten Zutaten kreiert wird. Spielecke für Kids vorhanden.

Carrer del Palau Reial, 3
Palma de Mallorca
Tel. 34 871 503 798
info@iceberg-mallorca.com
www.iceberg-mallorca.com

Jolly Roger

Vorsicht Piraten! Mit seiner coolen Piratenatmosphäre serviert es mallorquinische Hausmannskost, Snacks und ein Kindermenü.Perfekt für Familien. Lasst euch aber nicht vom Totenkopf am Eingang abschrecken...

Calle Portugal 9, Alcúdia
Tel: +34 971 89 29 72
Instagram: @ jolly_roger_alcudia

Mallorca Fashion Outlet

„Fuß"-verkehrssichere Shopping-Mall im US-Style mit betreuter Spielzone für Kinder und jeden letzten Donnerstag im Monat am „Superjueves" Rabattaktionen.

Autovía Palma–Inca, km 7,1
Salida 8, Marratxí
Tel. +34 971 140 925
info@mallorcafashionoutlet.com
www.mallorcafashionoutlet.com

Al Campo

Gigantischer Supermarkt („Hipermercado"), wo Inselbewohner sich auf kommerzieller Landpartie (Autobahnausfahrt „Pont d'Inca") mit Großeinkäufen eindecken.

Autobahn Palma–Inca, km 4,45
Polígono Industrial Marratxi
Tel. +34 971 604 121
web.marratxi@alcampo.es
www.alcampo.es

FAN Mallorca Shopping

Mallorcas jüngste Errungenschaft unter den Shopping Malls bietet Geschäfte en masse, Restaurants, einen riesigen Carrefour, Kinos und ein Einkaufserlebnis im Trend.

Avenida Cardenal Rossell s/n
Palma de Mallorca
Tel. +34 871 032 600
hola@fanmallorca.com
www.fanmallorca.com

Porto Pi Centro

Palmas verblassendes Shopping-Fossil lockt Kreuzfahrgäste, sein Peque Pi Club Kinder von 4–12 Jahren und bei Schlechtwetter Familien zum trockenen Einkaufsbummel.

Avenida Gabriel Roca, 54
Palma de Mallorca
Tel. +34 971 701 500
info@portopicentro.es
www.portopicentro.es

Passeig del Born

Wer auf Luxus steht, ist auf dem Passeig del Born in Palma genau richtig. In der Einkaufsstraße gibt es exklusive Labels wie Louis Vuitton, Bulgari und Rolex, aber auch Zara und Stradivarius für alle, die es etwas weniger luxuriös mögen.

Plaza de Juan Carlos I,
Palma de Mallorca

Mercat de Santa Catalina

Palmas älteste Markthalle im Szeneviertel Santa Catalina lockt mit frischen Lebensmitteln, Verzehrständen und einem stimmungsvollen Einblick in den Alltag der Palmeros.

Plaça Navegació s/n
Palma de Mallorca
Tel. +34 971 730 710
info@mercatdesantacatalina.com
www.mercatdesantacatalina.com

Mercat de l'Olivar

Moderner und steriler als zu seiner Glanzzeit vereint der Mercat de l'Olivar das Beste aus mallorquinischer Gastronomietradition sowie der Metzger- und Fischerzünfte.

Plaça de l'Olivar, 4
Palma de Mallorca
Tel. +34 971 720 314
comunicacion@mercatolivar.com
www.mercatolivar.com

Toys "R" us

Dank iberischem Investorendeal können sich Kinder in Palmas Industriegebiet inmitten (elektronischen) Markenspielzeugs weiter wie Alice im Wunderland fühlen.

Carrer del Ter, 19
Urban. Son Fuster 19, Palma
Tel. +34 971 474 561
clientes@toysrus.es
www.toysrus.es

El Cortes Inglés

El Corte Inglés an der Avinguda d'Alexandre Rosselló ist eine von Palmas Top-Adressen für Shopping und Feinkost.

Avda. Alexandre Rosselló, 12 – 16,
Palma de Mallorca
+34 971 770 177
www.elcorteingles.es

Son Moix

Das Centre Comercial Son Moix ist ein kleines, aber kompaktes Einkaufszentrum in Palma. Supermärkte, Shops und Cafés machen es praktisch und entspannt zugleich.

Camí de la Vileta, 39, Plama
Tel: 971 721 030
info@centrocomercialsonmoix.com
www.centrocomercialsonmoix.com

Register

P

R

S

T

W

Y

Notizen

Notizen

Notizen

MEHR
ERLEBEN
AM BODENSEE
Hier Folgen & nichts Mehr verpassen!
Alles Weitere findet Ihr hier!